Bitácora roja:

El cruce de la dialéctica en la enseñanza

Paolo Guillermo Velasco Carvallo

BÍTACORA ROJA
El cruce de la dialéctica en la enseñanza

Editado por: Corporación Ígneo, S.A.C.
para su sello editorial Ediquid
José Olaya 169, Ofic. 504, Miraflores. Lima, Perú
Primera edición, enero, 2024

ISBN: 978-612-5142-63-4
Impresión bajo demanda

Hecho el Depósito Legal en la Biblioteca Nacional del Perú N° 2024-03689
Se terminó de imprimir en abril de 2024 en:
ALEPH IMPRESIONES SRL
Jr. Risso Nro. 580 Lince, Lima

www.grupoigneo.com
Correo electrónico: contacto@grupoigneo.com | Teléfono: +51 955 071 270
Facebook: Grupo Ígneo | X: @editorialigneo | Instagram: @grupoigneo

Colección: Pensamiento

En la tarde cuando vuelvo, en el cielo
apareciendo una estrella
Víctor Jara

Dedicada a cada estudiante.

Introducción

Una bitácora tiene como objetivo llevar un registro, tenerlo al alcance en todo momento, que sea una guía en la observación, el análisis, la evaluación, o en cualquier proceso donde entramos como sujetos a conjugar cierto sentido de nuestra existencia. Me siento más comprometido con mi bitácora en la medida que, desde esta subjetividad, existe una forma de enfrentar la existencia.

Existe la afectividad del autor, que ha querido usar —como expresa también el término *bitácora*— la «expansión vital de su corazón»; es lo que mejor se podría adecuar con el compromiso radical de ser nuestros propios guías.

Antes de enseñar, hay que mostrar; antes de evaluar, hay que analizar; y antes de analizar, se tiene que observar esta emanación del propio corazón en esta bitácora. Cada estudiante, en su libertad, podrá tomar esto como una invitación para este punto difícil de sostener en la práctica: estar situados en distintas formas prácticas o teóricas de abordar la filosofía.

Con respecto al uso de citas, el autor también ha preferido un tratamiento de ellas que es irregular; no está al alcance de todos los escritos que acá se agrupan. Cada escrito es un fragmento separado de otro, dependiendo de cómo los lectores o los estudiantes quieran articularlos o relacionarlos entre sí.

Como dijo el compañero Arturo Pratt, «la contienda es desigual».

Para el ejercicio de la lectura y la creación de una propia bitácora, más allá del nivel de curso en donde se quiera practicar, solo se necesita una condición: la máxima apertura en la entrega de cada corazón. Ya sea por medio del discurso, la argumentación, la razón, o el arte, debe ser siempre quebrando nuestros prejuicios sobre cualquier tópico o tema a tratar.

Lograr como la meta más preciada no un manejo determinado de autores o de temáticas filosóficas, sino que la filosofía nos permita conjugar nuestra máxima individualidad desde una máxima apuesta a la comunidad: ¿se puede construir un poder semejante desde la filosofía?

¡Como liceano!

¡Como inbano!

¡Como cohiuano!

1. Filosofía musical

Suena una guitarra como un juego de improvisación. De tanto repetirlo, se arregla o sucede algo distinto a lo que se creía, esa forma de no respetar la sensación de superioridad y vanguardia en la evolución supuesta que produce el apego a ciertas leyes. Es un aprendizaje a golpe limpio, y la ley se aprende en un proceso más largo, porque lo importante radica en generar una práctica continua que permanezca en el tiempo.

La pieza musical creada tiene una relación con el creador porque ha trascendido una parte de su amor, o de su afectividad, más allá del logro en el nivel de quien practica con instrumentos musicales. Una parte de su amor es también el aura, por lo que no puede ser todo su amor.

Es un regalo que en última instancia esconde un secreto mayor aún, porque lo que se va de su amor, sin duda, tiene que ser algo que muere, o quizás se queda con la sensación de que no puede recuperar la pieza en la repetición intacta del regalo de su máxima instantaneidad.

Si el aura se está consumiendo, tampoco se puede recuperar, porque el flujo que ha sido desplazado para ser en un tiempo ilimitado es también parte de su vida, que se ha consumido. Es el instante más preciado y más comunicativo de un ser porque ha gozado en crear algo para sí mismo.

Aún no piensa o siente que ha creado algo para otro. Se está sintiendo, y lo graba, queda algo que podría tomarse como dos piedras musicales, una más corta que la otra, y sin mucha gracia. Lo deja un tiempo, pero, al juntarlas de pronto, se arregla como una sola pieza, una piedra más pulida, aceptando el momento de máxima intensidad en aquella improvisación.

Lo que no se acepta es más bien la perfección de la obra: es la máxima aceptación del proceso, no de un final perfecto ni tampoco de la obra; solo ha quedado como tiempo aquilatrado.

2. Tiempo aquilatrado

La sujeción de las dos memorias.

Existen dos tipos de memoria en la experiencia de una construcción subjetiva:

La primera, llena de imágenes construidas a destiempo que se mezclan con la pulsión corporal e inventan distintos sentidos que vuelven a iniciar nuevos ciclos. Como los bajos que se repiten desde distintos tonos, nos dan la impresión de que los momentos fueron felices o tristes, porque en esta disyunción tampoco se reencuentra uno con la dialéctica de la conjunción de esos estados emocionales.

La segunda, en cambio, no es más que un juego de fuerzas que, al manifestarse, desnudan el hilo, deshilachan los sentidos antes construidos. Sin embargo, ese momento, que el soñador quiere apresar como verdad iluminadora, queda casi siempre enceguecido por la potencia iluminante, que desencaja el cuerpo y lo descubre como trascendente.

Lo que se experimenta a veces como la atracción profunda al vacío no es solo la certeza nihilista del filósofo, es también un impulso incontrolable de saltar del continuo, del rascacielos; un vértigo que solo se experimenta como pavor o miedo ante la caída.

El tiempo aquilatrado es un cortacamino para cruzar este puente entre las dos memorias; a condición de perder una verdad, el filósofo gana una cierta expresionalidad que lo conduce quebrada arriba; lo conduce a la fuente desde donde vuelve a nacer y a vivir una existencia sin tiempos.

El filósofo que se ha desprendido de una verdad puede capturar una enseñanza que logra atravesar todo eje-discursivo y muestra al poder en su dimensión más real: el poder como reflejo de la vida y la muerte.

Aquilatrar el tiempo es volver a la fuente donde el alma de la civilización ha quedado atrapada por su potencia iluminante; cada vez que la vida humana se pierde por medio de su mismo sacrificio, el poder vuelve a iniciar el ciclo desde la destrucción, desde el control de la vida productiva y reproductiva, proyectada como automatismo funcional.

El conocimiento que se logra por el tiempo aquilatrado es dialéctico porque no está sujeto a una lógica del discurso. La lógica argumentativa está muerta en el sacrificio del conocimiento por el capital.

En cambio, el tiempo aquilatrado es dialéctico porque es posible visualizarlo por medio del arte; allí donde la vida y la muerte aparecen de forma irremediable unidas en una experiencia de poder individual y colectivo a la vez.

El autor solo ha podido esbozar esta muerte de la astucia de la razón en la transformación que el tiempo aquilatrado ha podido hacer de ella: un viaje sin posibilidad de retorno.

3. Selva carrusel: Ladico y su canto

Vestía como cualquier lugareño y llevaba amarrada a su cabeza una linterna que le permitía una mejor visión directa de lo que sacaba poco a poco de su mochila, además de tener la facilidad para controlar el tiempo desde su reloj en la completa oscuridad en los momentos que seguían al inicio de la ceremonia.

La preparación y el inicio de aquella duró un breve momento, a medida que sacaba tres botellas con distinto contenido; solo una de las botellas contenía el brebaje conocido de manera popular como «ayahuasca» o, como ellos lo llaman, «ícaro»: un concentrado de color café y de sabor amargo, justo como si fuera café rancio con algo de alcohol. Los otros dos contenidos de las botellas estaban destinados a servir como esencias para que nuestra mente realice un trabajo similar al que el ícaro hace en nuestro cuerpo al consumirlo; en otras palabras, sin estas esencias complementarias, el consumo de la ayahuasca sería solo una experiencia de tortura para nuestro cuerpo.

Estos 200 cm^3 que decidí ingerir de una sola vez estuvieron resguardados por los consejos del maestro. El primero se relacionaba con mi deseo particular al momento de beber, cuando me concentraba en el deseo a la vez que repetía unas palabras del chamán que apuntaban a tener fe en la ceremonia; el segundo era solo un consejo para poner en práctica durante toda la ceremonia: rechazar las imágenes desagradables a través de un recurso metafórico: el gesto del soplo.

El vómito de todo el contenido ingerido es la vivencia simbólica que hace posible hablar de una cierta metáfora. El soplo ya está contenido en la experiencia del vómito, es el principal recurso simbólico con que el chamán nos introduce en la muerte. Pienso y creo que es el principal, pero no el único, y lo sostengo por la razón de que es un conocimiento de nuestra civilización, el legado de todos los pueblos indígenas de América. Porque la experiencia no la vive el chamán y la comunica a una persona que está en la pasividad de quien presencia una conferencia o cátedra de un maestro universitario: el trabajo es producido por quien decide participar de la ceremonia. Sin embargo, esto no sería posible si no existiera otro recurso, aunque para mí, más que un recurso, es la fuente.

Se me hace muy difícil llegar hasta acá, al igual como me fue muy difícil llegar a vivir la experiencia de la ceremonia. Surge una emoción que incluso se torna en sentimiento; es algo que escapa a la intensidad del ataque de los mosquitos y a sus continuas picaduras: es la inmensidad que se siente no solo del lugar, por estar en la selva amazónica, sino por cómo ella nos comunica su poder en la ceremonia. Cuando todo parece que nos lleva a una agonía y a la muerte en la sensación de mareo que poco a poco nos provoca expulsar todo el contenido en el vómito, aparece el canto del chamán. Ya antes de entrar en la agonía, Ladico comenzó su canto, que hizo que no pudiera evitar expulsar primero mi llanto, casi entre alegría y tristeza juntos, como un adelanto de lo que aún no sucedía.

No hay principio ni final en su canto ni tampoco es un canto solo desde la sonoridad. A falta de encontrar una definición o de poder decirlo con palabras, yo lo sentí como el pulso del mundo, así que no es el canto del chamán: es más bien el pulso del mundo que se muestra en su canto, como la aceptación máxima de la consciencia que aprehende el flujo continuo del universo.

El canto del chamán muestra la fuente como el continuo ciclo que se repite; en momentos en los que el chamán entra en silencio, creemos que se acerca el fin de la ceremonia, hasta que de nuevo irrumpe su canto. Lo llamo «canto», aunque más bien es una melodía musical que mezcla percusión y voz con una fuerte sonoridad de sus silbidos tan bien improvisados. Como sea que queramos llamar esta ejecución musical que dura cuatro horas, y algo más, el viejito maestro irrumpe con más fuerza usando los silencios y comunicándonos que debemos seguir votando lo malo; así que silbé con él a la vez que soplaba lo malo; en esos momentos no se sabe si son sus silbidos los que nos llevan a soplar o el efecto del brebaje; creo que, sin esta conjunción de la fuente y el vómito, no se podría entender esta ceremonia.

Mientras más se siente en el cuerpo la ayahuasca, más fuertes son las alucinaciones que creamos en nuestra mente si nos concentrarnos con los ojos cerrados en la absoluta oscuridad, donde solo puede vislumbrarse la silueta de Ladico. De esta manera, cuando ya el silencio domina la oscuridad de la noche y solo queda el canto de la selva, Ladico me señala que la ceremonia ha finalizado. A pesar de que la conciencia vuelve a su curso normal un poco antes de finalizar la ceremonia, va quedando un remanente de su canto, de la fuerza y energía de su presencia en que nuestra conciencia temporal —tan breve y estrecha que se sorprende de la capacidad del chamán para resistir todas esas horas— olvida que sus vivencias concentran más de cuatro mil años de existencia.

Sin saber, también se me había conducido al abrazo de la serpiente —tal y como en la película del año 2015, aunque, en este caso, cuatro años después—. Yo también quise estar en la espera del mandato de la selva, o con la curiosidad del obsesivo que persigue una comunicación y percepción más allá de lo que la experiencia directa pueda mostrar. Busqué eso en las drogas como la escalera necesaria para reunir experiencia en un camino que se recorre no por intermediarios. Sin saber, yo buscaba el ícaro supremo, la pieza musical y curativa en un lazo indisoluble, pero no estaba solamente en la ayahuasca, sino en la selva, en la comunicación con los sueños:

> Para convertirse en guerreros, los cohiuanos deben abandonar todo e ir solos a la selva, guiados únicamente por sus sueños. En este viaje, ellos tienen que saber, en la soledad y el silencio, quiénes son en realidad. Podrían convertirse en un sueño errante. Muchos se pierden, y algunos no vuelven nunca. Pero los que regresan están listos para enfrentar lo que está por venir.
>
> —¿Qué historia está contando? —pregunta Karamakate.
>
> —Cómo Dios creó el mundo —responde el viajero.
>
> —La forma está en esa canción. Escúchala.

—Karamakate, pero es solo una historia.

—Es un sueño. Lo debes seguir.

—Soy un científico: hechos reales, palpables. No puedo ser guiado por los sueños que tengo —dije el viajero.

—Pero debes seguirlos. ¿Cuántos bancos hay en este río? —pregunta Karamakate.

—Dos.

—¿Cómo sabes?

—Tiene uno y otro. Uno más uno es igual a dos.

—¿Cómo sabes eso?

—Debido a que es así: uno más uno es igual a dos.

—Estás equivocado —dice Karamakate—: este río tiene tres, cinco, mil bancos. Los niños entienden. Tú no. El río es el hijo de la anaconda. Hemos aprendido en nuestros sueños, pero es verdad, más real que lo que se puede llamar «real». —El viajero mira su mapa y Karamakate lo bota al río—. ¿Qué ves? El mundo es tan grande, pero eliges eso para verlo. El mundo habla, solo hay que escuchar. Escucha la música de tus antepasados, pero escúchala de verdad, no solo con tus oídos (Ciro Guerra, *El abrazo de la serpiente*).

4. Cápsulas de tiempo

Volver a escribir es devolverles algo a los gitanos cuando se adentran en nuestro espíritu y desaparecen nuestros billetes. ¡Déjalos que se lleven nuestro dinero!, ¡déjalos que nos engañen! Hoy participé de manera voluntaria y a conciencia porque, quizá, aun no creyendo, quería tener fe. Es un pueblo nómada que conquista las mismas constelaciones que se encuentran en el cielo, es una rayuela que baja la escritura en la adivinación; los aerolitos que se recogen en mano son meteoritos cósmicos. Nos dejan y se van con nuestro dinero, pero se llevan sus peleas; en su coraje quedan sus discusiones y disputas por un poder que proviene dentro de nosotros, pero que está escondido; habría que descifrar las constelaciones que nos vuelvan a traer el poder escondido dentro de la escritura. No se puede conquistar el poder sin perder algo: en este caso, once mil pesos y unos anteojos de sol. Pero tendríamos que estar dispuestos a perder algo más, aquello que nos amarra al deseo del poder, aprender a amar. Si existe un poder, tiene que ser el amor.

Abre tu ventana para cuando así te envuelva una presencia constelativa del pasado: los niños y niñas, cuando cruzan su mirada sorprendidos en el encuentro con la mía, una sonrisa para que no surja el miedo a la adultez. ¡No corten el árbol! Imaginen su presencia milenaria, respírenla. Es un encuentro que reúne una niñez que proyecta las mismas edades de ellos desde su inicio hasta la apertura infinita de un saludo alegre, aun cuando el alma está desgarrada y el corazón roto. Toda la amistad que el saludo no alcanza a mostrar, pero que aparece después en la escritura.

Kamal: Las raíces están invertidas porque lo que ha permanecido estable y firme está hacia afuera y no hacia adentro.

Joaquín: Se desata un huracán que está anclado en las extremidades y no permite que este se apacigüe en su curso natural.

Marcelo: Lo mismo que está sujeto a la vida está sujeto a la muerte, y esta contraposición también se puede leer como la necesidad de que en uno mismo se despliegue una contraposición análoga: está lo masculino y lo femenino de una forma tan inseparable como lo está la vida de la muerte.

Josefa B: Ella tiene una cabeza adornada con un sombrero floreado, y algo hay en ese recuerdo o en esa imagen que vuelve a su presente, una imagen que está en distintos momentos.

Álvaro: Te ilumina tanto la madre tierra que crece frondosa como aquello que le da vida y es fuente inagotable de calor: el padre solar.

Josefa F: Las mismas cualidades y defectos que están en el árbol están en ti, y lo mejor es que puedes verlos y distinguirlos con claridad.

Paulina: El árbol también crece en el desierto; aunque esté una parte del tiempo seco, está nutriéndose en la fotosíntesis, al igual que lo que se revela en el material fotográfico es el tiempo de agonía en la espera para producirlo, aunque aquello no se muestra en la imagen.

Macarena A: Parece que las hojas caen del árbol, se alejan del cobijo para morir; o es el árbol quien se ha muerto en sus hojas para que las capas de su ser vuelvan a crecer dentro de sí mismo: existe una disyuntiva, una actitud ambivalente. ¿Crees que puedes salvar el árbol? ¿Te sientes obligada a hacerlo o ha nacido dentro de ti tal impulso?

Lina: En el árbol hay dos frutos importantes: uno está maduro, y el otro aún no ha madurado. El primero está cerca de salir del árbol; en cambio, el otro está aún aferrado a él. La cárcel de mi silencio deja presos a los que están afuera de mí; y en cambio, quedan libres todas las palabras adentro cuando, de vez en cuando, se intercambian entre ellas para tomar el espacio y distorsionarlo.

Las cápsulas de tiempo son el medio expresivo y práctico donde se materializó y se logró afirmar la escritura desde la musicalidad, desde el ritmo propio que surgió en la letanía de todo telar, en el trabajo día a día de taller, en un hábito que esperó con paciencia a la muerte, hasta que la emoción se encontró con la expresionalidad, que también era parte de la enseñanza.

Viaje de ida. Una canción es una cápsula de tiempo porque permite recorrer un camino de diferentes autores y estilos musicales. También es una manera en que podemos significar nuestro presente a partir del pasado, y su apertura máxima de proyección futura.

Primer recorrido como homenaje y agradecimiento a los autores.

Listado de Canciones:

1. Parabienes al revés. Violeta Parra.
2. Llegó volando. Patricio Mans.
3. Maldigo del alto cielo. Violeta Parra.
4. San Sebastián de Yumbel. Mauricio Redoles y Manuel García.
5. La Pala. Víctor Jara.
6. Se me ha escapado un suspiro. Víctor Jara.
7. Canto libre. Víctor Jara.
8. Deja la vida volar. Víctor Jara.
9. La palmatoria. Víctor Jara.
10. Tiempo aquilatrado. Paolo Velasco.
11. Canción del minero. Víctor Jara.
12. Con el poncho embravecido. Víctor Jara.
13. Anoche soñé contigo. Kevin Johansen.
14. Los colores. Manuel García.
15. Selva carrusel. Paolo Velasco.

16. Arriba quemando el sol. Violeta Parra.
17. El cigarrito. Víctor Jara.
18. Luchín. Víctor Jara.
19. El martillo. Víctor Jara.
20. Viene bajando. Paolo Velasco.
21. Eclipse. João Gilberto.
22. El arado. Víctor Jara.

Viaje de vuelta. A pedido del público, se ha grabado este Lado B de nuestro homenaje...

Listado de canciones:

23. Ave María. Franz Schubert. (Voz de Álvaro Concha).
24. Óleo de una mujer con sombrero. Silvio Rodríguez.
25. Canto y profecía de yembé. Paolo Velasco.
26. La era está pariendo un corazón. Silvio Rodríguez.
27. La historia de mi amor. Silvio Rodríguez.
28. Me arrendé. Los tres.
29. Sueño de una noche de verano. Silvio Rodríguez.
30. La casa de María. Franco Simone.
31. Motel Catedral. Mauricio Redoles.
32. Como la cigarra. Mercedes Sosa. (de María Elena Walsh).
33. Como pájaros en el aire. Mercedes Sosa. (de Peteco Carabajal).
34. Hoy soñé. Lucybell.
35. Soy pan, soy paz, soy más. Piero.
36. Cuando una madre llora. Los Pettinellis.
37. La conquistada. Los Jaivas.
38. Sueño con serpientes. Silvio Rodríguez.
39. Poema. Víctor Jara.
40. Dulce amor. Gondwana.
41. Pájaros de arcilla. Congreso.
42. El navegante. Eduardo Gatti.
43. El manifiesto. Víctor Jara.
44. Nuestro tema. Silvio Rodríguez.

5. La filosofía y su enseñanza

La primera condición es que la enseñanza aparezca por sí misma. No atrapada en la forma, sino en la inmediatez. Un ejercicio que en un primer análisis nos arroje un resultado negativo no determinará que la experiencia sobre sí misma vuelva a corresponder en un giro ascendente. Lo que se quiere expresar es que —buscar y dejar de buscar— tiene que ser el mismo equilibrio de un ejercicio práctico que se quiere sistematizar en el tiempo. Lo difícil es esta apertura a la inmediatez: en la misma apropiación de nuestro presente, se realiza un sueño, aunque sin calcularlo o sistematizarlo, solo en el ámbito discursivo-racional.

La segunda condición es que se abra a distintos cruces temáticos o conceptuales, un movimiento libre del aura en la creación de la espontaneidad. Un enfoque lacaniano de la enseñanza se desprende de esta libertad en el movimiento, como el collage que se vuelve un cuadro centrado del cruce de distintas imágenes descentradas que se juntan o superponen entre sí.

También se desprende —de la actualidad del conocimiento— en la posibilidad abierta, sin determinar; la generación constante de información desechable, grandes cantidades de información que cierran el discurso en el consumo y el correspondiente pago como tributo al capital. La filosofía no es más que un puente con tiempo límite de suspensión en el espacio. Si el cruce es cerrado a un marco acotado de autores, siempre se muestran diversas conexiones. La filosofía se presenta, la mayoría de las veces, como un escape a la determinación, al encasillamiento o a la fijación conceptual.

La enseñanza de la filosofía tiene que ser su escritura sobre sí misma, una escritura que se antecede como una pre-entrada desde el presente; proyectada ya en su primer momento desde una síntesis emotivo-profética, es una ejercitación sin piedad en la libertad creativa de lo que se muestra. Este mismo principio, o cierta determinación en el ánimo filosófico, «el pathos», es también una fuerza que sale desde una escritura libre, pero espontánea. Un adelanto de lo que se mostrará, solo la introducción.

La determinación de su tiempo desplegado ya en la escritura que antecede permite darse en una entrada sensible, la intuición preliminar, una alerta y una determinación corporal que existe, aunque el resultado sea más largo; es un recorrido extenso, con muchas curvas, pasajes y estancias para construir también una experiencia subjetiva.

Las citas están esperando mostrarse, nombrarse. Esa colección de un deshacerse en el lenguaje. Ya irán, ya vendrán. Ya están aquí. Ya estaban en nuestra experiencia, en nuestro trabajo. El ascenso solo es posible con el descenso interminable de momentos recorridos.

6. Estelas del fascismo

En una célula que se reproduce, como un virus, en la manifestación de la vida, también queda en el rostro humano un horror de la contienda que es siempre desigual. Para una expresionalidad del tiempo gastado, también un celular puede reproducir una memoria viva en tiempos muertos del espectáculo, porque el triunfo del fascismo también ha estado otrora en el ritual del sacrificio.

La propaganda nazi ha quedado en los muros que las visitas observan de vez en cuando: un paseo por el museo de la deshumanización. Es este horror, que el arqueólogo vuelve a investigar, tal y como las tumbas de nuestros ancestros de las civilizaciones que han sucumbido nos devuelven la misma vida, que la muerte otorga como espectáculo para una ideología triunfante que perdurará en un ciclo que retorna.

Una vieja tesis de filosofía analizaba la efectividad del triunfo de las imágenes míticas como la imagen de la clase obrera y el proletariado por el socialismo; y, de otra parte, la imagen del judío, homosexual e inmigrante, proyectada por el fascismo. Para el autor de esta reflexión, surge de inmediato, al igual que en muchos otros y otras, la confesión de lo errado que estaba en postular la derrota del fascismo en la imagen colgada del cuerpo de Mussolini. Más bien, es el espectáculo de su muerte la perduración del fascismo hasta nuestros días. La ilusión de que este pudiera estar en una elección presidencial nos recuerda a las estelas de los mayas, cuyos títulos se trataban de sobrescribir sobre los ya enterrados a medida que se cambiaba de gobernante.

Entonces, se necesitaría que la arqueología, por medio de esta correspondencia, y no solo por el cincel, volviera a corresponder con una verdad histórica que insiste en someter al cambio climático. El incendio siempre vuelve a iniciarse desde dentro. Y este incendio es el que veremos cada vez más encendido en la dialéctica producida por la impotencia de la capacidad productiva e industrializante de los países latinoamericanos y su elección por los caudillos que vuelven a repetir este ciclo anunciado. Se podrá volver a comprender que el fascismo estaba ya instalado en la eficacia de su productividad; desde una fantasmagoría de la producción del espectáculo volvía a triunfar en las instituciones de poder: colegios, liceos, escuelas y universidades, donde se descargaba de manera vulgar y banal esta impotencia de la industria productiva, saqueada desde este rincón del centro y sur de América.

7. Sueño de una civilización

Había encontrado al fin el espíritu de la muerte a las criminales y la organización a la que pertenecían; al mismo tiempo, se sentía despreciable al rememorar sus propios asesinatos, desprovistos de todo objetivo y razón; veía en esas mujeres un poder mucho más racional y frío para organizar la muerte: ellas congelaban sus cuerpos para seguir compitiendo, turnándose de vez en cuando para volver a repetir el ciclo.

Miraba esta nueva forma de muerte organizada, donde él y sus semejantes eran mantenidos en cautiverios reproductivos. Ya no era un cautiverio por medio del encierro; era más bien un encierro en la libertad reproductiva. El control total sobre las semillas se encontraba ahora dominado por esta nueva organización social. Permitía poder disponer tanto de las fantasías sexuales que se intercambiaban en la civilización como de su fin automatizante.

Se invertía ahora el sacrificio del capital desde el fetichismo de la mercancía hacia su control biotecnológico, reflejo de la impotencia actual frente a la necesidad acelerada de producir nuevo capital. El comienzo neutro desde el lenguaje ya proyectaba esta futura desexualización biotecnológica del capital en la necesidad de acercarse a un sexo indiferenciado: realidad andrógina del sueño de una civilización.

Comenzaba el vaciamiento del capital especulativo, al igual como en el pasado la selva enterró los monumentos donde se produjo el derramamiento de sangre de una vieja civilización. El capital ya no necesitaba un respaldo físico porque ya había encontrado su refugio en el banco de semillas; y la organización social, que de nuevo se hacía del poder, crecía al amparo de la selección virtual y ficticia de una manipulación de la información a gran escala. La ideología volvía a triunfar sobre el cuerpo, y las enfermedades serían el ataque del capital en el vaciamiento de las emociones; llegaba hasta la imposibilidad de poder gozar del sexo. Hombres y mujeres que ya sucumbían nos mostraban este futuro en un presente que nos desgarraba.

Nada podía confortar este sueño ya pesadillesco en todas las proyecciones futuras que ya se manifestaban en el presente; y entonces, volvió el alma y se aquilatró como diásporas en los pueblos que, por medio del viaje, buscaban «despertar a los muertos y recomponer lo despedazado».

8. Mi amor por la enseñanza

Mi amor por la enseñanza ha estado preso de una disyunción a la que ha sido difícil transformar en conjunción: «libertad para la razón o cárcel para la voluntad». O viceversa: «libertad para la voluntad o cárcel para la razón».

La libertad de la razón para enseñar ha quedado presa en las murallas de los establecimientos que solo permiten una enseñanza muerta en las competencias y en las rendiciones de evaluaciones de una jornada escolar completa que ha pervertido todo ideal de enseñanza libre en el amor. Esto ha devenido en la cárcel de la voluntad del docente, que ha tenido que limitar su enseñanza a los controles arbitrarios de empresas educaciones y/o fundaciones que han asegurado su poder a costa de seguir acrecentando las brechas en las desigualdades del desarrollo social en Chile.

La filosofía está presa también en esta disyunción, ya que, en su misma academia, la tiranía del capital ha mercantilizado todo el saber, y el conocimiento solo se puede vislumbrar como un «conjunto de procedimientos operacionales». La necesidad civilizatoria de igualar la conducta humana con el rendimiento de la inteligencia artificial ha cercenado todo rastro de desarrollo emocional y convivencial.

El autor ha vivido esta disyunción al tener que experimentar, desde la muerte de su enseñanza en el corazón del niño de Jesús, la misma cárcel para la razón que le ha permitido ejercer su voluntad; libre de las imposiciones con que las empresas y fundaciones se ocultan en los establecimientos de enseñanza particular-subvencionada desde las falsas «habilidades para el siglo XXI», y desde una fraseología que insiste en ver la educación como ciencia y no como arte. Desde la cárcel de la razón, la expresionalidad es una enseñanza que solo ha sido posible construir a destiempo en lo que fue una apuesta por la enseñanza de la filosofía desde el arte.

¿Será posible volver a unir la libertad de razón y voluntad sin que ninguna sea carcelaria de la otra?

La respuesta la saben nuestros estudiantes, que nos han mostrado que, en los detenimientos de las actividades, ya no dominan las empresas y sus títeres, sino que su conciencia puesta en la justicia y la igualdad nos devuelve el amor que no supimos darles.

Estos apartados también están inspirados en el amor de mis estudiantes, que me cambiaron ese día 2 de diciembre tirando todas las sillas al patio como cuando el corazón de Jesús se enfrentó a aquellos que solo querían vender su imagen.

«Con mensajes de vida, estas cartas se dirigen a la muerte» (H. Melville).

9. Profecía de yembé

Las muertes a los mapuches:
a la madre
al niño
se presentarán
en sueños
a todas las personas
de esta civilización;
viva en monumentos y piedras,
y ahogada
al aire libre.
No existe profecía
sin esperanza de sacristía.
Larga vida al corazón de esta era.
Vida eterna a toda la gente de la tierra.

10. ¿A la muerte?

Sería un problema preguntarle algo: de inmediato me asaltaría primero la duda de si, al hacerlo, la respuesta sería solo que lo sabré en el momento oportuno; pero también ¿por qué ella tendría que darnos respuestas si su trabajo es el que desaparezcamos para siempre de entre lo vivo en su existencia inagotable hasta ahora? Algunos hacen de ella la misma figura materna que, entre sus brazos, en su cobijo, nos tranquilizaría y nos llevaría por un camino de paz hacia nuestro final.

Pienso que siempre tenemos la esperanza de que alguien —y, sobre todo, ella— nos saque del mar de remordimientos en que tememos caer cuando lleguemos casi al final de nuestro recorrido. Pero a ella nunca la encontraremos; quizás lo más terrible sea aceptar que la muerte nos encontrará primero que nosotros a ella; es más bien una búsqueda por los desfiladeros de las mismas experiencias que todos hemos cruzado.

Ella está siempre desde el lado de aquel que no ha cesado de existir, y entonces tendríamos que ser capaces de entender que a ese ser puede elegirlo, porque ha vivido y se ha permitido vivir; no importa cuánto, si aprovechó muchos o pocos momentos; la inclinación de la existencia hacia el propósito de la vivencia lo deja realizado.

En cambio, debiéramos pensar que se desaquilatra en encontrar a aquellos que esperan y esperan otro momento para actuar o solo para vivir. Esos son los que se demoran tanto en vivir que todo lo que hacen es para no vivir; los que están invadidos de leyes ajenas y propias solo esperan cumplir con la existencia como autómatas, tal como lo señalaba Nietzsche.

Ella se oscurece al encontrarlos porque no entiende lo que sucede con esas personas. Ella se pregunta: «¿Cómo es posible que alguien que tiene conciencia de su final no sea capaz de aprovechar la fugacidad de su existencia? ¿Por qué no han observado bien a la estrella, cuyo momento de la existencia ha sido más fugaz en su máximo ardor? Los hombres y mujeres creen que solo mueren las estrellas, pero también mueren las constelaciones, los sistemas que ellas forman y, por último, el soporte de esos sistemas; mueren el sistema solar y la Vía Láctea, y también el universo contenido en los multiversos».

Ella podría decirnos todo eso, y añadiría que los hombres y mujeres de hoy están engañados, en tanto creen en una sucesión tal de la muerte. El engaño consiste en creer que el ser individual muere separado del universo: en todos los hombres y todas las mujeres, ya está contenido el mundo.

La muerte nos está comunicando algo que no queremos saber, puesto que, si lo supiéramos, nos alegraría morir. Y no queremos saber cómo está contenido el universo en la constelación que se ha fijado en cada ser por acción recíproca de su individualidad; hemos dejado que las personas se mueran sin antes extraer las constelaciones que llevan en su propio ser, las cuales nos permitirían comprender mejor la totalidad universal de cada existencia.

11. Versos

Vida

Ella se encontraba entre otros.
Déjala salir.
Oscuridad, la vida que pasa entre nosotros sin parar,
a la expectativa.
Circulaba desde la otra barrera,
cuando estaba dormida sobre ti.
Sin palabras ni pensamientos,
al momento en que mi espíritu rancio
se quiebra como
el vidrio al soplo de tu cantar quebrado.
Subjetividad de poder salir del letargo,
acción sin plan, sorpresiva.
A la misiva de poder dar con el autogolpe perfecto,
escarbo; pero me detengo.
Y entre pienso en silencio al volver a iniciar este rito.
Que estiro entre gritos sin sentido, con la esperanza.
A esta manera,
pactada entre grandes espadas afiladas
atrás del escenario, donde nosotros mismos dijimos:
«no estaba en nuestras manos, y aun así lo hicimos».

Insomnio

Lo tiene el momio y el rojo,
Como yo en este cuarto,
Sin grandes espejos, a pesar de los grandes sueños,
Donde aparece todo, se rompe todo,
Como en los sueños truncos:
Sin dientes, para no masticar el miedo
que agitan a los cobardes-valientes
de saber que estamos despiertos
Cuando vaciamos en versos enfermos:
sangría,
sangría;
que corra la sangría.

Otra vez

Cuando la memoria se haya ido
queda la pluma.
Y empezar así,
a inventar:
tonos troncos de tronos a la espera de los que
salpiquen la sangre.

Transposición

Si miras adentro, ¿qué ves? Quizás al intentar responder esa pregunta, innumerable de años, se dio cuenta de que ya no le quedaba nada para sacar de allí.

El triste mago comprendió que ya no podía sacar conejos de su sombrero, y aun así hizo el esfuerzo de crear su último truco de magia: desapareció para siempre; después de todo, sabía que las ventanas seguirían abiertas la mañana siguiente, cuando el sol incitara el mismo ritual asestado como golpe al sujeto. Sí, otro las abriría de nuevo para que entrase la brisa, la lluvia o el viento.

Nunca nadie podrá saber con exactitud qué fue lo que salió y entró: un trueque siempre desigual.

Y la pintura no alcanza para tapar los recuerdos; el olor de los recuerdos persiste siempre metamorfoseado en pintura blanca o de color, porque así nuevamente podemos ocupar el espacio fijado en la estructura; queda, por último, la forma; los resortes y elásticos se estiran y se contraen para dar lugar a otros seres provistos de otras historias: nuevos manchones de sangre y miel en las murallas que se resisten al olvido; después de que los niños accidentados recobraran la magia o de que la cocina se transformara en trinchera de ingredientes familiares en forma de cumpleaños.

¿Verdad?

Dentro del pequeño espacio de tiempo que no puede penetrar este obsesivo ojo antihistórico de la vieja comprensión de leyes supuestas a saber.

Y bueno, entonces, ¿qué? ¿Cómo respondemos ahora a la vieja pregunta leninista de los voluntaristas rancios que están convencidos de hacer algo nuevo, pero desde una política sin política y, por si fuera poco, copiando las mismas viejas formas que ellos desechan?

Valparaíso

Como un zepelín, ahora fantasmal, que de lejos se ve estático, pero sin embargo de cerca está flotando: así se mueve este puerto, naufragando siempre sobre caletas hundidas y tristezas adentradas mar abierto. Vendida su alma a Poseidón, ahora solo queda esta calavera de barco flotante. Luchando sus elementales, transformándose gaviotas en estudiantes, como tuertos alcoholizantes que repiten viejos mitos.

Escaleras como agujeros de gusanos en los cerros, detrás de los puentes colgantes en las quebradas. Imagen que se repite una y otra vez en la memoria quebrada abajo y quebrada arriba. Un nuevo viaje interestelar. La fuerza gravitacional de las escaleras se propaga por todo el mar-espacial.

Tributo a cuadro Cronos corta las alas a Cupido (Pierre Mignard)

El tiempo se ha detenido y
el amor se ha dispersado,
rotas sus alas ha vuelto a descender en los corazones rotos.
Para olvidar que era el amor
el tiempo cortó sus alas,
donde vuelven a crecer
porque ha sido tiempo vivo.

Y así el amor ha detenido el tiempo
para volver a guardarlo en el recuerdo,
donde vuelve el tiempo recobrado,
pero el tiempo se marchita
en los recuerdos, y
vuelto a sus abrazos,
ha arrancado nuestras vidas.

Hasta que un niño y una niña
crecen con la mala hierba,
el tiempo recobra su encanto
y les da a los niños
los frutos del amor de antaño,
cuando sus padres habían dejado
de creer en el amor
y el tiempo había quedado olvidado.

El amor despertó en el tiempo
lo áspero y lo tierno,
pero su tierra y su guarida se transformaron en su cuerpo
y solo quedó el tiempo.

Exaltación de un apóstol

«Estaré hasta el fin de los tiempos»,
es cierto, hasta romper algo como los tiempos.

Estaré siempre con ustedes, entregado, cansado, muerto y resucitado,

porque si ellos y ellas murieron cuando su constelación más ardía, entonces queda algo, un remanente, aunque solo sea una luz relampagueante, antes del polvo estelar esparcido, antes de la aurora boreal, intentando volver a reconstruir lo despedazado.

Estaré con ellos y ellas riendo, y quizás me terminarán odiando por querer enseñarles algo, pero eso es mejor que la indiferencia.

Estaré vivo porque ya he muerto, y he vivido tantas veces que la muerte no me busca por cualquier capricho. Estaré con ella y con todos mis hermanos.

Estaré triste si nadie quiere entender que el viento puede apagar y encender el fuego.

Y arderé sin tiempo, me consumiré total y completo en este espacio.

Yo soy el Apóstol, mi testimonio es una pequeña llama aún encendida, una verdad de fuego que solo es posible alcanzar si la llama está encendida; yo soy fuego vivo, calor reinante de las civilizaciones pasadas; el dolor que queda en el olor de los fracasados y vencidos, un hedor santificado de la batalla.

¿Qué son mis versos?

Una posibilidad real de naufragar en la angustia, un centro que no puede dividirse más en la experiencia, sino solo a partir de la propia escritura. Dejarse llevar por el trazo desordenado, más allá de la transcripción, y también más acá de ella, como una guía de un canal de comunicación, de afectividad; sin interponer en este ejercicio el perfeccionismo que mata de antemano la libertad de una autenticidad que no es discursiva, y no está solo en el lenguaje o en la elección de términos. La poesía como puesta en juego, desde la máxima irracionalidad o intuición, el resto del inconsciente que no puede ser mediado por la razón discursiva. Un encuentro posible que, aun en esta aparente diferencia con el pensamiento filosófico, sigue correspondiendo con este cruce de la dialéctica. La experiencia poética como ejercicio creador apunta a lo desconocido. O más bien, es una actividad que dialoga entre lo conocido, lo desconocido y lo que no se puede conocer. De la misma manera que señala don Juan al referirse a los antiguos brujos, cuando le explica a Carlos que se perdieron en el camino del conocimiento por querer siempre apuntar y dirigirse desde lo desconocido a aquello que no se puede conocer.

12. El viaje interminable en Interestelar

Pasar de nuevo por alto el relato supuestamente objetivo, verificable en datos o fechas históricas; nosotros sabemos que siempre se tiene que reinventar el mito, la «astucia de la razón» de los idealistas lo demostró primero.

No se trata solo de un irracionalismo recalcitrante; es, ante todo, un intento desesperado por aprender ciertas señales importantes que el irracionalismo ha aportado. Los verdaderos ideólogos de nuestra educación formal quieren que toda la escritura esté separada y bien desmenuzada en los ítems o áreas específicos que son aprobables o reprobables según el nivel acomodaticio de la misma escritura. ¿Por qué no escribir solo para uno? ¿Por qué no volver a experimentar con una escritura desordenada, algo caótica, pero que, en distintos destellos de luz, puede decir más que una novela bien relatada?

Me gustaría comentar esa consecución argumentativa de Cristopher Nolan en Interestelar, lo que aparece como una imposibilidad del hombre por acercarse al núcleo central de la teoría. Sobre todo, en lo que respecta al estudio de los agujeros negros, incluida la variante de los agujeros de gusano. Se señala, en el lenguaje avezado de los expertos de la Física, que no es posible acercarnos y ver la complejidad y singularidad de un agujero negro, puesto que seríamos atraídos por su campo gravitatorio, que nos despedazaría, y quedaríamos atrapados para siempre en el «horizonte de sucesos».

Algo redivivo del lenguaje heideggeriano, en esa apertura total al misticismo existencial, pero también un viejo problema de la filosofía, para que no se crea que solo en Heidegger estaba el problema. Es interesante pasar revista al movimiento de la «astucia de la razón» en lo que respecta al conocimiento de la verdad; en otras palabras, llegar al núcleo de la teoría. Si nos alejamos lo más posible —en los momentos del apogeo de la civilización occidental—, Euclides y los pitagóricos se mantuvieron cristalizados en la convicción de que no es posible explicar el universo. Siempre que se llega a los principios, o axiomas primeros, los cuales deben explicar las teorías, se desvelan el irracionalismo y, más bien, el intuicionismo del conocimiento.

Lo que quiere decir que los axiomas son explicables por sí mismos. Siempre en la prohibición, el misticismo adquiere una verdad experiencial, puesto que la prohibición en los axiomas de Euclides tuvo como consecuencia el desarrollo de la geometría no euclidiana. No es mi intensión pasar por todos los ejemplos que apoyan este argumento. Baste mencionar la prohibición del conocimiento en la clásica distinción kantiana entre «fenómeno» y «cosa en sí», para así concluir que solo es posible la apariencia que toma el conocimiento cuando es percibido en nuestra estructura a-perceptiva de síntesis trascendental de las categorías.

El cine de ciencia ficción en esta parte está también a la altura de las últimas consecuencias argumentativas del psicoanálisis, por lo menos en su versión lacaniana. Las estructuras inconscientes que se van montando una sobre otra, en una reciprocidad dialéctica, tampoco llevan a un núcleo central. Es más, las consecuencias son —matices más o menos de conceptos más acomodaticios— un nihilismo a la altura de los tiempos frenéticos de goce. Está prohibido explicar lo inexplicable, que es el inconsciente o, más bien, toda tentativa de explicación nos llevaría siempre al mismo resultado: el inconsciente no se puede estructurar más allá del lenguaje. Más que condenar los resultados y consecuencias de diferentes especulaciones filosóficas, es digno de destacar el avance continuo en el desplazamiento de la razón. Viejas ironías repitiéndose una y otra vez en la historia.

13. La razón y su movimiento

Un neurótico obsesivo —como yo—, a diferencia de lo que se conoce como intelectualismo socrático, no solo sabe que no sabe, sino que, además, no sabe que sabe, porque, en determinadas ocasiones, la aceptación de su consciencia residual no es otra cosa que la duda y el escepticismo, que, siendo regresivo, retorna siempre a lo mismo. Pero, incluso en este regresar el conocimiento, se pierde a sí mismo para encontrarse por otro lado, no en el camino del saber, sino en la esfera de la irracionalidad misma. Lo que se gana en la superación del ser mismo es siempre a conciencia de perder el mismo saber.

Y, sin embargo, sí existe un nuevo estado del saber. Sea para el psicoanálisis la «cura», el movimiento mismo que ha dilucidado la filosofía no es nada diferente. La astucia de la razón anuncia algo más que un desplazamiento: es también el inverso de sí misma. La razón sigue estando presente en la angustia. El movimiento es siempre el desplazamiento y la inversión de lo mismo. Solo en el movimiento hacia su contrario en el ser mismo, la razón existe: deviene la muerte de sí misma.

Es una posición que necesariamente tiene que remitir a un quiebre, corte o caída; desde la que también es una forma de estructurar la realidad, a nivel simbólico, imaginario, y real. En esta línea, son inevitables los aportes de Hegel, Kierkegaard, Husserl, Sartre, Marx, Lacan, Heidegger, Deleuze, Benjamin, Zizek, Baudrillard, y así la interrelación puede ser interminable en este lado de la filosofía occidental, cruzando la experiencia judeocristiana de la ética. Sin mencionar desde este otro lado oriental a Byung-Chul Han para hacer una correspondencia con el punto al que todo campo del saber siempre va a remitir en la forma de aprehenderlo: a un modo también religioso y espiritual de ser.

Es una posición activa en la infinitud de una máxima inmediatez en la misma puesta del reflejo de la trascendencia de un sujeto particular, más allá de cómo se articulen estos términos cuando nos referimos al campo de la experiencia.

Respecto al cruce bien sabido de la filosofía hegeliana al marxismo y al psicoanálisis, sobre todo en lo que configura la experiencia mesiánica, se puede hacer una misma experiencia en la literatura cuando se trata no solo de inventar la ficción, como algo que no existe, sino de poder hacer emerger una realidad cultural, religiosa y espiritual en la concentración de muchos sabios, chamanes o maestros budistas. Este es el caso del relato de Carlos Castañeda: desde el saber de la brujería y el chamanismo mesoamericano, una apuesta práctica dirigida a la inmediatez, el camino del guerrero y su libertad no están relacionados con la falsa elección entre una u otra ideología, o entre una identidad profesional bien habituada, sino en la desesperante situación de enfrentar lo desconocido, aunque no por eso se permite vislumbrar en esta relación una forma particular de percibir la realidad.

Es lo que Zizek ha querido situar como la brecha de paralaje; en otras palabras, como la imposibilidad de poder superar la tensión que se produce desde la división del Uno en su inmersión, su desplazamiento o, si se quiere, la división del todo consigo mismo. También se describe como el corte que produce lo real, una hendidura simbolizante que obliga a situarse en un campo imaginario de representación donde hacer frente al quiebre de la experiencia simbólica; por último, sería en Interestelar la imposibilidad de acercarse al horizonte de sucesos en un agujero negro.

¿Dónde poner el foco de la realidad? Por lo general, se puede tener presente que la máxima apertura que puede hacer el filósofo es también una posición que se escapa a una ideología. En la filosofía mapuche, también existe la misma correspondencia hacia la inmediatez de la libertad que se construye como un guerrero, desde un campo similar al chamanismo descrito por Castaneda o también mostrado en el budismo zen.

14. Sobre el discurso filosófico

La escritura filosófica, aun después de su delimitación, debe debatirse a sí misma en un intento de escapar del «sí mismo» para quedar como remanente académico; así, más pura en su ejercicio creativo, se mantendría «a sí misma» viva. Entonces, al desplazar el «a sí mismo» masculino, diferenciado en las instancias de los incorporales, se acercaría más al «soma», se experimentaría «a sí misma» como fémina. No se trata solo de un desplazamiento: es más bien la correspondencia de los dos géneros en una creación. Si atendemos a las leyes herméticas antiguas, nos encontramos con el mismo principio.

Por otro lado, nos reencontramos de nuevo con los incorporales —tal y como lo señala Deleuze—, que, siendo imágenes, nos sirven de base para aprehender un cuerpo. A pesar de la insistencia de Deleuze y Guattari por alejarse de la constelación psicoanalítica con respecto al «complejo de Edipo», no se puede prescindir por completo del concepto funcional de «pulsión objetual». En otras palabras, es con respecto al objeto o la falta de este que el psicoanálisis inscribe una cierta simbolización que se traduce de manera imaginaria desde la masculinidad o la femineidad, o la conjunción de ambos, instancias fantasmáticas que se inscriben como coordenadas, como la ficción que se reconstruye en las experiencias sexuales.

Es responder la siguiente pregunta: ¿por qué siempre nos imaginamos un hombre o una mujer como objetos deseables que marcan el cuerpo? No se puede hablar de la experiencia sin remitir a este punto muerto, donde no es posible salirse de estas coordenadas fantasmáticas. No se puede descubrir al fantasma detrás de la máquina, porque estamos inscritos desde este quiebre de la experiencia.

Sobre la apropiación de la filosofía por otras áreas del saber, es algo que la historia nos muestra repetidas veces en una sistematicidad tal que termina por romper —o, en algunos casos, por omitir— este supuesto origen filosófico, a veces disfrazando una supuesta superación.

Esto se puede rastrear en el psicoanálisis de Lacan, aunque también en el predominio de corrientes cientificistas. Nos da la impresión de que quizá la particularidad filosófica más importante viene a ser su capacidad camaleónica de camuflaje: mientras más se dispone a servir de herramienta y vehículo de reflexión para otros campos del hacer y del saber, más se repliega sobre sí misma al terminar su misión. No se trata de un dominio conceptual solo de los filósofos, sino de la apertura o cerradura que los pensadores o intelectuales están dispuestos a conjugar en su ejercicio.

Podemos recordar la obsesión de Wittgenstein por darles una referencia a todos los conceptos que utilizaba, o, en otras palabras, el querer matar todo postulado metafísico coincide con su etapa de cierre en su pensamiento filosófico; su intención de alejarse de la filosofía utilizando la analogía de la escalera revela el cierre de su posición filosófica dentro del campo de la lógica y la ciencia; y en particular, desde el análisis del ejercicio de ellas.

La filosofía se aleja de su pensador, escritor o estudiante porque su origen marcado en la subjetividad le pone trabas a su ejercicio, se ha develado la trampa filosófica en que ha caído su autor: es este cierre del discurso lo que hace que sobreviva para una nueva apertura discursiva, ya sea desde otro o desde sí mismo.

Esta dialéctica de la apertura y el cierre no es algo solo contemporáneo; más bien corresponde con un desarrollo histórico de la civilización. Lo que también se ha señalado como «materialismo dialéctico».

Tomemos otro ejemplo en la restricción de uno de los filósofos más representativos de la Escuela de Fráncfort; Adorno señala lo siguiente con relación al ejercicio filosófico:

> Siempre que se ha pretendido concebir los escritos de los filósofos como obras poéticas, se ha perdido de vista su contenido de verdad. La ley formal de la filosofía exige la interpretación de lo real en la relación acorde de los conceptos. Ni la manifestación de la subjetividad del pensador, ni la pura verdad y coherencia de la obra en sí misma deciden sobre su carácter como filosofía, sino solo esto: si lo real entra en los conceptos, se acredita en ellos y los fundamenta razonablemente. Algo que la concepción de la filosofía como poesía contradice. Al retirar esta a la filosofía la obligación de dar la medida de lo real, sustrae la obra filosófica a la crítica adecuada. Pues solo en comunicación con el espíritu crítico puede ella acreditarse históricamente. El que, no obstante, casi todos los pesadores «subjetivos» en el sentido propio del término estuviesen condenados a ser clasificados como poetas, se explica por la equiparación que hizo el siglo XIX de la filosofía a la ciencia, era reclasificado, cual apéndice sobrante, bajo el título de poesía (Theodor Adorno, *Kierkegaard: Construcción de lo estético*).

Desde este punto de vista, Adorno repite esa vieja prohibición platónica a la poesía, en concreto, en su crítica a Kierkegaard; en la medida que, por medio del lenguaje, se conjuga una cierta ambigüedad, o la abstracción poética no nos permite aterrizar todos sus conceptos, va a establecer esta restricción de la poesía en el discurso filosófico. Sin embargo, a pesar de esto, de igual manera, señala de forma tácita que la filosofía, durante el siglo XIX, estaba equiparada a la ciencia; o podemos retroceder aún más y agregar que, durante la época medieval, la filosofía estaba equiparada al ejercicio teológico.

En la actualidad, un problema para el ejercicio de la filosofía, o para aquellos que tratamos de analizar y criticar ciertos dogmas, y por contrapartida, para aquellos que no logran ejercitarla, es que aún no han identificado la falla del discurso. Algunos o algunas asumen una postura solo para aparentar una toma de posición frente a una determinada temática. Las ansias de justicia los llevan a identificarse con cualquier representante justiciero, ahora el «feminismo». Se produce un fenómeno común a varias personas, más allá de la condición sexual: condenar y prohibir en el nivel del lenguaje aquello que desearían extirpar de una violencia sexual.

No es solo una igualdad de condiciones y derechos, es más bien la consecuencia de la concentración del capital. Esta necesita ahora su validación desde las condiciones reproductivas de los sexos para así, a posteriori, justificar y ampliar las medidas técnicas y automatizadoras de la reproducción sexual. En la actualidad, el discurso feminista solo es una profecía de la reproducción social y sexual desde el fetichismo de la mercancía, una paradoja que ahora necesita controlar la libertad sexual. Algunos seguimos recordando una vieja frase olvidada del marxismo: «la ideología está en el mismo proceso de producción».

Las garras del «feminismo periodístico» son las mismas del capitalismo. Nos profetizan la misma miseria de nuestra racionalidad burocrática. El proceso de producción y reproducción, de forma religiosa, ya opera con la primacía de la mujer. Parece que algunas mujeres no se han dado cuenta de que son y serán más útiles al desarrollo del capitalismo de lo que fue la hombría en la política de la guerra. Coincide con el afán manipulador y moldeable no de la mujer en sí, porque no existe, sino de las mujeres más dispuestas al sacrificio de sí mismas.

La estupidez de analizar el aborto a favor o en contra por el derecho de adueñarse del feto, cuando el problema no es solo si se puede abortar, sino si estamos dispuestos a dejar en manos del Estado el control de la reproducción; o, para ser más claro, no se están analizando las consecuencias políticas que el capitalismo puede tornar a su favor fortaleciendo de nuevo al Estado en este tipo de políticas. Una política para el control de la muerte siempre es también una política para el control de la vida. Pero dejamos hace tiempo de ser libres en cuanto a nuestra libertad de reproducirnos como especie. Ya no nacen personas, sino sujetos sin sexo. El control de las técnicas de reproducción será cada vez más racional y desexualizante; ejemplos de ello son los excesivos nacimientos por cesárea. Una sociedad miserable necesita de justificados esfuerzos para reproducir no la vida, sino solo un mecanismo simulado de ella.

Otra consecuencia de la concentración del capital es la misma destrucción de este, su quema: hace mucho tiempo sabemos que se quema el capital para seguir produciendo hambre y miseria. Este proceso, circunscrito en la misma automatización de las tecnologías más avanzadas, sobre todo en los países asiáticos, nos recuerda que la política, la educación, la salud y la ciencia son ejes discursivos dentro de intereses particulares.

No es una pelea por el poder, sino más bien solo ejercer el poder que tienen la misma filosofía, el arte y la terapia. Más bien corresponde a una propuesta por ejercer, desde una práctica solitaria y colectiva a la vez, lo más peligroso del poder; es la práctica que se realiza sin la censura y el control que existe hoy en la mayoría de las instituciones educativas o en la mayoría de las instituciones donde se juegan cargos de poder, desde el ámbito público y privado.

15. Mito, ciencia y filosofía

Para un profesor, enseñar hoy los límites de cada uno de estos conceptos se ha vuelto una tarea filosófica por sí misma. Esto quiere decir que, a pesar de que existe una definición exhaustiva o clara para cada uno, ya no es posible separarlos sin considerar sus relaciones o, en otras palabras, sin considerar los puntos de encuentro entre estas tres formas de entender el universo.

En la antigüedad (época clásica de la cultura griega), existía una estrecha relación y casi una indiferenciación entre estos terrenos del saber y el conocimiento. Por ejemplo, para los griegos, los mitos constituían un espacio común de creencias que permitían explicar tanto el origen del universo como de los dioses, tradiciones y creencias que estaban sostenidas incluso desde una transmisión oral antes que escrita. Los mitos de Homero y Hesíodo (considerados los padres de esta tradición) perpetúan de manera escrita y por medio de diferentes narraciones toda esta tradición cultural.

Teniendo esto en cuenta, por lo general, se concede que la filosofía se inicia o parte en Grecia porque es allí donde el contexto social, político y económico permitió un cuestionamiento profundo y sistemático de esta tradición oral y escrita referida más arriba. Sin embargo, esta aproximación histórica, común hoy en día en la forma de señalar los inicios del pensamiento filosófico, es bastante limitada o, por lo menos, deja una parte importante de otras tradiciones culturales afuera. Para entender esto mejor, siempre se habla de un origen filosófico en Occidente (Grecia, Roma), asimilando este contexto cultural de Occidente, en estos países europeos, como un modelo o una copia a seguir.

Pero no se habla de la tradición filosófica en Asia y Oriente (China, Japón, India, Egipto), asumiendo que estas tradiciones culturales tienen un predominio en lo espiritual y religioso, y, por tanto, lo filosófico está difuminado con otras experiencias más religiosas. De igual manera, se nos dice que las culturas indígenas en América tampoco llegaron a un desarrollo de la filosofía tan acabado como en Occidente.

Es necesario combatir contra esta forma estrecha de pensar, que sostiene que la filosofía es una actividad determinada solo por una tradición cultural más que otra. Para hacernos parte de ello, podemos evidenciarlo mejor si asumimos que la filosofía no se queda con ninguna forma de conocimiento más que con otra. En otras palabras, existen culturas en donde la filosofía no está solamente presente en un eje discursivo y en la palabra escrita, sobre todo si nos referimos a los países asiáticos —para seguir esta idea, se recomienda la lectura del libro Filosofía del budismo zen, del escritor surcoreano Byung-Chul Han—.

Si nos detenemos en la tradición cultural griega, los primeros filósofos reflexionaron sobre una tradición instalada que daba por supuesto el origen del «cosmos» (universo - orden - mundo) a partir del «caos» (desorden o anarquía).

Para entender esto mejor, centrémonos en un concepto clave que nos permitirá resumir y comprender de forma abarcativa muchas concepciones filosóficas. El concepto arché o arjé significa 'principio', 'orden' y también 'origen'. De acuerdo con esto, los primeros filósofos griegos buscaron en sus reflexiones y cuestionamientos un principio regulador del universo, algo que explicara las diferencias entre las estaciones, o que explicara el espacio, la vida celeste, la comunión humana, etc. Por supuesto, bastaba para estos filósofos no conformarse con que el origen del universo provenía del «caos» (anarquía). Incluso la palabra anarquía queda aclarada como lo contrario del arjé: 'sin orden'.

De lo anterior se desprende que los primeros filósofos (llamados filósofos presocráticos por situarse antes de Sócrates) despreciaron las narraciones mitológicas que explicaban el mundo por medio del nacimiento del orden a partir del caos. No obstante, siguieron usando el concepto de *arjé* como un principio regulador o principio originario que pudiera explicar de una manera racional y lógica aquello que el mito atribuía a algo irracional o ilógico.

Así, la filosofía se abrió paso en dar respuestas más racionales y lógicas en la forma de comprender todo aquello que nos rodea. El primer filósofo, Tales de Mileto, encontró el *arjé* (principio regulador) en un elemento básico pero universal en la composición de todas las cosas: el agua. Por eso, se dice que estos primeros filósofos se comportaron como científicos al explicar el universo por medio de la composición y mezcla de sus elementos más presenciales, como en Tales lo fue el agua.

Para no entrar en detalle respecto al principio regulador (*arjé*) que cada filósofo presocrático consideró como el más importante, es fundamental mencionar que existe una relación común en todos ellos: que hicieron de sus reflexiones filosóficas una tarea parecida a la que hace la ciencia moderna al explicar los fenómenos de la naturaleza y el cambio.

Para el ejercicio de los estudiantes en este punto, se recomienda seguir esta pista del arjé en cada uno de ellos. Más allá de compartir o comprobar hoy en día la veracidad de sus postulados o hipótesis, conviene asumir la posición de valorar un primer acercamiento a la ciencia por medio de la filosofía.

Por lo tanto, en conclusión, la relación que se produce entre los tres conceptos mencionados en el título está en la flexibilidad o adaptabilidad de las primeras reflexiones filosóficas para explicar aquello que en la tradición mitológica se asumía de un modo más irracional o por medio de una creencia sin justificar. Esta forma en que la filosofía hizo más activo el pensamiento racional y lógico produjo una identificación de ella con la ciencia en ese entonces y, además, permitió que la filosofía en su movimiento reflexivo también se apoyara de la tradición mitológica, como se comprueba en las reflexiones de Platón por medio de mitos.

16. Filosofía y ciencia

Para continuar con nuestro trabajo, propongo seguir utilizando la relación que la filosofía puede tomar con cualquier objeto de estudio; por ejemplo, desde el diálogo de la filosofía con la ciencia, es importante mencionar el caso del doctor Semmelweis. La importancia radica en la actualidad de los problemas en el campo de las investigaciones científicas que se abrieron paso con la experimentación de la ciencia moderna desde principios del siglo XIX hasta finales del siglo XX. La ciencia quedó regulada por el levantamiento de las hipótesis y su amplio campo de demostración y comprobación empírica (empírico: que proviene de la experiencia sensible).

Para resumirlo, en el caso del doctor Semmelweis, el amplio criterio que él utilizó para levantar y dar crédito a todas las hipótesis explicativas de la cantidad de muertes en el sector de maternidad hizo que diera con la causa principal. Recordemos que, durante este tiempo, el hospital donde se produjeron más muertes por fiebre puerperal estaba constituido por dos secciones de maternidad.

En una sección, se producía un número abismal de muertes, mientras que en la otra sección las muertes no llegaban a cifras tan altas. Debido a esta consideración tan extraña, el doctor Semmelweis sometió a hipótesis todo tipo de explicaciones que propusieran dar cuenta de lo que estaba pasando. Así, una de ellas establecía que, en una de las secciones con más alta tasa de mortalidad, a veces se paseaba un cura rociando agua bendita.

El doctor, por más ilógico o irracional que pueda parecer, sometió a contrastación (evidenciar en la experiencia si la hipótesis se puede comprobar) esta hipótesis por medio del siguiente curso de acción: hacer que la intervención del cura con su paseo matutino y habitual no se llevara a cabo por uno o dos días. Al invertir el curso de acción o hacer una modificación en la realidad para contrastarla, se comprobó que esta hipótesis no explicaba el problema. Sin embargo, sí era importante el procedimiento para lograr encontrar la causa explicativa, a la que se llegó gracias a la muerte de uno de los colegas del doctor, quien también fue infectado y contagiado por la fiebre puerperal.

Al asociar el recorrido del cirujano, que pasaba de la sección de morgue a la sección de maternidad, se descubrió que el origen de las infecciones provenía de material cadavérico (los cadáveres apilados en la morgue), por lo que se propusieron determinadas soluciones higiénicas y de cuidado mediante las cuales se comprobó que el uso de elementos desinfectantes en el lavado de manos era crucial para el trabajo de los médicos cirujanos (el contexto de la época nos permite comprender las primeras regulaciones con base en el descubrimiento de los gérmenes y otro tipo de infecciones virales, microbiológicas).

La lección filosófica que nos deja el criterio utilizado por el doctor en el levantamiento y comprobación de las hipótesis nos permite repensar la tarea actual de la ciencia: al profundizar nuestra mirada hacia el desarrollo de la biotecnología, la microbiología, el desarrollo de los sistemas de redes virtuales y el desarrollo de la inteligencia artificial en un campo de realidad simulada, la ciencia requiere de la amplitud de hipótesis para volver a conjugar la experimentación más allá de lo que podemos observar solo con los sentidos. A medida que cada nuevo instrumento permite observar indirectamente algo real (microscopio o telescopio), más se nos escapa esta realidad a nuestra experiencia humana, imperfecta para captarla o aprehenderla.

17. Restos de la astucia de la ratio

Debiera ser posible, como resultado de mi experiencia, poder desarticular un saber específico del que se supone que estamos siempre en la condición de pagar tributos. Hoy en día todas las vertientes especulativas nos señalan que solo es posible una construcción discursiva del intento por comprender el origen histórico de la desarticulación que aquí exponemos. Bien es sabido por todos nosotros que las primeras lecciones de filosofía están articuladas como algo no filosófico. Platón nos enseña su lección de filosofía por medio de un mito (véase el mito de la caverna en el Libro VII de La República). No existe la filosofía, a no ser que esta aparezca solo en la relación con una experiencia que intenta siempre conciliar dos aspectos irreconciliables.

Digamos que una primera trampa filosófica está dada por la creencia de que en verdad la filosofía tiene un cuerpo teórico determinable y demarcado, como pudiera tenerlo la lógica —aunque incluso en esta podríamos dudar de ello—; en otras palabras, la trampa inaugural es omitir que hay una trampa, puesto que la trampa se analiza como una estructura del pensamiento, una estructura del ser, una estructura del discurso, o una estructura de la relación entre la individualidad y el mundo.

Pero, además, sabemos por la tradición que las trampas son inagotables. El discurso filosófico intenta siempre eludir una trampa de una reflexión anterior solo para caer en una posterior. ¿Cómo es posible hacer filosofía si siempre caemos en la tentación de evitar una trampa para volver a caer en otra? Justamente este equívoco la hace posible, la reproduce: la máxima abstracción nos permite identificar las trampas; es esta recursividad del pensamiento, del ser o del discurso la que hace posible una construcción filosófica que termina por anularse siempre a sí misma.

Para entender esto mejor, tomemos una trampa de la filosofía, esta vez reproducida por Hegel. Y aquí es necesario detenerme en la comprensión que se tiene de uno de sus principales escritos, la *Fenomenología del espíritu*, texto que sin duda siempre genera muchas confusiones en su enseñanza. El propósito del recorrido que va de la experiencia de la conciencia, desde la certeza sensible hasta llegar al saber absoluto, no es una cuestión de orden empírico, sino más bien hipotético, pero que hace posible el primero. En una lectura ingenua se pone el dedo en la llaga en el texto de Hegel en el sentido de decir que es solo una abstracción, reflejada en el argumento de que la experiencia de la conciencia es solo la experiencia filosófica de la conciencia.

En este sentido, sí es cierto que Hegel siempre utiliza el recurso del «nosotros»; o sea, los filósofos. Pero el problema no reside acá, sino más bien en articular siempre un saber que no logra dar cuenta de la experiencia humana o del ser. Para volver a Hegel, lo que permite comprender mejor esto es la dialéctica del sujeto y el objeto: del ser y la nada, y de la individualidad confrontada a lo universal, lo que hace imposible el saber. Ahora bien, la dialéctica no está en la contraposición de los conceptos ni tampoco solo en su unidad, esto es solo parte del proceso.

La dialéctica está dada por el descubrimiento de que la especulación, o la reflexión filosófica expresada en el camino recorrido por la conciencia, tiene que llegar a ser algo distinto de sí misma; por eso la conciencia debe arribar a la autoconciencia; esto quiere decir que el saber que se experimenta a sí mismo solo es posible como apetencia, o sea, como deseo. Hegel afirma en la *Fenomenología del espíritu*:

> ... pero esta contraposición entre su fenómeno y su verdad solo tiene por su esencia la verdad, o sea, la unidad de la conciencia consigo misma, esta unidad debe ser esencial a la autoconciencia, es decir que esta es, en general, apetencia.

La dialéctica entre deseo y conocimiento hace imposible un saber que no esté confrontado ya, desde antemano, a la universalidad. Pero, desde la visión filosófica de Hegel, solo es posible el saber como construcción especulativa desde este desdoblamiento de lo universal (o del absoluto); y a su vez, desde el otro extremo, el desdoblamiento de las figuras de la conciencia (desde la certeza sensible, el entendimiento, la conciencia, la autoconciencia, la razón, hasta llegar al espíritu). Acá, Hegel nos señala:

> En cuanto una autoconciencia es el objeto, este es tanto yo como objeto. Aquí está presente ya para nosotros el concepto del espíritu. Más tarde vendrá para la conciencia la experiencia de lo que el espíritu es, esta sustancia absoluta que, en la perfecta libertad e independencia de su contraposición, es decir, de distintas conciencias de sí que son para sí, es la unidad de las mismas: el yo es el nosotros y el nosotros el yo.

La verdad del saber que se experimenta tiene un sentido «retroactivo» de las figuras que desaparecen del sujeto, el cual debe realizarse en la concreción de su individualidad confrontada a lo universal; esto quiere decir que el desdoblamiento crea una verdad solo en una operación de negación que se produce en la inmediatez de la experiencia. Es el deseo experimentado en la conciencia lo que hace que esta desaparezca; claro que esta desaparición nunca es del todo, siempre queda un resto que se comprende en una nueva figura. En el caso de la autoconciencia, el deseo tiene «como resultado que aquella solo alcanza su satisfacción en otra autoconciencia, o sea, en el otro».

Esto quiere decir que el deseo alcanza su realización en la negación del sujeto, experimentado como objeto de la conciencia, y, a su vez, esto permite también que la verdad de este proceso solo pueda alcanzarse en la referencia a «otro». De esto también se desprende la dialéctica entre señor y siervo, que no reproduciremos acá. Baste con mencionar que esta dialéctica consiste en la negación de sí mismo como afirmación del otro, que también es la única manera en que el sujeto se afirma a sí mismo por medio de esta negación.

En otras palabras, esta alienación, enajenación o reificación, si ustedes prefieren, es la que en concreto experimenta la conciencia desventurada. Este es el punto central, que en la Fenomenología no está —a mi parecer— muy desarrollado y explicado. La conciencia desventurada que se experimenta en la lucha por el reconocimiento (de señor y siervo) se manifiesta en la irracionalidad, o digamos que no puede ser comprendida por la razón, sino solo experimentada, ya sea como desesperación, como terror o temor, pero esta irracionalidad de la figura de la conciencia desventurada es justo lo que permite la producción, en concreto, el trabajo productivo. Esta irracionalidad experimentada es el movimiento hacia la figura de la razón. Hegel lo manifiesta de esta manera:

> Pero, para ella misma (para la conciencia) permanece la acción y su acción real una acción mísera, su goce el dolor y la superación de este dolor, en su significación positiva, un más allá. Pero, en este objeto, en el que su acción y su ser, como ser y acción de esta conciencia singular son para ella ser y acción en sí, deviene para ella la representación de la razón, de la certeza de la conciencia de ser, en su singularidad, absoluta en sí, o toda realidad.

Aquí está la trampa —de la que Hegel no podrá salir en sus últimos escritos (La *Filosofía del Derecho* y la *Filosofía de la Historia*)—, a saber, «la astucia de la razón». La apertura máxima de la crítica de Hegel que permite comprender la enajenación del sujeto, por necesitar del goce del dolor en la producción; en la experimentación del sujeto como objeto, en donde solo se puede lograr una certeza en relación con otro, se llega al resultado de la necesidad de una construcción histórica, pero no del sujeto, sino de la universalidad del saber absoluto en el dominio de la historia y de la naturaleza. En este camino, la filosofía pierde el dominio de sí misma porque necesita de la historia. En su texto *Razón y revolución*, Marcuse señala este fin de la filosofía en Hegel. Cito al filósofo de la Escuela de Fráncfort:

> La soberanía del espíritu del mundo, tal como la describe Hegel, exhibe los oscuros rasgos de un mundo que en vez de controlarlas, se ve controlado por las fuerzas de la historia. Mientras estas fuerzas son aún desconocidas en la verdadera esencia, acarrean miseria y destrucción cuando se manifiestan. (...) Hegel, al mismo tiempo, enaltece el sacrificio de la felicidad individual y general que resulta de ello. Lo llama astucia de la razón. Los individuos llevan unas vidas infelices, se afanan y perecen, pero aunque en realidad nunca alcanzan su objetivo, sus desgracias y derrotas son precisamente los medios con los que proceden la verdad y la libertad.

Esto lo formula con claridad Hegel en la *Filosofía de la Historia*: «... esto puede denominarse la astucia de la razón, que pone a las pasiones a trabajar para sí, mientras que aquello que desenvuelve su existencia a través de dichas impulsiones tiene que pagar los daños y sufrir las pérdidas».

Hasta aquí he mostrado la desarticulación del discurso filosófico en su mismo terreno. He elegido a Hegel no solo por constituir un giro en la historia de la filosofía, sino por ser representativo en lograr comprender la trampa de la «astucia de la razón». Y tenía que seguir —a riesgo de volver tediosa esta exposición— esto en la *Fenomenología del espíritu*, puesto que sigue siendo hoy en día la fuente de todo el desarrollo que abrió el terreno para el nacimiento de las teorías sociales que dieron respuestas en los distintos campos del conocimiento.

Ejemplos de ello son el psicoanálisis y la teoría crítica de la sociedad, solo por nombrar lo más representativos. Y en lo que respecta al psicoanálisis, tengo que detenerme de nuevo en uno de sus máximos exponentes contemporáneos: Lacan. Sabemos que todo su desarrollo del psicoanálisis, incluso en la comprensión y desarrollo de los escritos de Freud, se debe a la lectura del texto citado de Hegel en lo que respecta a la posición del sujeto. En el terreno del psicoanálisis, la filosofía vuelve a reinar en las sombras, y Lacan —incluso en su lenguaje ecléctico y, a veces, hasta poético— va a mostrar con claridad la herencia hegeliana en sus *Escritos*, sobre todo en «Subversión del sujeto y dialéctica del deseo en el inconsciente freudiano».

Mi propósito acá es mostrar cómo está traducida la misma dialéctica hegeliana, pero en un sentido inverso. ¿Cómo pasar del lenguaje filosófico hegeliano, heredado de la Metafísica de Aristóteles, al lenguaje hermético y ecléctico de Lacan? Esta es la pregunta que debe ser formulada para dar cuenta —incluso cuando se habla de la clínica— de este descubrimiento necesario que, como se demuestra ahora, sobrepasa incluso la pretensión freudiana de mantener en los confines de la ciencia al psicoanálisis.

No se trata aquí de articular la relación entre filosofía y psicoanálisis en los conceptos: eso sería caer en la trampa nominalista. Trataremos de demostrar cómo es que el psicoanálisis llega al descubrimiento del inconsciente por el camino de la desarticulación filosófica en Hegel, pero también utilizando el mismo recurso que Zizek nos ofrece en su texto *Visión de paralaje*: la paralaje estelar como recurso filosófico interpretativo, en el sentido ya señalado de que la filosofía no existe por sí misma, siempre está en una cierta relación ficticia pero necesaria para entender los procesos sociales.

Esto apunta a poder situar la brecha de paralaje que se produce entre dos procesos sociales que, en apariencia, son distintos. Esta misma brecha nos hace ver desde los lados extremos la correspondencia que se cree no es posible en una relación directa de procesos alejados. Citaré el mismo ejemplo de Zizek en el descubrimiento de dos historias distintas:

> Un historiador del arte español reveló que el primer uso que se le dio al arte moderno fue una forma deliberada de tortura. Kandinsky y Klee, así como Buñuel y Dalí, funcionaron como inspiración para una seria de celdas secretas y centros de tortura construidos en Barcelona en 1938 (...). La segunda Historia: Walter Benjamin no se suicidó en una aldea de la frontera española en 1940 a causa del miedo de que se lo regresara a Francia y se lo entregara a los agentes nazis, sino que fue asesinado allí por agentes estalinistas.

Estos datos, relevantes para una nueva comprensión histórica que va a desarrollar el filósofo esloveno con toda la problemática de la crisis del materialismo dialéctico, nos revelan la posibilidad de situar la brecha de paralaje en distintos momentos históricos —entre Hegel y Lacan— por medio de dos conceptos, en apariencia, opuestos: la astucia de la razón hegeliana y el inconsciente Lacaniano.

La brecha de paralaje es, con total claridad, la dialéctica presente en los dos conceptos. ¿No es acaso el *fading*, o desvanecimiento del sujeto en su permanente división, la correspondencia retroactiva de la astucia de la razón, que en la experiencia filosófica de la autoconciencia reproduce siempre la imposibilidad del sujeto que en su deseo solo se comprende como objeto? ¿No debe entenderse el inconsciente en su imposibilidad de poderlo situar en la experiencia subjetiva, difícilmente accesible a una simbolización, un correlato de la imposibilidad de llegar al saber absoluto, que siempre se escapa, y se reproduce como reino del espíritu o de lo universal?

Por un lado, la especulación filosófica de Hegel reconoce en su dialéctica la imposibilidad de poder situar en concreto la correspondencia entre individuo y sociedad, pero cae en la trampa de situar la realidad solo en el desenvolvimiento histórico de la razón hipostasiada del espíritu; hay una predilección por la realidad de la idea que se desdobla, pero aquí, de nuevo, es esto lo que permite comprender el juego de fuerzas irracionales que se da en el goce y el deseo del sujeto que se reproduce solo como objeto.

La diferencia con Lacan está en que este último expresa la misma dialéctica, pero no llevada al plano de la experiencia en la especulación filosófica, sino en el terreno del individuo, en su concreción práctica que hace realidad en su producción, y en su acción permanente como resultado de la división del sujeto que se produce en la pulsión. En «Subversión del sujeto», perteneciente a *Escritos* 2, Lacan se refiere a esto:

> Sea como sea, nuestra doble referencia al sujeto absoluto de Hegel y al sujeto abolido de la ciencia da la iluminación necesaria para formular en su verdadera medida el dramatismo de Freud: regreso de la verdad al campo de la ciencia, con el mismo movimiento con que se impone en el campo de su praxis: reprimida, retorna allí.

> ¿Quién no ve la distancia que separa la desgracia de la conciencia de la cual, por muy poderoso que sea su burilamiento en Hegel, puede decirse que sigue siendo suspensión de un saber —del malestar de la civilización en Freud, aun cuando solo sea en el soplo de una frase como desautorizada donde nos señala lo que, leyéndolo, no puede articularse sino como la relación oblicua (...) que separa al sujeto del sexo?

Tal y como lo señala Lacan, esta brecha de paralaje debe situar la correspondencia, aunque sea en esta ficción de la evocación, el desplazamiento del deseo de la autoconciencia como momento de la especulación, con un deseo que corresponde a la separación insalvable entre lo orgánico (el sexo) y su construcción subjetiva. Lacan se va a situar desde el lado en el que le es posible subvertir el universal que nunca puede ser alcanzado como saber, para así dar cuenta del juego de fuerzas irracionales que se producen en la división del sujeto producto de su goce. En este sentido, vuelve a situar la astucia de la razón:

> Pues en Hegel, es al deseo (...) a quien se remite la carga de ese mínimo de nexo que es preciso que el sujeto conserve con el antiguo conocimiento para que la verdad sea inmanente a la realización del saber. La astucia de la razón quiere decir que el sujeto desde el origen y hasta el final sabe lo que quiere.

Esto es lo que explica por qué Hegel se ve finalmente inclinado a buscar la realización de la razón en la invasión de Napoleón y la consecutiva instalación de la monarquía en Alemania. Llegado a este punto, lo que me propongo es dar algunos elementos para abrir las coordenadas históricas que hacen posible la necesaria discursividad del psicoanálisis hoy en día, puesto que se tiene que reconstruir el enlace del psicoanálisis no solo con la clínica, sino también como dispositivo político necesario después de la despolitización heredada del fascismo. Hay que señalar que el final de la Filosofía, como sistema filosófico, abre la experiencia política de ella.

No se trata solo de la experiencia y la visión que aporta Lacan al psicoanálisis; es ante todo la visión que permite, desde la experiencia del fascismo, una respuesta del psicoanálisis vista por él. El desarrollo de la dialéctica hegeliana cruza todas las experiencias políticas después del triunfo del fascismo y el estalinismo.

Como sabemos, el desarrollo del capitalismo se cristalizó y se enraizó en la experiencia política en los Estados representativos de este periodo. Para ello, es imprescindible —como mencionaba antes— poder reelaborar subjetivamente, recurriendo siempre a algún recurso interpretativo, que vuelve a abrir el horizonte desde donde se puede aprehender la realidad. Un ejemplo de ello es el desarrollo de la dialéctica que se plasma en el clásico texto de Walter Benjamin *Conceptos de filosofía de la historia*. Cito la tesis XIV:

> La historia es objeto de una construcción cuyo lugar no está constituido por el tiempo homogéneo y vacío, sino por un tiempo pleno, «tiempo-ahora». Así la antigua Roma fue para Robespierre un pasado cargado de «tiempo-ahora» que él hacía saltar del continuum de la historia. La Revolución francesa se entendió a sí misma como una Roma que retorna. Citaba a la Roma antigua igual que la moda cita un ropaje del pasado. La moda husmea lo actual donde quiera que lo actual se mueva en la jungla de otrora. Es un salto de tigre al pasado. Solo tiene lugar en una arena en la que manda la clase dominante. El mismo salto bajo el cielo despejado de la historia es el salto dialéctico, que así es como Marx entendió la revolución.

Para poder dar este salto de tigre al pasado, Benjamin señala que debe ser posible fijar una constelación saturada de tensiones en la detención del pensamiento mismo. Hay que fijar la constelación conceptual heredada del fascismo que revolucionó al capitalismo; aquí el triunfo del fascismo es también el triunfo del mito.

De nuevo, podemos situar la brecha de paralaje desde el lado del psicoanálisis, desde el cual podemos comprender que el mito se reproduce en el discurso del sujeto, donde el capitalismo se reproduce, a su vez, no solo como elaboración de mercancías (en su valor de uso y de cambio), sino como producción de un goce limitado por la estructura del discurso inconsciente del sujeto.

En otras palabras, es la insatisfacción y el límite del placer por el goce lo que produce la verdad. Me baso en este punto en el desarrollo que hace Diana Rabinovich en su texto Una clínica de la pulsión: las impulsiones. Considero que el trabajo de ella es un buen ejemplo de poder fijar esta constelación conceptual a que se refiere Benjamin en la readecuación lacaniana del mito. A propósito de los cuatro conceptos fundamentales del psicoanálisis: el inconsciente, la repetición, la transferencia y la pulsión, ella nos señala que el cuerpo como organismo biológico es en psicoanálisis un cuerpo mítico y afirma: «... cabe recordar que este organismo —parasitado por el lenguaje— es el único al que puede concedérsele cierto margen de autonomía, cuya intrusión detectamos a menudo en ese campo límite y enigmático que Lacan denominó psicosomático».

En síntesis, en la búsqueda de las trampas filosóficas nos topamos siempre con una formulación discursiva que, al saltar de una trampa a otra, hace posible siempre la reproducción de un mito. Estamos atrapados en el mito que, ahora, la brecha de paralaje fija en la constelación conceptual desde el extremo materialista; esto quiere decir que, en la formulación lacaniana, necesaria y consecuente con la práctica clínica, ahora, la dialéctica de la astucia de la razón se queda desde este lado materialista de la producción del trabajo alienado, tanto como mercancía (en su valor de uso y de cambio) como en la producción desde el lado del discurso, y no desde el otro extremo del saber absoluto; y en este sentido, tal y como señala Lacan, no es posible en la práctica psicoanalítica poder establecer un cierre del discurso, lo que se retraducirá también en el fracaso del discurso psicoanalítico; por lo tanto, esta misma desarticulación del psicoanálisis, donde tampoco se puede situar el saber, nos ha permitido a lo largo de esta exposición poder articular estos dos saberes.

No se trata, para nuestro análisis, de quedarse con una herramienta psicoanalítica en la forma como se asume al «sujeto fuera de su centro», en el sentido de que el sujeto no esté sujeto a sí mismo. Se requiere poder situarse en la red de constelaciones para comprender que la insistencia política en este sentido pasa también de inmediato a «estar fuera de su centro». Afirmar esto quiere decir, en primer lugar, que el materialismo dialéctico, para un análisis incluso de tipo marxista, requiere leer una situación coyuntural que abra una experiencia revolucionaria fuera de lo político; en la medida en que la teología se inscribe como el origen de toda experiencia política, se trata de volver a divulgar este viejo secreto que Benjamin nos hace llegar desde sus escritos.

Debe tenerse en cuenta que la teología sitúa el lente más antiguo de toda experiencia política en su difuminación con toda la experiencia religiosa. Esto es lo que hace posible que se pueda viajar en el tiempo. Lo que está en una experiencia de origen abre una brecha de tiempo histórico que está en un flujo continuo y vacío. La posibilidad revolucionaria se abre para quien puede hacer este salto que provoca una detención. Esto, lejos de constituir un cierre, puede abrir la posibilidad de que, desde los rituales míticos representados y transmitidos por la educación, como acción religiosa, como acción política y como acción psicoanalítica, se vuelva a situar el discurso en la construcción subjetiva imaginaria del individuo que en su práctica sigue repitiéndose y reproduciéndose por otras vías autómatas.

18. Filosofía y arte

La filosofía debe enseñarse de manera distinta a su exposición tradicional en forma de tratado, análisis o ensayos, como es común en su ejercicio teórico, si tenemos en cuenta que son conductas o hábitos arraigados en los sujetos los ejes que permiten una cierta modelación o permeabilidad de la cultura.

Esto significa que la filosofía, para poder sobrevivir y recrearse, debe estar unida al arte en la enseñanza mediante la práctica de diferentes ejecuciones productivas: escritos, collage, teatralizaciones, observaciones, y tematizaciones culturales. Al identificarse con una práctica o forma concreta, los estudiantes pueden lograr de mejor manera un posterior desprendimiento de esta para facilitar un análisis crítico. Más allá del posterior abandono de tal identificación del estudiante, solo ha sido posible una materialización de la crítica en el camino donde primero se ha ejecutado y/o practicado una determinada forma cultural.

Esta primera idea respecto a que la filosofía requiere de una producción artística no hay que tomarla en la literalidad de un canon tradicional de práctica artística, como la pintura y la escultura, o en el esfuerzo inútil de imaginar que se está creando una obra de arte; más bien, se puede tomar una determinada forma artística existente en uno o más acontecimientos predominantes de una o más culturas cohabitables en una localidad territorial.

Lo anterior exige un alejamiento de una visión estetizante del arte (pensar que el arte se crea solo en la intencionalidad de lograr algo bello). Se trata de tomar el arte como develamiento de algo que no aparece a simple vista; en otras palabras, acercarnos al sentido griego de la verdad como *alétheia* ('desocultamiento'). En este sentido, todo lo que devela algo también denuncia un estado tal de la situación que no se muestra.

El arte se expresa mejor como crítica, siendo más certero que la filosofía con todo su aparataje conceptual y argumentativo. El primero puede prescindir de una forma argumentativa, mas no por eso se aleja de la crítica, sino al contrario: puede potenciarla.

Un ejemplo de lo anterior se encuentra en las producciones teatrales que no siguen un orden secuencial del guion, sino que se permiten las superposiciones de gestualidades y acontecimientos en la obra para buscar producir una respuesta del espectador que solo puede verificarse o apropiarse durante el transcurso de la obra.

Según Slavoj Zizek, una forma de arte —como el cine— no está hecha solo para producir una respuesta del espectador, ni tampoco ofrece la respuesta a qué desear, sino que la respuesta de esta se dirige a cómo desear. Así, el artista también dirige un mandato en la forma como su obra puede ser deseada por otro.

Por otro lado, se necesita el segundo movimiento, en el que la obra también materializa su misma destrucción. Todo el sentido no es otro que llevar todo hasta su muerte, o hasta su punto límite, o hasta su agotamiento total. Según afirma Lefebvre en «De la literatura y el arte modernos considerados como procesos de destrucción y autodestrucción del arte», el arte también logra este cometido:

> Ha habido grandes épocas en el arte y la literatura. Estas épocas tienen diversos rasgos y característica. Una de ellas me parece que se ha omitido siempre al hablar de estas grandes épocas del arte y

> la literatura. ¿Es que no habría de celebrarse una especie de fiesta fúnebre en honor de un pasado abolido, de una época que termina? Gran fiesta que precede, como todas las fiestas fúnebres, a la liquidación de este pasado, no sin ciertas concesiones a la nostalgia y que además entraña, como se decía esta mañana, una cierta inadaptación o cambio y una problemática que afecta a este cambio. ¿La tragedia griega? Pues fue una fiesta fúnebre en honor de las costumbres patriarcales o matriarcales, en honor de los dioses agonizantes, en honor de la ciudad amenazada, pronto perdida.

Después de describir esta misma tesis en distintas épocas históricas, Lefebvre menciona que, a pesar de que lo positivo del arte esté en su presente, en lo actual, así como también en sus proposiciones futuras o proyectos, el elemento negativo es predominante para que ocurra un movimiento. En este sentido, señala:

> De acuerdo con esta teoría que se plasma en la *Estética* y en la *Fenomenología del espíritu*, de Hegel, no existe solamente una absorción del arte en la religión, del arte y la religión en el sistema filosófico político (lo que se llama hegelianismo). Existe también la idea de que el arte vive y como todo lo que vive será superado y desaparecerá después de una historia que comprende una ascensión y un ocaso. Pero hay algo mucho más concreto todavía en la tesis hegeliana: la idea del romanticismo como apogeo, como esplendor del arte y, al mismo tiempo, como anuncio de su fin. Resumiendo el pensamiento hegeliano, podríamos decir que la muerte del arte se anuncia en el arte de la muerte, en el arte que tiene como tema central la muerte.

Desde este punto de vista, comparto con Lefebvre que la exposición anticipada del arte ya contiene su cancelación: es como si todas las piezas de la obra llevaran en su mismo anunciamiento y presentación lo que está destinado a desaparecer en la ilusión artística de que quedarán como «cápsulas de tiempo», un tiempo que pudo ser cuantificado y mostrado. El arte, más allá de su propia destrucción, necesaria, no sería solo como un objeto fetichizante, tal y como lo describe Baudrillard en *El complot del arte*, como la pieza del coleccionista que guarda sus objetos intactos en sus cubiertas para que dicho lugar sea el espacio de la misma vitrina, una actividad inevitable de ser en la simulación:

> Todo el dilema es este: o bien la simulación es irreversible y no hay nada más allá de ella, no se trata ni siquiera de un acontecimiento, sino de nuestra banalidad absoluta, de una obscenidad cotidiana, con lo cual estamos en un nihilismo definitivo y nos preparamos para la repetición insensata de todas las formas de nuestra cultura, a la espera de algún otro acontecimiento imprevisible —¿pero de dónde podría venir?—; o bien existe, de todos modos, un arte de la simulación, una cualidad irónica que suscita una y otra vez las apariencias del mundo para destruirlas. De lo contrario, el arte no haría otra cosa, como suele suceder hoy, que encarnizarse sobre su propio cadáver. No hay que sumar lo mismo a lo mismo, y así sucesivamente, en abismo: esto es la simulación pobre. Hay que arrancar lo mismo de lo mismo. Es preciso que cada imagen le quite algo a la realidad del mundo; es preciso que en cada imagen algo desaparezca, pero no se debe ceder a la tentación del aniquilamiento, de la entropía definitiva; es preciso que la desaparición continúe viva: este es el secreto del arte.

Más allá del relato filosófico —su artificio—, en este punto parece estar en el mismo plano que el arte, en la idea de un tiempo límite de manifestación, y así otro de suspensión. Si el arte está en la manifestación, que también es una materialización producida desde un estado normal y alterado, la filosofía también está manifestada en el contenido subjetivo, así como en el silencio que forma parte de su posibilidad.

19. Mesianismo y chamanismo: como acción lírica y como acción política

La poesía logra captar el límite o aquello que no se puede decir. No es solo la forma lírica de expresión, sino como está puesta en la realidad misma de todo ser, de todo acontecer. En el Evangelio de Juan se afirma:

> En el principio era el Verbo (La Palabra) y el verbo estaba ante Dios, y el Verbo era Dios. ÉL estaba ante Dios en el principio.
>
> Por él se hizo todo, y nada llegó a ser sin él. Lo que fue hecho tenía vida en él, y para los hombres la vida era luz. La luz brillaba en la oscuridad y las tinieblas no la impidieron.
>
> Vino un hombre, enviado por Dios, que se llamaba Juan. Vino para dar testimonio, como testigo de la luz, para que todos creyeran por él. Aunque no fuera él la luz, le tocaba dar testimonio de la luz.
>
> Él era la luz verdadera, la luz que ilumina a todo hombre, y llegaba al mundo, este mundo que se hizo por él, este mundo que no lo recibió.
>
> Vino a su propia casa, y los suyos no lo recibieron; pero a todos los que lo recibieron les dio capacidad para ser hijos de Dios.
>
> Al creer en su nombre han nacido, no de sangre alguna, ni por ley de la carne, ni por voluntad de hombre, sino que han nacido de Dios.
>
> Y el verbo se hizo carne, puso su tienda entre nosotros, y hemos visto su Gloria; la Gloria que recibe del Padre el Hijo único; en él todo era don amoroso y verdad.
>
> Juan dio testimonio de él; dijo muy fuerte: «De él yo hablaba al decir: El que ha venido detrás de mí ya está delante de mí, porque era antes que yo».
>
> De su plenitud hemos recibido todos, y cada don amoroso preparaba otro. Por medio de Moisés hemos recibido la Ley, pero la verdad y el don amoroso nos llegó por medio de Jesucristo.
>
> Nadie ha visto a Dios jamás, pero Dios-Hijo único, él que está en el seno del Padre nos lo dio a conocer. (Juan 1, 1-18)

Estudiado no en su literalidad ni tampoco en el anhelo de que su misterio permanezca intacto, refleja esta apuesta del lenguaje cuando va más allá de la prosa, cuando va más allá del enunciado, en su anunciación a futuro, o en la integración de distintos tiempos en la articulación de las palabras desde la experiencia de ser Dios, quien nos habla en la persona de Juan. Radica allí una verdadera belleza, porque está en la experiencia.

He recuperado un amor a la filosofía, porque el regalo no es algo que se da solo desde un interés, sino que está desprovisto de cálculo; es lo que está en la teología, el chamanismo, el mesianismo judeo-cristiano, o incluso en el budismo; es una máxima apuesta a la inmediatez, desde la pura afectación sensible hacia todas las sensibilidades contenidas en la emoción y sentimiento de estar en el Todo. Es sentir el poder en nosotros.

Este poder tiene la ambivalencia de mostrar lo mejor y lo peor, lo malo y lo bueno. Tenemos el poder para destruir y para reconstruir. Se necesita reconstruir la «Torre» con la «Muerte» (como lo señalan el mazo de cartas del tarot Rider Waite o el tarot de Marcella, entre otros) para poder construir. Se necesita revivir para vivir. Este movimiento donde hemos aceptado la muerte es el mismo poder que tiene la comunidad, que se vive y experimenta en cada persona, porque el automatismo fantasmático del capital ya está en nuestras acciones individuales, que a la vez son colectivas.

Solo de esta forma siento que se puede entender la violencia que está aún dentro de nosotros. Si la violencia no se exterioriza, se consume en el cáncer, pero, si sale, también puede ocurrir desde un trabajo despiadado, como si fuéramos nuestros propios policías perseguidores, que están ahí ya no para castigarnos, porque ya hemos vivido el castigo, sino para vigilarnos —y hacer que nos sentemos, como en la película *El séptimo sello*, con nuestra muerte a cuestas— de esta manera tan intensa e íntegra con que Pablo de Rokha también nos regala esa maravillosa experiencia de ser su comunidad, de estar abierto a conocer a quienquiera en su intraexilio, como se ha mencionado en esta forma donde la poesía también es un peregrinar.

La violencia es lo que transmite siempre un resto de una experiencia pasada. ¿En qué tiempos de nuestras vidas? No lo sabemos. Por lo pronto —prescindiendo por ahora del acercamiento a la hipnoterapia—, lo que creemos saber, incluso en las ciencias o técnicas más acordes con este fin, va más dirigido a sostener un discurso lógico y argumentativo para sostener en algo empíricamente observable sus investigaciones. Sin embargo, sabemos que eso implica casi siempre poner aquello que queremos obtener: encontrar lo que hemos buscado o buscar lo que ya habíamos encontrado.

No significa asumir que estamos validando esa violencia que se exterioriza hacia otros, ya sea de manera colectiva o individual; se trata de comprender, más bien, el simbolismo que se inscribe en particular como chileno, peruano y argentino —casi recordando al instante ese sentimiento más comunitario de Jorge González—. Lo que hacemos en realidad es darle un cierto soporte. No desde una estructura, porque ya está en ella, sino asumiendo la parte que nos encadena con ese resto que no puede ser simbolizado y, en consecuencia, traducido al campo imaginario de nuestra experiencia.

En chile, donde esa experiencia de afirmación simbólica está más al debe, es en donde menos se ha trabajado como «comunidad de Estado»; en las instituciones de poder, está separada la «salud» de la «educación»; no hay un encuentro. En otras palabras, esa violencia, que es siempre cierta animalidad manifestada, sobre todo cuando se experimenta más en la asunción de un aspecto social, en la inscripción que se produce desde esa subjetivación individual, donde más su pulsión lo convoca a estar al tanto de su pasado animal, es también lo que se corresponde con una inconsciencia manifestada como rebelión, la sola resistencia que queda ante el automatismo como alto precio con que se paga nuestro tributo al capital.

Ya está quedando poco tiempo; no es solo una ironía. En este escrito se ha hablado de poesía, del poder que se transmite en la forma como el lenguaje está inscrito en un campo simbólico de nuestra experiencia individual y colectiva. Porque es la máxima experiencia individual aquello que produce nuestra colectividad, nuestra comunidad. Falta entonces mencionar por qué, desde esta máxima apuesta mesiánica del amor como totalidad, el chamanismo introduce, como saber práctico y disciplinado —también el budismo en esta misma consideración—, una manera de aterrizar este ideal como principio del amor a la totalidad, a cada ser que está inscrito en esa totalidad.

Es, mejor dicho, la única totalidad que vale la pena ser tomada en cuenta, la máxima totalidad del amor puesta en la máxima inmediatez; solo así el chamanismo nos ofrece la contraparte de la experiencia individual, porque es en esa experiencia individual donde está en juego la manifestación del espíritu. Ya no es la articulación que se puede hacer a través de Kant, Hegel, Kierkegaard, Lacan, Benjamin y Zizek, entre tantos otros, ese recorrido filosófico de nuestra pertenencia a Occidente, sino esta correspondencia final entre lo más occidental de nuestra cultura y lo más lejano, como aquello que más nos sitúa con nuestra historia directa.

No se trata solo de interiorizarnos con el despliegue que hace Zizek del materialismo dialéctico en relación con la brecha de paralaje que produce, sino de lograr una síntesis perceptiva que combine ese enfoque con el materialismo histórico, propio de la tradición a la que se está circunscrito. De esta manera, se producirá una apropiación de nuestros antepasados originarios. La brecha de paralaje está ya en nuestra experiencia simbólica; sin embargo, el chamanismo indígena mapuche, así como también el chamanismo mesoamericano, pueden estar también presentes en la misma reconstrucción a la que ya hemos aludido: la poesía siempre está como manifestación expresiva de la palabra, en tanto es el sentir. La palabra se hace verbo del sentir; más allá de la ética mesiánica o budista, el chamanismo introduce dos elementos que me gustaría tomar en cuenta para cerrar esta articulación.

Para decirlo desde un lenguaje poético, en su poema «Porque escribí», Enrique Lihn lo señala como «trabajar con la muerte codo a codo, robarle unos cuantos secretos». En este sentido preciso, el chamanismo descrito por Carlos Castaneda en *Las enseñanzas de don Juan* —que cruza la mayor parte de su obra— también propone hacernos cargo de nuestra muerte. No solo en el sentido definitivo e irruptivo de esta, sino en el sentido más profundo de dejar morir algo en nuestra experiencia de libertad. Se reconoce aquí esta importancia en el autoconocimiento como herramienta activa del chamanismo —más allá de cuestionar si la experiencia descrita por el autor corresponde a un personaje real o a la realidad que se produce en el campo de ficción literaria—.

En *El conocimiento silencioso*, Carlos Castaneda dice:

> El nagual Elías apenas podía contener su entusiasmo al escuchar el relato de don Juan. En tono ferviente le explicó a don Juan que el

> nagual Julián era un acechador supremo, siempre en busca de lo práctico. Su incesante búsqueda era para obtener puntos de vista y soluciones pragmáticas. Su comportamiento, aquel día en que arrojó a don Juan al río, había sido una obra maestra del acecho. Había maniobrado para afectar a todos. Hasta el río parecía estar a sus órdenes.
>
> El nagual Elías sostuvo que mientras don Juan era arrastrado por la corriente, luchando por su vida, el río le había ayudado a entender lo que era el Espíritu. Y gracias a esa comprensión don Juan tuvo la oportunidad de entrar directamente en el conocimiento silencioso.

Lo importante es lo que don Juan le diría a Carlos Castañeda —de manera clara y directa—: que no se puede tener piedad en las distintas maneras de acecharnos. Investirse contra sí mismo el poder y lograr el camino de la impecabilidad en las acciones, en la medida que la espontaneidad del guerrero le permite conocer lo desconocido en el mismo movimiento de su percepción, eso que también llama como el libre movimiento del punto de encaje: romper esa forma vaga y cerrada al conocernos, sin vivir la vida como el tesoro más preciado que tiene un camino antes de extinguirse.

20. El arte en Oriente y en Occidente

Si hacemos un esfuerzo por identificar en el pensamiento la reproducción del mito que sobreviene a la catástrofe —en este caso, relacionada con la bomba nuclear dirigida al país asiático (Japón)—, se experimenta la sensación de la angustia, la desesperanza y las vivencias o testimonios de sufrimientos, ya sea en forma individual o colectiva, como ocurrió con esta reciente «pandemia». Las comillas, por supuesto, dejan abiertas las diferentes posibilidades de interpretación y acercamiento a la situación actual y todo lo que podamos decir de manera argumentativa para cuestionar el término o para proponer otra visión de cómo tiene que caracterizarse esta catástrofe.

Distintas expresiones artísticas donde la «ficción» se mezcla con temáticas existenciales permiten comprender la forma artística que se da sobre todo en Oriente; desde otro lado —la psicología de Occidente—, podemos comprenderla como una introspección terapéutica, herramienta que es privilegio de unos pocos y a la que muchos no estamos acostumbrados en nuestra realidad cultural.

Sin embargo, ¿es solo una cuestión de iluminación desde una experiencia límite (situación de peligro que nos obliga a tomar una posición y decisión particular ante ella), o la realidad tiene en sí misma un eje mítico?

De pronto, solo podemos decir que la introducción de los mitos también es una parte constitutiva de su tradición, donde se valora la reproducción de enseñanzas. Desde los cuentos, enigmas, o enseñanzas budistas, hasta llegar al arte más juvenil, en mangas o comics que integran muchas de estas enseñanzas, los mitos siempre inauguran una enseñanza, sobre todo en las enseñanzas budistas. A continuación, un extracto del texto *Filosofía del budismo Zen*, de Byung-Chul Han:

> La nada o el vacío del budismo zen no está dirigido a ningún allí o ser divino. El giro radical a la inmanencia (al aquí), es precisamente el distintivo característico del budismo zen en China o en Oriente Medio. Lo mismo que Linji, también Yummen, maestro zen, lleva a cabo una «destrucción de lo sagrado».
>
> El maestro narraba:
>
> Buda inmediatamente después de su nacimiento, señaló el cielo con una mano y la tierra con la otra, dio siete pasos en círculo, miró en todas las direcciones del cielo y dijo: «En el cielo y en la tierra soy el único venerado».
>
> El maestro Yunmen replicó: «Si yo hubiese estado presente, lo habría dejado tendido en el suelo con un bastonazo y lo habría arrojado a los perros como alimento, realizando así una empresa augusta para la paz en la tierra».
>
> La imagen del mundo en el budismo Zen ni está dirigida hacia «arriba», ni gira en torno al «centro». (...) Podríamos decir también que el centro está en todas partes. Cualquier ser constituye un centro. Como un centro «amistoso», que no excluye nada, es en sí un reflejo de todo. El ser se des-interioriza, se abre sin límites a una anchura mundana (lo contrario de lo sagrado): «Hemos de ver el

universo entero en un solo granito de polvo». Así florece el universo entero en una sola flor de ciruelo.

Sin Dios el corazón carecería de «música». Mientras Dios no toca, el mundo no suena. Por tanto, ¿el mundo tiene necesidad de un Dios? El mundo del budismo Zen no solo carece de «porqué», sino también de toda música divina. El haikú, si lo escuchamos con exactitud, no es «musical». No tiene ninguna «apetencia», está libre de «invocación» o de «añoranza». Produce un efecto «insípido». Esta insipidez «intensa» constituye su profundidad

Lluvia de invierno
un ratón corre sobre las
cuerdas
de la mandolina (Buson)

En cambio, el mundo del haikú está habitado por numerosos insectos y animales que no son apropiados para el sacrificio (en contraposición a las tradiciones culturales de Occidente, como los sacrificios de los toros). De esta forma, está más lleno y es más amistoso.

Un hombre
y una mosca
en el espacio (Issa)

Nada más que pulgas y
piojos,
y en mi almohada
se mea además un caballo (Basho)

El budismo Zen, en virtud de su confianza en el mundo, podría entenderse como una religión mundana en un sentido especial. No conoce ni la huida ni la negación del mundo. La expresión budista «nada sagrado» niega todo lugar extraordinario, extraterrestre. Formula un «impulso de retorno» al aquí cotidiano.

Bajo un techo
también dormían además
las rameras,
trébol en flor y luna (Basho)

La última imagen de «El buey su pastor» muestra, en el último estado del camino, a un amistoso hombre anciano en el mercado, es decir, en el mundo cotidiano. Esta entrega nada usual a lo ordinario puede interpretarse como un giro hacia la inmanencia.

La cara pintada con tierra,
La ceniza esparcida sobre
toda su cabeza.
Una risa fuerte se desborda
en sus mejillas.
Sin afanarse por misterios y
prodigios, hace que
súbitamente florezcan los
áridos árboles.

La «risa fuerte» es máxima expresión del «ser libre». Apunta a un desprendimiento del espíritu:

Se cuenta que el maestro Yaeshan en cierta ocasión subió a una montaña, miró la luna, y se puso a reír con gran fuerza. Según se dice, su risa se oyó hasta una distancia de 30 kilómetros.

Para finalizar, es importante destacar en estos poemas, no la narrativa y el exceso de palabras rimbombantes, sino las enseñanzas que se desprenden de la profundidad que emana de lo simple y lo sencillo, aunque muchas veces, por estar absortos en nuestros problemas, no nos percatamos de ello. Más allá de la forma que el arte asume en Oriente u Occidente, aunque no tomemos con exactitud las etapas del «viaje del héroe» señaladas por Joseph Campbell, no podemos dejar de mencionar que la estructura que el investigador identifica en los diversos relatos –ya sean mitos, leyendas, cuentos, enigmas, fábulas, entre otros– se dirige a una fusión indisoluble de toda experiencia catastrófica con su forma artística contenida en la misma captación subjetiva.

21. La visión aristotélica y kierkegaardiana de la ética

En el periodo clásico griego, con Platón y Aristóteles, se inicia una reflexión caracterizada sobre todo por el comportamiento del hombre con relación al cosmos (periodo antropológico). Esto quiere decir que la mitología transmitida desde una tradición oral (paideia) y costumbrista da lugar a una reflexión que cuestiona de manera directa las verdades de dicha tradición oral. Desde el punto de vista cosmológico, los griegos creen que sus dioses (con características humanas) intervienen en el destino (Moira). Esto quiere decir que el universo (cosmos) es algo que se establece como ley (norma/nomos) y, por lo tanto, está regulado por los dioses y las propias acciones de los hombres. El carácter mitológico será un elemento que permitirá identificar una dimensión racional e irracional en nuestros actos, puesto que la distinción entre primera y segunda naturaleza muestra la imposibilidad del hombre de plantearse o situarse de forma reflexiva y existencial fuera del cosmos o el universo.

Primera naturaleza: en términos hipotéticos y no reales, se comprende que en el hombre queda un resto de su naturaleza animal. En otras palabras, es aquello que no puede estar sometido al cambio, puesto que es lo arcaico que el hombre no puede dejar atrás y que se demuestra en sus instintos básicos de supervivencia: alimentarse y reproducirse.

Segunda naturaleza: se refiere, de manera exclusiva, a aquello que el hombre ha podido conquistar en su desarrollo evolutivo, tanto en términos biológicos como éticos o culturales. Es el *ethos* como tal, que, traducido como 'carácter', 'hábito' o 'costumbre', señala la posibilidad de moldear sus propios actos. Por lo tanto, se refiere a la dimensión social y más humana del hombre.

Mito: relato que sirve como soporte de lo real; significa que este soporte no está en lo real, sino en su elemento de ficción

Ethos: remite al hábito con que el héroe está dispuesto a hacer lo correcto; requiere una decisión y un acto justos. Un ejemplo es Sócrates: desde su postura, acepta la condena por la cual es juzgado a beber la cicuta (veneno). El Héroe ético siempre está dispuesto a sacrificarse por la sociedad. Renuncia a lo individual para diluirse en la voluntad general por medio de la cual queda inmortalizado (mitificado).

Pathos: sin este elemento de carácter irracional, el sujeto ético no podría tener el coraje de ejecutar la acción, puesto que sentir y padecer una determinada circunstancia es imprescindible en la voluntad. Este elemento por sí solo nos indica que existe un cierto padecer y sentir que es manifestado en las acciones, sin tener en cuenta si estas son correctas o incorrectas.

Teniendo en cuenta lo anterior y analizando las acciones de los hombres, se puede distinguir en ellas un elemento ético (*ethos*) y un elemento patológico (*pathos*). Desde el punto de vista de la ética, se requieren los dos; o, en otras palabras, siempre existe un resto racional e irracional en nuestras acciones.

Por consiguiente, la dimensión óntica se refiere a las acciones concretas. Y la dimensión ontológica disputará en sus distintas corrientes de pensamiento los supuestos subyacentes que dotan de sentido la existencia del hombre, enfrentado a la sociedad por medio de sus acciones individuales.

Con Aristóteles, la Ética alcanza un nivel de sistematicidad en forma de tratado. En su *Ética a Nicómaco*, nos señala que el fin mayor de toda comunidad política es el «bien» de la «polis» (bien común). Y ese bien tiene que ser identificado con la «felicidad», pero no una felicidad entendida como placer o displacer, sino una felicidad que se identifica con el «deber», lo cual quiere decir que solo aquel que es virtuoso puede ser feliz. De esta manera, en cada acción debe existir una correspondencia entre el anhelo de felicidad buscado en el deber y el hábito de la virtud puesta en el sujeto, lo cual hace posible el «bien» general de la «polis».

Según Aristóteles, la «prudencia» es la habitud de praxis (mezcla de teoría y práctica) con que la voluntad en nuestra conciencia permite distinguir entre las buenas y malas acciones.

Juicio de conciencia: es el momento anterior o posterior a la acción; puede influir en la voluntad del sujeto, pero es una consideración de tipo psicológico más que ético. El término usado por los escolásticos para referirse a lo mismo es sindéresis. Si el juicio de conciencia evita tomar una decisión que se dirija al mal, entonces, el juicio moral destacará de manera afirmativa esta conducta; en cambio, si el juicio de conciencia no logra que el sujeto siga su determinación, entonces sobrevendrá un sentimiento de culpa.

Juicio moral: será el momento que permita reconocer la conducta moral fuera de la conciencia, o una vez ya ejecutada, manifestada y reconocida la acción moral por parte de la sociedad. Esto quiere decir que el juicio moral es siempre público porque sale de la esfera privada de la conciencia.

Aristóteles sostendrá en sus distintos tratados que el fin de toda acción humana es actualizar la potencia. Esto quiere decir que su visión ontológica considera que la finalidad (como acto) está por sobre los individuos o entes sensibles (lo óntico). En este sentido, decimos que es una Ética teleológica (apuesta por la finalidad, o lo ontológico de toda acción óntica).

De acuerdo con lo anterior, la potencia que debe actualizar el ser humano es la «virtud», ya que, siendo esta algo innato en los individuos, está la posibilidad de desarrollarla y perfeccionarla en cada acción concreta que se dirija al bien. Por lo tanto, a pesar de la finalidad ontológica que se explica por el paso de la «potencia» al «acto» (por medio de lo cual, en última instancia, se puede llegar a «Dios» como «motor inmóvil» que mueve todo lo demás), es en el terreno de lo óntico donde más se exige la actualización de la potencia en el ejercicio de nuestra virtud.

Para complementar y poner en tensión el legado escolástico, la visión de Kierkegaard cuestionará la adecuación entre razón y fe propuesta por Tomás de Aquino y examinará la ética a raíz del relato bíblico del Antiguo Testamento, donde se desarrolla la historia de Abraham, que está llamado a sacrificar a su hijo más amado y deseado (es padre a una edad avanzada). Siendo esto una prueba de dios para uno de sus más queridos discípulos, Abraham se mantiene fiel a su fe, y aun dispuesto a sacrificar a su hijo sin dejar de amarlo, descubre la gracia de Dios justo momentos antes de cometer el sacrificio.

Tensión ética:

En su identificación con lo general: esta idea expresa que el individuo está enfrentado siempre con lo general; por ende, el acto ético debe considerar lo general. Se puede resumir esta posición en todos los relatos de los héroes trágicos que sacrifican su individualidad para hacer aquello que nadie está dispuesto a cometer. Requiere de la manifestación del héroe. Y, por lo tanto, la ética requiere siempre de la manifestación o la presencia, porque castiga el silencio

En su identificación con lo absoluto (Dios): esta idea expresa que el individuo está enfrentado a su propia individualidad más que a lo general. Esta es la apuesta de Abraham, que mantiene en todo momento una relación estrecha con Dios por medio de la fe; es una decisión absoluta, puesto que no considera lo general, sino solo la realización individual. En este sentido irracional, la ética desafía la generalidad que diluye la individualidad del sujeto.

Resumiendo, de acuerdo con lo que afirma Kierkegaard en Temor y temblor, más allá del lado de la tensión donde nos situemos, la ética consiste en lo siguiente:

> La ética es en cuanto tal lo general, y bajo este mismo aspecto, lo patente y diáfano. Por contraste, el individuo definido como ser inmediatamente sensible y anímico es lo oculto. La tarea ética, por tanto, consiste en que el individuo salga de su estado de oculto, revelándose en lo general.

22. El Capitalismo como sistema económico-social y como sistema religioso

Para explicar el paso del periodo medieval a uno moderno y contemporáneo, no solo basta con marcar la diferencia en las causas que hicieron de soporte para sostener uno u otro tiempo: se hace imprescindible, desde un alcance histórico-filosófico, exponer una correspondencia tanto en un ámbito material (concreto o físico) como en uno espiritual (abstracto o metafísico). Esto, que se manifiesta en las Tesis de filosofía de la historia, de Walter Benjamin, es también el recogimiento de una tradición mesiánica que el filósofo alemán utiliza —como herramienta de la teología— para sustentar una posición materialista de la historia en correspondencia con la crítica de Karl Marx. Esto se puede apreciar en la cita de su primera tesis.

> Tesis I: Es notorio que ha existido, según se dice, un autómata construido de tal manera que resultaba capaz de replicar a cada jugada de un ajedrecista con otra jugada contraria que le aseguraba ganar la partida. Un muñeco trajeado a la turca, en la boca una pipa

> de narguile, se sentaba al tablero apoyado sobre una mesa espaciosa. Un sistema de espejos despertaba la ilusión de que esta mesa era transparente por todos sus lados. En realidad, se sentaba dentro un enano jorobado que era un maestro en el juego del ajedrez y que guiaba mediante hilos la mano del muñeco. Podemos imaginarnos un equivalente de este aparato en la filosofía. Siempre tendrá que ganar el muñeco que llamamos «materialismo histórico». Podrá habérsela sin más ni más con cualquiera, si toma a su servicio a la teología que, como es sabido, es hoy pequeña y fea y no debe dejarse ver en modo alguno.

Lo feo o lo desagradable, ¿debe permanecer escondido? Si «la meta es el origen», se entiende el tiempo de manera diferente, no como un suceso de datos que se siguen unos tras otros, sino que puede la herramienta teológica servir como mecanismo de retorno del pasado en un sentido mesiánico, donde se cumple una redención que supera (redime) las derrotas pasadas. El fantasma en la máquina es la «teología»; y la máquina, el «materialismo histórico». Solo vemos la apariencia superficial de los procesos económico-sociales: de manera concreta, una máquina de reproducción del capital que opera revolucionándose a sí misma. Así, el fruto secreto permanece escondido, que viene a significar una puesta de traer lo pasado a lo presente para producir un cambio, aquello que bien refleja Benjamin con la imagen del ángel de la historia en la tesis IX:

> «Tengo las alas prontas para alzarme, con gusto vuelvo atrás, porque de seguir siendo tiempo vivo, tendría poca suerte». Gerhard Scholem: Gruss vom Ángelus.
>
> Hay un cuadro de Klee que se llama Ángelus Novus. En él se representa a un ángel que parece como si estuviese a punto de alejarse de algo que le tiene pasmado. Sus ojos están desmesuradamente abiertos, la boca abierta y extendidas las alas. Y este debe ser el aspecto del ángel de la historia. Ha vuelto el rostro hacia el pasado. Donde a nosotros se nos manifiesta una cadena de datos, él ve una catástrofe única que amontona incansablemente ruina sobre ruina,

> arrojándolas a sus pies. Bien quisiera él detenerse, despertar a los muertos y recomponer lo despedazado. Pero desde el paraíso sopla un huracán que se ha enredado en sus alas y que es tan fuerte que el ángel ya no puede cerrarlas. Este huracán le empuja irreteniblemente hacia el futuro, al cual da la espalda, mientras que los montones de ruinas crecen ante él hasta el cielo. Ese huracán es lo que nosotros llamamos progreso.

Para precisar aún mejor este concepto de progreso reflejado en el ángel de la historia, se requiere forzar la mirada para imaginarlo como un salto fuera del tiempo continuo, porque este se ha detenido produciendo la apertura de una coyuntura revolucionaria en favor de una clase oprimida, esto que también desarrolla Marx en su *Manifiesto comunista*.

El Elemento progresivo del capitalismo, según Marx, está dado por su mecanismo de revolucionarse a sí mismo por medio de la producción y reproducción del capital. Esto también tiene la consecuencia inevitable de que la clase que paga el costo de este sacrificio tiene la semilla que puede hacer el cambio y la transformación de todo el aparato de producción.

El desarrollo de la historia no es más que un juego de fuerzas entre las clases que han sustentado, usurpado y/o conquistado el poder, y las otras, que lo han perdido, lo han cedido o han sido derrotadas. La consciencia que despierte esta tensión volverá a ser portadora de un germen revolucionario, y justo en este punto puede lo mesiánico unir una consciencia material con una espiritual.

Breve glosario de economía política y materialismo de Marx

Plusvalía (valor agregado)

Plusvalor material directo: es el diferencial de tiempo de trabajo que se gasta en la producción de una mercancía y que no se retribuye al asalariado (clase obrera), sino que se reproduce como capital y tasa de ganancia de los propietarios de los medios de producción (clase burguesa).

En otro sentido, se puede hablar de plusvalor indirecto cuando se extrae este diferencial en forma de capital ya producido, en el intercambio entre la venta y la compra de mercancías.

Plusvalor abstracto: si existe un diferencial, resto o exceso que se reproduce, Marx descubre que la mercancía está investida también de una riqueza metafísica, pues se vuelve parte del ser mismo. Se desarrolla un proceso inverso en el que, a medida que las mercancías se enriquecen de este plusvalor abstracto y metafísico, el trabajador que las crea se cosifica, se vuelve un objeto-cosa mercancía, en la medida que vende su mercancía vital (su fuerza de trabajo).

Para acercarnos mejor a la posición materialista de Marx, reproduzco de manera esquemática un recurso que él mismo utilizó de manera didáctica en referencia a los pisos de una construcción piramidal. No se debe interpretar en este esquema una determinación absoluta y mecánica de la superestructura por sobre la estructura ni, más abajo, por la infraestructura; del primer piso al último existe una mediación dialéctica, compleja, y que es necesario profundizar y desarrollar en cada formación económico-social a que podamos hacer referencia.

La crítica común hacia Marx en este sentido, formulada como un reduccionismo o determinismo económico, es solo una mala interpretación y comprensión que nace de la popularización masiva de este esquema entre los obreros alemanes.

De acuerdo con lo anterior, el progreso en Marx se entiende como un cambio necesario que se produce cuando las relaciones de producción (antagonismos de clases) restringen o crean un retroceso a nivel de las fuerzas productivas. En tal sentido, el modo de producción «feudal» creó trabas en el desarrollo de estas, debido a que los siervos podían comerciar solo dentro del feudo, controlado en absoluto por el «señor feudal». Así, dentro de ese modo de producción feudal, nació la semilla que instauraría un nuevo modo de producción (capitalismo). Por lo tanto, este es el resultado del desarrollo del comercio y la producción que se extendieron fuera de los «Estados feudales», hasta los nuevos territorios colonizados por los imperios europeos (Inglaterra, Holanda, Francia, Portugal y España) y Estados Unidos.

Superestructura

Son todas las instituciones sociales que soportan las relaciones de producción creadas con base en la infraestructura: Iglesia, Estado, Educación, Fuerzas Armadas, etc. Es toda la ideología creada con base en las relaciones de producción (filosofía, religión, cultura, etc.).

Estructura

En este nivel se dan las relaciones entre los hombres con base en las condiciones materiales de existencia. Por lo tanto, la clase social que es dueña de los medios de producción frente a aquella que vende su fuerza de trabajo. Modo de producción: esclavista, feudal, capitalista, asiático.

Infraestructura

Este nivel de la pirámide, el más concreto, corresponde a las condiciones materiales de existencia de las «fuerzas productivas» (fuerza de trabajo, materias primas, herramientas de trabajo creadas por el hombre).

Entre Nietzsche y Marx

Esfera elíptica de Marx: si volvemos a la pirámide, los cambios progresivos —entiéndanse como reformas o revoluciones— pueden desenvolverse tanto desde arriba hacia abajo como desde abajo hacia arriba. Un ejemplo de ello es la Revolución rusa de 1917. Siendo un país atrasado en su economía (ligado más a un sistema feudal), no tenía las condiciones materiales previstas por Marx para una economía capitalista clásica (Inglaterra). Sin embargo, a nivel de la superestructura, las condiciones eran mucho más desarrolladas (Partido bolchevique); y la estructura, a su vez, reflejaba una pugna irreversible entre la masa de trabajadores (obreros y campesinos) y la clase que dominaba el Estado (aristocracia de los zares).

Esfera cerrada (eterno retorno) en Nietzsche: coterráneo de Marx, este filósofo ha desarrollado una concepción del progreso ligada más bien a un relativismo epocal, y desde un retorno de las mismas contradicciones que se experimentan en todas las épocas o periodos históricos. Esta concepción está dada por la posición que tiene Nietzsche de los valores: desde una desconfianza similar a la del anterior, pero con otras consecuencias, él va a desechar la típica oposición moral entre «bien» y «mal» para reemplazarla por el par conceptual de «cima moral» y «decadencia moral».

Hay que tener en cuenta el contexto ideológico en todos los textos donde Nietzsche describe su aberración hacia los valores humanitarios heredados por el cristianismo y el socialismo; para este, la posición respecto del poder tiene que ver con el deseo que persigue quien aspira a él con el único sustento de su fuerza y su voluntad. En este sentido, se coloca del lado de los sofistas que enfrentan la posición de Sócrates, quien consideraba que la justicia y el bien tenían que estar enlazados. De igual manera, más que aceptar el racionalismo del idealismo platónico, va a privilegiar un modo dionisiaco, irracional de entender el saber y la verdad.

Para Nietzsche, el bien y el mal, como valores éticos, no tienen cabida en su filosofía, ya que para él no son más que arreglos o convenios de aquellas personas privilegiadas o que, desde un poder, sostienen el orden de la sociedad; por eso, es fundamental conjugar «bien y decadencia moral», y «mal y cima moral». De acuerdo con esto, existe una relación invertida entre los cuatro conceptos morales, en donde se propone una transvaloración de los valores dominantes, sobre todo aquellos asociados a la Iglesia católica como ortodoxia del cristianismo. En este sentido, se debe leer que la «cima moral» corresponde al exceso y la consumación de la energía vital, y se identifica con el mal (crucifixión de Jesús). En cambio, la «decadencia moral» se identifica con el bien porque existe una preocupación por la conservación vital y por las reglas morales que la conservan. Por lo tanto, el eterno retorno no es más que un primer tiempo de «cima moral», y otro periodo, antagónico y desarrollado a partir del primero, de «decadencia moral».

23. Silence (Silencio), de Martin Scorsese

La película de Scorsese nos muestra una confrontación a través de la misión de dos sacerdotes jesuitas (padres Sebastián Rodríguez y Francisco Garupe) que van en busca de su mentor y maestro (padre Ferreira), acusado de apostasía (renuncia de su credo religioso).

En su etimología, este concepto griego significa «colocarse fuera de» o «estar fuera de», de tal manera que las autoridades japonesas —con el fin de mantener incólume sus tradiciones religiosas y políticas— recurrían a la tortura sistemática y continua de todos aquellos que eran acusados de ser cristianos (los sacerdotes que en su misión pretendían evangelizar y asentar las bases de una fe cristiana en los países de Oriente, en este caso, Japón) con el objetivo de hacerlos apostatar.

La comprensión de las influencias culturales, tanto en nuestra realidad local como a nivel global, no puede lograrse analizando o estudiando solo las influencias culturales de occidente (tradición griega, germánica, judaica, cristiana y romana); es imprescindible, para la transmisión de la cultura, tener una visión global de los dos grandes fundamentos o sistemas religiosos (y éticos): nos referimos al budismo, en su influencia desde Oriente; y al judaísmo y cristianismo, en su influencia desde Occidente.

En otras palabras, se necesita estudiar tanto los elementos que se muestran contrarios en su influencia cultural como también aquellos que permiten dilucidar un encuentro posible entre el choque (o la tensión) cultural que se produce.

Cristianismo: la ética (*ethos*) cristiana está dominada por su carácter pasional en su amor al otro (prójimo) y en su correspondencia hacia el amor a Dios, que coparticipa en su omnipotencia en la encarnación de las acciones que realizamos para ello.

Existe un elemento patológico (*pathos*) del alcance ético que radica en la experiencia religiosa de la transustanciación, el sacrificio de toda vida que repite el ciclo del nacimiento-muerte-resurrección. Por medio del sufrimiento y el arrepentimiento en aquello que se sacrifica, se puede obtener la gracia del Espíritu Santo o la remisión de los pecados.

No se puede entender la ética del cristianismo sin este elemento masoquista en el que, por medio del dolor y el sufrimiento, Dios se hace presente. Se llega a Dios por la caída en el pecado, o por la caída en el enamoramiento, que es lo mismo (*Falling in love*).

Budismo: la ética budista no busca la trascendencia de una existencia por medio del sacrificio, sino que intenta desplegar la espiritualidad de la experiencia religiosa en un continuo intento por romper y desprenderse del «yo deseante», para tomar real consciencia de la ilusión de todo deseo (aquello que sí arriesga el cristianismo).

El budismo ya es consciente de la ilusión del deseo, que produce siempre sufrimiento; por lo tanto, para eliminarlo, es preciso dejar de desear. En este sentido, hay un alejamiento de los objetos, y el amor se experimenta no como una caída en el otro, sino como una autoafirmación de una consciencia iluminada y alejada de lo mundano.

24. La reducción fenomenológica de Husserl

En relación con la primera consigna de Husserl, «se trata de describir, no de explicar ni analizar», Merleau-Ponty señala lo siguiente en *Fenomenología de la percepción*:

> Este movimiento es absolutamente distinto del retorno idealista a la conciencia, y la exigencia de una descripción pura excluye tanto el procedimiento del análisis reflexivo como el de la explicación científica. Descartes y, sobre todo, Kant, desvincularon el sujeto o la conciencia haciendo ver que yo no podría aprehender nada como existente si, primero, no me sintiera existente en el acto de aprehenderlo; pusieron de manifiesto la consciencia, la absoluta certeza de mí para mí, como la condición sin la cual no habría nada en lo absoluto, y el acto de vinculación como fundamento de lo vinculado.
>
> El análisis reflexivo a partir de nuestra experiencia del mundo se remonta al sujeto como a una condición de posibilidad distinta del mismo y hace ver la síntesis universal como algo sin lo cual no habría mundo. (...) Así, la reflexión se vehicula a sí misma y se sitúa en una subjetividad invulnerable, más acá del ser y del tiempo. Pero es una ingenuidad o, si se prefiere, una reflexión incompleta que pierde consciencia de su propio comienzo.
>
> Un idealismo trascendental consecuente despoja al mundo de su opacidad y su trascendencia. El mundo es aquello mismo que nos representamos, no en cuanto hombres o en cuanto sujetos

> empíricos, sino en cuanto somos, todos, una sola luz y participamos del Uno sin dividirlo. El análisis reflexivo ignora el problema del otro, así como el problema del mundo, porque hace aparecer en mí, con los primeros albores de la consciencia, el poder de encaminarse a una verdad universal de derecho, y que, careciendo el otro también de *ecceidad* (identificación), de lugar y de cuerpo, el Alter y el Ego no forman más que uno en el mundo verdadero, vínculo de los espíritus. (...) Para Husserl, al contrario, sabemos que hay un problema del otro, y que el alter ego es una paradoja. Si el otro es verdaderamente para sí, más allá de su ser para mí, y si somos el uno para el otro, y no el uno y el otro para Dios, es necesario que nos revelemos el uno al otro, que él tenga y yo tenga un exterior, y que exista, además de la perspectiva del «Para-sí» —mi visión sobre mí y la visión del otro sobre sí mismo—, una perspectiva «Para-el-Otro» —mi visión sobre el Otro y la visión del Otro sobre mí—.
>
> Esta paradoja y esta dialéctica del Ego y del Alter únicamente son posibles si el Ego y el Alter Ego se definen por su situación y no liberados de toda inherencia, eso es, si la filosofía no se acaba con el retorno al yo, y si yo descubro por la reflexión no solamente mi presencia ante mí, sino, además, la posibilidad de un «espectador ajeno». El Cogito tiene que descubrirme en situación, y solo con esta condición podrá la subjetividad trascendental, como dice Husserl, ser una intersubjetividad.

Estas dos formas propuestas por Descartes y Husserl como métodos filosóficos genuinos se distancian entre sí en lo que respecta a las aplicaciones metodológicas subsiguientes y más contemporáneas. En este sentido, a pesar de hablar de un supuesto subjetivismo en Descartes, el propósito de la aplicación de su escepticismo será una objetividad más cercana al conocimiento científico, en donde las reflexiones filosóficas servirán como auxiliares de un proceder estructurado como ciencia. Se asocia con este intento todo el desarrollo de la filosofía analítica, donde la tendencia predominante es el positivismo lógico desarrollado por Wittgenstein, Russell, Frege, Carnap, entre otros; y representantes anteriores, como Hume, Comte, Locke y Mach.

Por otro lado, y desde un terreno donde la filosofía siguió influenciando con su predominio especulativo e intuitivo, se destaca el desarrollo de la fenomenología y de su método por las corrientes existencialistas, destacando Heidegger, Sartre, Kierkegaard y Lacan. Con respecto a este último, es importante la utilización del reduccionismo fenomenológico en la corriente del psicoanálisis.

25. La intuición de la razón en Descartes

Si en Descartes se quiere representar el inicio del idealismo respecto de una corriente racionalista, es necesario desplegar estas caracterizaciones que, al tender a ser esquemáticas, pierden la conexión o el entrecruzamiento de las diferentes posiciones —doctrinas— filosóficas, a veces hasta opuestas.

La meta máxima frente a la relación de la filosofía con el conocimiento es poder llegar a establecer límites de dominio o alcances universales, tanto de hipótesis de conocimiento, principios, como de reglas de un proceder sistemático de corte científico. Esta aspiración universalista se establece como fundamento para que el conocimiento, en su alcance científico o teórico abstracto, pueda ser certero, verdadero o comprobado. Sin embargo, esta universalidad del concepto, o de la realidad referida por él, es algo que escapa siempre a todo conocimiento limitado a un campo o a un área determinada del saber.

La razón tiene el propósito de ordenar, clasificar, analizar, simbolizar, significar, etc. Funciones que también se universalizan en el uso de ella misma. Se le exige a la razón una fundamentación de la realidad del sujeto frente al objeto. Sin embargo, como la realidad no se despliega desde la razón, no obedece a un principio, porque solo es, y está puesta en nuestra relación con ella —la relación del sujeto con su medio (naturaleza)—, siempre queda un resto, algo que no puede reducirse a una comprensión de tipo racional. Esto significa que la verdad o la certeza, aun en su afán de mantener un carácter racional, se experimenta como intuición. Llegado a este punto, no siempre se puede separar con claridad el contenido psicológico (perceptivo) del contenido filosófico o teórico. En otras palabras, la intuición es aquello irreductible que se experimenta como una sensación certera o verdadera de la consciencia.

Lo mismo sucede cuando se quiere llegar al principio último de la lógica. La razón, en su fundamento o principio último, siempre se manifiesta como intuición. De esta manera, el idealismo se despliega en la primacía del sujeto frente al objeto, en el sentido de que el sujeto no puede experimentar la consciencia subjetiva más que por la realidad del pensar en su intuición de determinar la existencia por el contenido de la proposición «pienso, luego existo», a pesar de que esta frase pueda parecer el resultado de una reflexión. Como conclusión, el problema de no poder reducirla a nada más, ni tampoco ponerla en duda, se presenta a la vez como intuición o certeza sensible de la consciencia. Y decimos «certeza sensible» en el sentido en que Descartes exige que al estado de consciencia del «yo pienso» le acompañen todas las representaciones sensibles y perceptibles, emociones positivas o negativas, sensaciones de placer o displacer. «No es el caso que yo pienso y yo no soy»; o, en otras palabras, «O yo no pienso, o yo soy».

Por lo tanto, la verdad indudable que se establece como principio de la razón subjetiva se convierte en fundamento, y causa a la vez, de la existencia. La problemática filosófica aquí está dada por el alcance de lo que se entiende en Descartes por existente. Si se define la existencia por su cualidad, entonces, está situada por el pensar. En cambio, si se define por su cantidad, está situada como algo extenso. Pero esta oposición no puede reducirse en la consciencia subjetiva, ni en la relación sujeto-objeto. Esto hace que, al poder aprenderse el sujeto a sí mismo como objeto, este no se represente más que como una cosa pensante (*res cogitans*). En cambio, la realidad como cosa extensa, al experimentarla desde la subjetividad, se sitúa solo desde el plano de la cualidad; o sea, todas las sensaciones y representaciones que acompañan al pensar. El problema del dualismo cartesiano estriba en que no se puede unir o comprender en una misma dimensión, por un lado, el abismo que separa la realidad del pensar como mera intuición de la existencia en su más allá, y por otro, la verdad como certeza de la consciencia subjetiva.

26. El existencialismo de Jean Paul Sartre

Para situar en contexto al filósofo francés como representante de la corriente filosófica del existencialismo, es importante circunscribir la problemática de dicha corriente en lo que concierne al periodo histórico, político y social a comienzos y mediados del siglo XX. En esa época, Europa cruza por la experiencia de las dos primeras guerras mundiales, y el avance del capitalismo sale de las esferas nacionales y culmina en un enfrentamiento mundial de las potencias imperialistas, que buscan expandir su mercado hacia los países aledaños, como a las colonias aún existentes y hacia los demás continentes.

En este contexto político y social-económico, el mundo entero se polariza en diferentes tendencias marcadas por los intereses de las grandes potencias en disputa. Podemos acá mencionar a países con regímenes democráticos y con una dominancia ideológica de la social-democracia, como son EUA, Inglaterra y Francia. Y, por otro lado, aquellos países que estuvieron marcados por regímenes de tipo dictatoriales, como son Alemania, Italia, Japón, el Imperio austro-húngaro y Rusia.

No obstante, es necesario caracterizar la diferencia política e ideológica de estos regímenes. En el caso de Alemania e Italia, existe un ascenso de la ideología fascista, que se origina al término de la Primera Guerra Mundial y que culmina, en Alemania, con el «nazismo», liderado por Hitler, y en Italia, con el «fascismo», liderado por Mussolini. En cambio, el imperio austro-húngaro y Japón están dominados por una «dictadura monárquica o aristocrática». Y en último lugar dejamos a Rusia, que se considera una excepción a toda regla, ya que a finales de la Primera Guerra Mundial enfrenta una revolución social, política y económica que termina con la «dictadura monárquica de los zares»; revolución de carácter socialista liderada por Lenin y Trotsky, que instaura el poder bolchevique por medio de la «dictadura de los soviets». Por lo tanto, en el caso de Rusia, si bien se habla de un régimen dictatorial, este está dominado por los organismos políticos surgidos en la revolución de octubre de 1917: los soviets (agrupaciones o asambleas de obreros, soldados y campesinos).

Cabe destacar, en este contexto general, la rapidez de los cambios tecnológicos, asociados en una primera fase a la industria armamentista y, en su culminación, a los medios de producción (fábricas, industria alimenticia, transportes, etc.). Ejemplo de lo anterior es la creación del salitre sintético por Alemania casi a finales de la Primera Guerra Mundial, que termina desplazando del mercado mundial al salitre natural chileno.

El objetivo de situar el contexto general que marca el pensamiento filosófico de Sartre nos permite mirar en retrospectiva las diferentes ideologías que se entrecruzan en la experiencia personal del filósofo, como en la de cualquier persona de la época. De tal manera que este entrecruzamiento de ideologías (nazismo, fascismo, catolicismo, judaísmo, socialismo, comunismo, ateísmo, etc.) fue y aún sigue siendo el terreno propicio para el nacimiento de una reflexión filosófica que toma en cuenta una dimensión emocional, donde solo por medio de la manifestación y concientización de estos estados emocionales es posible reconducir una reflexión filosófica.

Teniendo en cuenta lo anterior, estamos en mejores condiciones para describir y desarrollar en las líneas sucesivas el existencialismo de Sartre. Para los estudiantes que quieran seguir su lectura —que es bastante amena y concisa en comparación con otras exposiciones filosóficas—, les recomiendo seguir la misma intención del autor de contraargumentar de principio a fin los reproches que en ese momento enfrentaba el existencialismo, tal y como Sócrates contraargumentó en su defensa las acusaciones que se hicieron en contra de su método filosófico de dialogar en público.

Expondremos los principales reproches contra el existencialismo y cómo en la exposición el filósofo francés tratará de separar y distinguir entre una apertura reflexiva y existencial, desde esta corriente llamada «existencialismo», y una simple percepción estética, asociada sobre todo a las vanguardias artísticas, como el «surrealismo», o incluso el «expresionismo».

En este punto, los estudiantes pueden hacer el ejercicio contrario a lo que impone Sartre en su desarrollo; esto significa que pueden vincular la corriente filosófica expuesta con una corriente artística de vanguardia de la época o con otra contrapuesta. Esto, a su vez, cobra importancia en el trabajo de creación y ejecución de un medio expresivo, ya sea para relacionar ambas temáticas —el arte de la pintura o la imagen con la filosofía— o para situar relaciones posibles entre la expresividad de un contenido emocional con la forma y medio de lograrlo.

El primer reproche nos plantea que el existencialismo, en su ejercicio y práctica, solo lleva a la desesperación y la inmovilidad. Esto puede entenderse como la apertura existencial que se produce al afirmar la libertad de decisión, que implica la complejidad de estar siempre obligados a elegir y la permanente evaluación de las posibilidades, lo que nos encamina a la desesperación de quedarnos en esta permanente evaluación. Y, por otro lado, también como consecuencia de lo anterior, se produce un quietismo del agente (del sujeto).

El segundo reproche se puede resumir como la crítica de los católicos y comunistas que declaran que el existencialismo solo capta la ignominia humana, la sordidez, la crueldad, y la soledad de la experiencia. Esta soledad debe entenderse en el sentido de un aislamiento subjetivo de todo lo exterior, al punto de que solo observo mis propios pensamientos, que incluyen sensaciones y emociones; otro filósofo francés, Descartes, lo resumirá en la clásica fórmula deductiva: «yo pienso, luego existo».

En el tercer reproche, desde el cristianismo, la crítica se desplaza hacia las consecuencias de no aceptar los mandamientos de Dios en la regulación de toda empresa humana, ya que todos podrían hacer y deshacer si no se tiene en cuenta esta regulación de los mandamientos.

En lo que sigue, citaremos las formulaciones más explicativas de Sartre, de tal manera que, en su respuesta a los reproches, nos argumentará desde la misma perspectiva filosófica:

> En el fondo, lo que asusta en la doctrina que voy a tratar de exponer ¿no es el hecho de que deja una posibilidad de elección al hombre? Para saberlo, es necesario que volvamos a examinar la cuestión en un plano estrictamente filosófico. ¿A qué se llama existencialismo?

La popularidad del existencialismo, tal como llegó a ser el surrealismo como corriente en el arte, llevó al sinsentido del mismo concepto, teniendo en cuenta que ha pasado a ser un término de uso común. Por otro lado, al referirnos al existencialismo en el terreno filosófico, se destaca un existencialismo cristiano (Jaspers y Marcel) y uno ateo (Heidegger, algunos franceses y Sartre):

Lo que tienen en común es simplemente que consideran que la existencia precede a la esencia, o, si se prefiere, que hay que partir de la subjetividad. ¿Qué significa esto a punto fijo? Consideremos un objeto fabricado, por ejemplo, un libro o un cortapapel. Este objeto ha sido fabricado por un artesano que se ha inspirado en un concepto; se ha referido al concepto de cortapapel, e igualmente a una técnica de producción previa que forma parte del concepto, y que en el fondo es una receta. Así, el cortapapel es a la vez un objeto que se produce de cierta manera y que, por otra parte, tiene una utilidad definida, y no se puede suponer un hombre que produjera un cortapapel sin saber para qué va a servir ese objeto. Diríamos entonces que, en el caso del cortapapel, la esencia, es decir, el conjunto de recetas y de cualidades que permiten producirlo y definirlo precede a la existencia; y así está determinada la presencia frente a mí de tal o cual cortapapel, de tal o cual libro. Tenemos aquí, pues, una visión técnica del mundo, en la cual se puede decir que la producción precede a la existencia.

Al concebir un Dios creador, este Dios se asimila la mayoría de las veces a un artesano superior; y cualquiera que sea la doctrina que consideremos, trátese de una doctrina como la de Descartes o como la de Leibniz, admitimos siempre que la voluntad sigue más o menos al entendimiento, o por lo menos lo acompaña, y que Dios, cuando crea, sabe con precisión lo que crea. Así el concepto de hombre, en el espíritu de Dios, es asimilable al concepto de cortapapel en el espíritu del industrial; y Dios produce al hombre siguiendo técnicas y una concepción, exactamente como el artesano fabrica un cortapapel siguiendo una definición y una técnica. Así, el hombre individual realiza cierto concepto que está en el entendimiento divino.

Sartre aclara que su existencialismo es más coherente, puesto que implica asumir que la existencia precede a la esencia, en el sentido de que el hombre primero nace, y define su existencia una vez que ya se encuentra en el mundo:

> El hombre, tal como lo concibe el existencialista, si no es definible, es porque empieza por no ser nada. Solo será después, y será tal como se haya hecho. Así, pues, no hay naturaleza humana, porque no hay Dios para concebirla. El hombre es el único que no solo es tal como él se concibe, sino tal como él se quiere, y como se concibe después de la existencia, como se quiere después de este impulso hacia la existencia; el hombre no es otra cosa que lo que él se hace. Este es el primer principio del existencialismo. Es también lo que se llama la subjetividad, que se nos echa en cara bajo ese nombre. Pero ¿qué queremos decir con esto sino que el hombre tiene una dignidad mayor que la piedra o la mesa? Pues queremos decir que el hombre empieza por existir, es decir, que empieza por ser algo que se lanza hacia un porvenir, y que es consciente de proyectarse hacia el porvenir. El hombre es ante todo un proyecto que se vive subjetivamente, en lugar de ser un musgo, una podredumbre o una coliflor; nada existe previamente a este proyecto; nada hay en el cielo inteligible, y el hombre será, ante todo, lo que habrá proyectado ser.

En esta respuesta de Sartre, que contraargumenta el primer reproche, la importancia está planteada en los términos de las disposiciones y acciones que definen a las personas; o, en otras palabras, no existe un ser definido y completo. Así, cuando creemos ver la felicidad en otro, en realidad solo estamos proyectando aquello que nos hace infelices creyendo que la otra persona lo habría resuelto, y pudiera ser así; no obstante, aun así, esa persona será infeliz en otro aspecto. Por lo tanto, la consecuencia de lo anterior nos plantea que, en estricto rigor, nunca podremos encontrar a alguien feliz, porque eso significa asumir que existe una completitud del ser, una finalización de un estado de felicidad, o un punto culmine de la existencia. La realidad, sin embargo, nos demuestra lo contrario: que toda existencia parte de la subjetividad, y que solo por medio de esta los individuos pueden proyectar la realización de su ser, en la medida que existe una disposición a actuar, aquello que sobrepasa la voluntad y culmina en una elección.

Para comprender mejor la ética que subyace al planteamiento de Sartre sobre el existencialismo, es necesario relacionar conceptos inseparables en sus argumentos: voluntad, libertad, angustia, responsabilidad, compromiso. Los estudiantes podrán rastrear en toda la lectura la articulación de estos conceptos como otros supuestos o derivados de los anteriores, por lo que la figura acá abajo mostrará de manera esquemática su relación:

Utilizaremos dos ejemplos para desarrollar las relaciones que se producen en este entramado de los cuatro conceptos mencionados. El primero nos relaciona con la historia de Abraham, relatada en el Antiguo Testamento, donde Kierkegaard lo identifica con la figura del «caballero de la fe», aquel que no está dispuesto a renunciar a su fe, a pesar de la petición de Dios de sacrificar a su único hijo, Isaac. De hecho, Sartre también lo utiliza como ejemplo de una angustia que no se corresponde solo con una circunstancialidad de los afectos tristes, nostálgicos o angustiantes; sino que el concepto, circunscrito a una tradición psicológica y teológica, refiere más bien a la experimentación de un vacío, del sinsentido de la vida o de lo absurdo que se torna la existencia misma. Sin embargo, se requiere explicar cómo surge esta sensación de vacío o de sinsentido. Esta sensación de vacío que se experimenta como angustiante proviene desde la subjetividad que vivencia todo individuo cuando tiene que enfrentar, en su propia libertad, la realización de una decisión. En otras palabras, la angustia es el punto cero de máxima libertad, y surge porque, al vernos enfrentados a una decisión, la multiplicidad de posibilidades se repelen entre sí; de tal manera que, si la voluntad lleva a cabo una decisión, rompe con el punto de máxima libertad, y en esa contradicción surge la angustia. Y es este tipo de angustia la que experimenta la vivencia de Abraham una vez escuchada la voz divina que le ordena el sacrificio.

Finalizaremos con el segundo ejemplo en palabras de Sartre:

> (...) citaré el caso de uno de mis alumnos que me vino a ver en las siguientes circunstancias: su padre se había peleado con la madre y tendía al colaboracionismo; su hermano mayor había sido muerto en la ofensiva alemana de 1940, y este joven, con sentimientos un poco primitivos, pero generosos, quería vengarlo. Su madre vivía sola con él muy afligida por la semitraición del padre

> y por la muerte del hijo mayor, y su único consuelo era él. Este joven tenía, en ese momento, la elección de partir para Inglaterra y entrar en las Fuerzas francesas libres, es decir, abandonar a su madre o bien de permanecer al lado de su madre, y ayudarla a vivir. Se daba cuenta perfectamente de que esta mujer solo vivía para él y que su desaparición y tal vez su muerte la hundiría en la desesperación. También se daba cuenta de que en el fondo, concretamente, cada acto que llevaba a cabo con respecto a su madre tenía otro correspondiente en el sentido de que la ayudaba a vivir, mientras que cada acto que llevaba a cabo para partir y combatir era un acto ambiguo que podía perderse en la arena, sin servir para nada: por ejemplo, al partir para Inglaterra, podía permanecer indefinidamente, al pasar por España, en un campo español; podía llegar a Inglaterra o a Argel y ser puesto en un escritorio para redactar documentos. En consecuencia, se encontraba frente a dos tipos de acción muy diferentes: una concreta, inmediata, pero que se dirigía a un solo individuo; y otra que se dirigía a un conjunto infinitamente más vasto, a una colectividad nacional, pero que era por eso mismo ambigua, y que podía ser interrumpida en el camino. Al mismo tiempo dudaba entre dos tipos de moral. Por una parte, una moral de simpatía, de devoción personal; y por otra, una moral más amplia, pero de eficacia más discutible. Había que elegir entre las dos. ¿Quién podía ayudarlo a elegir?

Tanto en este ejemplo como en el primero, además de señalar la compleja relación esquematizada en la figura de arriba, se tiene que vislumbrar el telón de fondo que corresponde con el sentimiento de máximo desamparo o, si se prefiere, de soledad que subyace a cualquier experiencia subjetiva en toda circunstancia social.

27. PADEM y la actual propuesta constituyente en la historia de los movimientos sociales

En relación con mi participación en la jornada realizada el día martes 31 de mayo, quisiera abordar —antes de corresponder con el desarrollo de esta jornada, que tuvo como centro las dependencias del Instituto Nacional— una contextualización necesaria para no perder de vista los antecedentes históricos en lo que tiene que ver con el protagonismo de los movimientos sociales en la generación de cambios de las políticas educativas, posterior a la reforma de la ministra Mariana Aylwin.

El Plan Anual de Desarrollo de Educación Municipal (PADEM) nace a partir de las exigencias establecidas en la Ley 19.410 de Educación de 1995, en sus artículos 4.°, 5.° y 6.°, según establece la Guía Metodológica para la Elaboración del Plan Anual de Desarrollo Educativo Municipal, PADEM. Si tomamos en cuenta esta consideración legal en el origen, es un elemento relevante en las primeras políticas educativas de vuelta a la democracia, que otorgaron un protagonismo político y educativo a las diferentes municipalidades, ya sea que con posterioridad algunas de ellas cambiaran a corporaciones, y otras mantuvieran el mismo ordenamiento jurídico inicial.

Sin embargo, bajo la Constitución heredada de la última dictadura chilena, que ha durado y permanecido en el tiempo —si tomamos en cuenta los enclaves antidemocráticos que sobrevivieron en los gobiernos de la Concertación y los lineamientos generales que han servido a las políticas educativas— durante más de 50 años, no es posible comprender las reformas políticas al sistema educacional, que tuvieron como origen una presión social y política de los movimientos de masas más que una necesidad real y consciente por generar un sistema educacional público correspondiente con el sistema democrático que resurgió más de 30 años atrás.

En este contexto, donde lo público ha convivido con lo privado desde su misma génesis, esta mixtura ha socavado gran parte de las instituciones que otrora habían tenido un protagonismo cívico, político, social y cultural. Hay que entender esta contradicción en este análisis, ya que, al señalar lo anterior, no se trata de criticar o desechar de una manera determinista las políticas educativas en las últimas reformas que hemos experimentado durante estos 30 años. En otras palabras, por más que estemos dispuestos y tengamos razones justificadas para defender estas últimas reformas, al estar situadas desde una presión social por generar cambios, sin cambiar la lógica constituyente en que se inscriben, no han hecho más que agudizar los conflictos sociales que aspiraban a resolver.

Para profundizar en esta contradicción que he señalado en la mixtura de lo público con lo privado, podría argumentarse, como lo hace la profesora de la Universidad Católica María Teresa, que los cambios educativos requieren, como lo demuestra la historia chilena, de muchas generaciones para que se materialicen y se reproduzcan en la realidad. Además, señala que es un problema de orden intelectual y académico debatir o resolver la problemática de si son los cambios culturales los que generan los cambios de los sistemas normativos, o si son estos los que generan los primeros.

Me he permitido abordar las dos intervenciones en la jornada de esta manera para así facilitar el posicionamiento tanto de María Teresa como de Eduardo González.

Los dos han partido de la relación preliminar, y que está al alcance de cualquier docente, desde los principales ejes que componen la elaboración del PADEM 2022 con el borrador de la propuesta constitucional publicado recientemente. Para abordar de forma breve esta relación, se tienen que tener en cuenta los cinco pilares que corresponden con esta última versión del PADEM: participación democrática; educación integral con enfoque de género; innovación pedagógica y desarrollo profesional; infraestructura y seguridad escolar; y, por último, vínculo con el territorio. El borrador de la propuesta constitucional, en un primer artículo, asegura a todas las personas el derecho a la educación y, en un segundo artículo, en consecuencia con lo anterior, profundiza lo siguiente:

> Todas las personas tienen derecho a la educación. La educación es un deber primordial e ineludible del Estado. La educación es un proceso de formación y aprendizaje permanente a lo largo de la vida, indispensable para el ejercicio de los demás derechos y para la actividad científica, tecnológica, económica y cultural del país. Sus fines son la construcción del bien común, la justicia social, el respeto de los derechos humanos y de la naturaleza, la conciencia

> ecológica, la convivencia democrática entre los pueblos, la prevención de la violencia y discriminación, así como la adquisición de conocimientos, el pensamiento crítico y el desarrollo integral de las personas, considerando su dimensión cognitiva, física, social y emocional. La educación se regirá por los principios de cooperación, no discriminación, inclusión, justicia, participación, solidaridad, interculturalidad, enfoque de género, pluralismo y los demás principios consagrados en esta Constitución. Tendrá un carácter no sexista y se desarrollará de forma contextualizada, considerando la pertinencia territorial, cultural y lingüística. La educación deberá orientarse hacia la calidad, entendida como el cumplimiento de los fines y principios establecidos de la educación. La ley establecerá la forma en que estos fines y principios deberán materializarse, en condiciones de equidad, en las instituciones educativas y los procesos de enseñanza.

Para abordar la relación y desde una crítica tácita en su argumentación, María Teresa señala la problemática que se produce en la aspiración de los fines desde la formulación explícita de todos los puntos que se consideran en el párrafo y su real materialización a la hora de cumplir con las promesas que se pueden desprender de toda esta formulación. En otras palabras, la académica toma posición por una formulación que no contenga todos los fines, para que así no se generen falsas expectativas.

En esta relación, también defiende la tesis de la debilidad del sistema público en la actualidad en lo que tiene que ver con el pilar del PADEM dirigido a la educación integral con enfoque de género. En este punto, su crítica se desplaza hacia la importancia que tienen las redes sociales en una educación sexual en la que la mayoría de los estudiantes aprenden más desde estas redes virtuales de información que desde los establecimientos públicos.

Y, como último punto de su crítica, señala que la nueva propuesta no toma en cuenta la educación privada y, por ende, deja a un porcentaje importante de la población descuidado en lo que respecta a la elección actual de los apoderados por un sistema particular-subvencionado, así como tampoco hay una regulación de la educación privada en los colegios particulares. Para resumir, la posición de la académica María Teresa argumenta la desconexión de las diferentes modalidades en las instituciones educativas y, ante esto, sostiene la preocupación por centrar la mirada en el más débil de ellos, o sea, en el sistema de educación pública, con la consecuencia de que una nueva Constitución tiene que generar esta conexión correspondiendo con la contribución que ha realizado el sistema privado.

La posición del dirigente del Colegio de Profesores Eduardo González está dirigida a la defensa de la actual propuesta constituyente en lo que también corresponde una relación con el PADEM, enfocando la problemática en el financiamiento basal que se debe tomar en cuenta ante las metas y fines que plantea la actual propuesta. Ante esto, hace una contraposición con la Constitución actual en el abordaje de los derechos, así como en la actualización de los contenidos y la calidad que se espera de un sistema público que tiende a la universalización y obligatoriedad de la enseñanza. En otras palabras, para responder a la crítica de María Teresa, señala que la actual propuesta constituyente se hace cargo de un piso mínimo a cumplir en el derecho a la educación como punto de partida para que, en la realidad futura, pueda existir una conexión entre un sistema privado y otro público.

He resumido más la última posición de esta charla porque he querido estar a la altura de la insistencia de la profesora María Ester respecto a poder aterrizar este debate a las bases de los docentes del INBA y también de otros establecimientos. Esto se debe a que la participación activa de la mayoría de los docentes que nos encontrábamos en esta jornada ameritaba responder a todas las intervenciones y preguntas que quisieron formular nuestros colegas.

Como último punto, me parece coherente terminar señalando la reflexión y la pregunta que articulé para los dos exponentes, lo cual también me permite cerrar este abordaje.

Mi reflexión surge —como ya lo he señalado con anterioridad a la comunidad inbana— desde la apropiación que representa el poder para los docentes, más allá de su capacidad y coherencia discursiva, en la compensación y equilibrio que tiene que existir en toda jerarquía. El abuso de los métodos de evaluación como mecanismo de control del discurso y la acción de los docentes. Un mecanismo viciado y controlado por la apropiación de las pautas de evaluación docente, en el que podemos señalar que la contradicción a la que aludimos más arriba en la mixtura entre lo público y lo privado, en conjunción con la jerarquía política, terminó en este control unilateral con que la Universidad Católica ha administrado la evaluación docente.

Más allá del bienestar económico que ha significado el incremento salarial de algunos profesores, no podemos esperar otro resultado que el desmantelamiento político y social de las universidades estatales en este proceso. Sin embargo, lo más importante, y hacia donde apunta la pregunta que formulé a los expositores, cabe mencionar que existe un daño en lo que la rúbrica como pauta de evaluación docente busca promover y evaluar, esto es:

La capacidad de reflexión y diálogo colaborativo para construir una comunidad de aprendizaje, desde la potestad de los directores de establecimientos de estar autorizados a cuestionar la participación que cada docente ha formulado y explicitado en sus portafolios, y, como consecuencia inmediata, de dejar este punto de la pauta como irrealizable. ¿Cómo defendemos la autonomía y la participación de cada docente sin que el uso de la jerarquía imposibilite y controle su discurso y acción?

Ante esta reflexión y pregunta que pude formular, solo puedo mencionar la respuesta de Eduardo González, para quien las jerarquías deben construirse a diario y desde lo cotidiano, como un equilibrio en el balance de cómo las comunidades de aprendizaje le dan cierto sentido a una enseñanza que va más allá de lo formativo. En el anhelo pedagógico de Paulo Freire, menciona y destaca el proyecto del Colegio Paulo Freire. No es posible reproducir la respuesta de María Teresa, ya que optó, al igual que muchos colegas, por un silencio rotundo en esta reflexión.

Para finalizar, quedaron muchas preguntas sin poder explicitarse, y solo una se dirigió a la violencia actual que se vive en una parte importante de los establecimientos de educación en Chile. ¿Dónde encontrar la huella del arma empuñada por un estudiante o infiltrado en el techo de este establecimiento sino en nuestra historia militar, en la que el último estallido social costó uno y dos ojos a muchos chilenos? Para esta consideración, una huella histórica similar de violencia se vivió en Chile hace más de 80 años:

> En la elección presidencial de 1938 se presentaron tres candidatos: Pedro Aguirre Cerda, apoyado por el Frente Popular; Gustavo Ross,

el candidato de la derecha ultraconservadora; y Carlos Ibáñez, apoyado por la Alianza Popular Libertadora. La campaña fue bastante dura, y ante la posibilidad cierta de la victoria de Gustavo Ross, los nacionalsocialistas criollos intentaron el 5 de septiembre un golpe de Estado en apoyo a Ibáñez. El golpe, en el que esperaban contar con el soporte de varios regimientos, fracasó desde el primer instante por la lealtad que mantuvieron los militares con el presidente Alessandri y fue duramente reprimido. Los estudiantes pertenecientes al Movimiento Nacional Socialista Chileno, atrincherados en el edificio de la Caja de Seguro Obrero frente al Palacio de La Moneda, fueron masacrados por la policía tras rendirse, en un hecho que conmovió fuertemente a la opinión pública. Ibáñez partió nuevamente al exilio y el desprestigio del gobierno por la matanza del Seguro Obrero, así como el apoyo que entregaron los ibañistas y nazistas al Frente Popular fueron determinantes en la victoria de Aguirre Cerda y la llegada del Frente Popular al gobierno. (Extraído de *Memoria chilena*. Biblioteca Nacional de Chile).

28. Sobre un tema tabú

A propósito de temas tabúes, es una buena oportunidad para comenzar un breve estudio filosófico sobre las drogas. Su uso en la actualidad tiene esta «ambivalencia» que el psicoanálisis sitúa en la neurosis. Más allá de centrar nuestra mirada en el mecanismo de goce que está implicado en la clínica de la pulsión, nos parece aún más apropiado el estudio tendiente a una cierta desmitificación sobre su consumo, ya sea que se hable de un consumo ocasional o frecuente.

Para entrar en el punto de manera frontal, surge la pregunta de por qué, desde un punto de vista de su adicción —como en las consecuencias que se producen debido a la conducta adictiva, desde el daño individual y hacia otros—, las únicas drogas legales consideradas son el alcohol y el tabaco. Desde su consumo tradicional, se presentan muchos más casos y pacientes, eso es cierto, un dato inevitable. Sin embargo, en la actualidad el consumo de drogas, en estos elementos encadenados que mencionamos, ya se ha universalizado más rápido hacia otras sustancias legales, y también hacia otras áreas o esferas que en la actividad tienen una relación con las primeras.

Para ejemplificar, los videojuegos asociados al consumo de alimentos procesados y bebidas de fantasía o energéticas tienen una incidencia directa y mucho más patente en la actualidad. Es decir, es posible relacionar el problema de obesidad con la adicción a los videojuegos en la cantidad de horas al día que se está frente a una pantalla; incluso este punto puede flexibilizarse a distintas posiciones que generan pasividad o sedentarismo.

Se debe generar un estudio serio, aun a riesgo de frenar el negocio en el consumo de bebidas energéticas, si se logra evidenciar y comprobar la manera directa y rápida con que acelera el sistema nervioso central, impulsando a su vez una cierta velocidad en el ritmo cardiaco. No podemos desconocer la consecuencia de que aquello que se acelera también se gasta, o se desgasta en la manera sistemática de forzar su uso.

Volviendo a una caracterización de un organismo gubernamental como el Servicio Nacional para la Prevención y Rehabilitación del consumo de Drogas y Alcohol (Senda), es importante distinguir entre las sustancias o bebidas que aceleran el sistema nervioso central (bebidas energéticas, éxtasis, cocaína y pasta base) y aquellas que lo deprimen o ralentizan (marihuana, opiáceos y alcohol). Por último, como tercera categoría, también se distingue a aquellas sustancias que producen una modificación o alteración del sistema nervioso central (LSD o ácido, hongos y plantas alucinógenas).

En un punto aparte, y desde un daño legal en el uso habitual de los fármacos, me atrevería a manifestar que aún sigue siendo un terreno no regulado debido a las implicancias económicas para la industria farmacológica: me refiero a todos los fármacos tranquilizantes, cuya influencia en las conductas psicosociales nos lleva a cuestionar profundamente los supuestos cimientos científicos con que han operado. En otras palabras, se ha pasado de la creencia de que algunos, o un porcentaje importante de estos fármacos, ralentizan o deprimen el sistema nervioso central, a sostener que en realidad pueden modificarlo de manera sustancial, ocasionando daños irreversibles, lo cual se ejemplifica en la reciente prohibición del tranquilizante para dormir Acepran.

Un enfoque educativo y clínico a la vez tiene que ser capaz de articular, por medio de ciertas prácticas, no solo una comprensión perceptiva hacia la sustancia nociva en sí, sino, además, cómo las condiciones actuales del uso de la tecnología y la industria de la alimentación producen conductas igual de adictivas que las sustancias que queremos regular.

Por otro lado, desde el punto de vista de la salud mental, sabios como Claudio Naranjo, desde la integración de distintas terapias y enfoques clínicos, han hecho innumerables esfuerzos por proporcionar a las instituciones el uso de los componentes más beneficiosos —en el caso particular de ciertas plantas y hongos—, sobre todo para diagnósticos depresivos. No se trata de obligar a todos a consumir ciertas plantas y hongos, pero sí se puede hacer una extracción de la sustancia con que se quiere trabajar para producir cambios.

Para señalar algunas consideraciones, en primer lugar, y sobre todo como docente e investigador infatigable en mi propia experiencia, es imprescindible utilizar cierta terminología heredada de la clínica; en otras palabras, no se puede prescindir de ciertas herramientas que entrega la clínica psicoanalítica en el análisis.

La adicción —más allá de la forma concreta y cotidiana de manifestarse— se corresponde también con una sociedad acelerada, con actos y comportamientos compulsivos; una creciente manifestación de conductas o trastornos ansiosos también nos permite puntualizar ciertas adicciones.

Lo anterior está relacionado, en segundo lugar, con la pulsión de muerte, el síntoma que está puesto en el goce, en la producción del discurso. Aquí el psicoanálisis también se encuentra con el mismo problema energético que señalan las tradiciones herméticas, el desbalance de la energía como la mera repetición de todo goce, la separación radical entre placer y goce.

Por último, para devolver a Platón el último tributo en lo que a la construcción subjetiva se refiere, señala este también la ambivalencia del fármacon: como sustancia o agente beneficioso, y como sustancia o agente malicioso. Desde el análisis que hace Derrida, se puede incluso mencionar que el imperativo entre una u otra manifestación del fármacon no es algo fijo, sino que exige esta diferencia, o esa manera inagotable de construcción subjetiva, la que en último término determinará uno u otro camino.

De esta manera, el consumo de marihuana no está exento de esta diferencia. En mi experiencia, he comprobado que la sustancia tiene una apertura sobre áreas sensitivas, además de producir un cierto relajamiento o estado propicio para practicar con instrumentos. Sin embargo, se tiene que calcular la ingesta de tal manera de medir la resistencia de nuestro organismo frente a la sustancia.

He podido comprobar que la sustancia también está relacionada con la apertura propicia de ciertas habilidades o capacidades asociadas con la canalización de energías o la mediumnidad (véase su uso en Madame Blavatsky). Benjamin también habla de una apertura similar en sus experiencias con el consumo de hachís, donde describe su apertura sensorial-corporal y también la visión de experimentar la energía-áurica.

Bukowski es mucho más negativo en su caracterización de la marihuana, pues señala en una entrevista ese efecto aletargado y dormido como una cierta estupidización o pérdida de la personalidad activa. Es interesante tomar esta opinión en el sentido de la honestidad con que comparte en sus novelas y poemas su misma adicción al alcohol. En una oportunidad describe que, si se hubiera dado cuenta antes de que podía escribir sin la necesidad de beber, hubiera dejado hace mucho tiempo antes su adicción.

Para volver a Claudio Naranjo y cerrar esta exposición, quisiera mencionar la necesidad de vivir la inmediatez desde la máxima apertura, ya que, como señalaba el psiquiatra chileno, en un estado tal no se necesitaría de nada externo a la misma persona, al mismo sujeto que puede comunicarse con su interioridad y aceptar a partir de allí todos sus estados.

29. Desterrorizar el terrorismo y politizar a los docentes

Una expresionalidad de la verdad filosófica que otrora se ha creído ha estado siempre en el lenguaje: algunos inmovilizaron el terror como concepto extracinematográfico y lo hicieron político. Entonces, ¿por qué hablar de terrorismo asumiendo que existe algo como tal? Siempre existió el terror en el cine, ¿por qué asumir la realidad del terror solo en su forma politizada actual? Aquello nos obliga a volver a dinamizar el verbo que se sustantivó: desde el análisis, se vuelve a encontrar la realidad perdida en el concepto; es por ello por lo que es necesario desterrorizar el terrorismo. O más bien, proveer de nuevo los indicios que aportan la realidad escondida del concepto.

Pero primero empecemos por mencionar lo siguiente: si pudieras explicar en qué consiste el terror, ¿qué dirías? Me puedes decir que el terror es una acción concreta y específica destinada a destruir una propiedad determinada, no sin torturar o amedrentar por medio de la violencia a quienes se encuentren asociados a dicha propiedad, entidad o institución, con el objetivo político de infundir temor o miedo en el resto de los habitantes.

Sea que queramos que nuestro concepto de terror sea más extensivo que compresivo o viceversa, dígase al espectador que lo primero a tomar en cuenta es la siguiente interrogante: ¿es un acto terrorista una acción llevada a cabo por un sujeto particular? La aparente obviedad de la pregunta, que pareciera tener una respuesta clara, nos señala algo más.

Todos los tratados de ética han apuntado en algún momento a señalar quién es el responsable ante alguna situación en la que se produzca muerte o daño, pero, al mismo tiempo, a pesar de la obviedad lógica de que el responsable es quien cometió el acto, ha quedado siempre en la oscuridad la ideología que soporta esta «individualización del supuesto crimen».

En la creencia acrítica de haber escapado del pensamiento metafísico de las entidades abstractas, ahora ocurre algo bastante paradójico, puesto que existen por lo menos dos problemas teóricos recurrentes. Incluso, desde lo más avanzado de la teoría crítica de la sociedad —desde Adorno hasta Zizek—, está el problema de cómo cuajar un principio ético en lo que ha quedado como residuo de lo inconsciente. Algo del viejo problema del intelectualismo socrático se vuelve a revelar en forma invertida: pareciera ser que el conocimiento mismo del mal es lo que lo produce —se hable de un sujeto social, político y/o relativamente aislado en su práctica productiva—, y no su ignorancia.

En este argumento no está solo la cuestión de explicar en mayor grado si la «presencia» o la «ausencia» del conocimiento es lo que determina su intelección por parte del sujeto. La especulación filosófica contemporánea ha reducido bastante el límite o la acción de la razón. La consciencia ha sido despojada de sus atributos racionales. Corresponde también un desplazamiento en la «astucia de la razón». El sujeto, supuesto sub-jecto a la forma burocrática, nos sitúa en un periodo post-escolástico, en donde el comportamiento social ha sido regulado por medio de la mistificación de la «ley», el «Estado» o el «gran Otro». El sujeto consciente sitúa la culpabilidad supuesta de sus actos en un orden que está por encima de él (nómbrense todas las instituciones sociales que lo regulan).

Desde las aporías en las que se plantea el concepto de «terrorismo», en el análisis teórico de los supuestos subyacentes que justifican dicha acción, y la identificación individual, grupal o abstracta de los responsables, se requiere señalar un camino en el desarrollo de las tendencias especulativas —que nos ayuden a clarificar la situación política a nivel mundial—; si de ello depende una respuesta concreta y efectiva, no podemos señalarlo. Solo podemos enunciar de forma preliminar que la especulación filosófica tiene que volver a retraducir las señales en donde el irracionalismo se ha manifestado por medio de diferentes vías.

Una lectura política actual consecuente debiera ser replicar de manera individual la misma fuerza discursiva que es —más acá del real que se escapa— articulada de forma imaginaria por el sujeto supuesto; a saber, verbalizado en una cierta instrumentalización del saber, en un mercado del saber.

Lo más radical en nuestra identificación de una práctica educativa es esto: que no hay sujeto supuesto pedagógico del saber. Es quien debe transmitir una cierta discursividad pedagógica que no se anuncia como tal porque se expresa: «el profesor sabe lo que enseña». Se presenta otro problema en esta articulación entre política y educación, del cual el psicoanálisis nos permite decir aquello que no se puede decir.

La realidad nos parece señalar que, más que un encuentro entre un discurso político insertado en una práctica educativa articulada por el discurso pedagógico, hay un desencuentro casi sintomático.

Podemos argumentar que las continuas movilizaciones estudiantiles construyen un estudiante más o menos politizado, en un discurso ideológico que se manifiesta, casi siempre, como un ritual de tácticas que solo evidencian una necesidad imperiosa de imponer discursos (tomas, paros); no se trata tanto de condenar o no estas imposiciones discursivas, sino de comprender la necesaria expresión de la irracionalidad en la interrupción del discurso normativo (contenidos pedagógicos evaluados).

Acá el aporte del psicoanálisis se puede retraducir en una inversión de la posición colectiva de los que, desde lo organizativo, se construyen como representantes colectivos que defienden un ideal de práctica pedagógica, tanto los representantes como los representados en su conjunto. La articulación individual del discurso, como construcción subjetiva, implica una posición enfrentada con la totalidad de los otros discursos, puesto que de lo que se trata es de escapar de los rituales mitológicos en que han caído todas las posiciones políticas —los rituales son necesarios para poder soltar el restante real que no puede expresarse (y no puede ser simbolizado) en una comunidad educativa donde predomina un discurso pedagógico normativizante—.

Solo en una construcción individual y articulada, el profesor puede ser parte del sistema imperante. De lo que se trata primero es de fortalecer la práctica educativa, sobre todo en su expresión discursiva individualizante. Así, solo situado en la fuerza de su discurso, puede volver a ser un sujeto político activo. Lo contrario —estaría dispuesto a defender— es lo que se da ahora en nuestro país: un total silencio de confrontación subjetiva individualizante, el ritual colectivo de las manifestaciones ya absorbidas por la cadena significante, que puede coincidir más como eslóganes o jingles igualados a todos los significantes que se regulan en el mercado del saber.

No veo otra forma de explicar el auge de la poesía en Chile sino como fortalecimiento del discurso que incluso pretendía escapar de un discurso poético normativizante. Véanse todos los poetas que irrumpen, tanto en la forma como en el contenido: Vicente Huidobro, Nicanor Parra, Pablo de Rokha, Enrique Lihn, Jorge Teillier, Juan Luis Martínez, entre otros.

Si queremos fortalecer nuestro poder en la acción y en el discurso, no bastan hoy solo las herramientas lógicas y científicas; desde la cultura, el arte y toda forma de expresión, se puede reconducir la reconstrucción de un ciudadano que enfrentará la deshumanización cada día más acelerada del capitalismo.

30. Educación para *zombies*

A simple vista parece un mal chiste, o un término sacado de las series que más han explotado el concepto de «muertos vivientes». No es simplemente la inversión de «vivos muertos». La importancia del ejercicio filosófico en la actualidad –desde esta necesidad casi instintiva en que el sistema educativo chileno ha adoptado por su obligatoriedad los dos últimos años de la enseñanza media– hay que buscarla en los espacios donde la ficción vuelve a cobrar un sentido de realidad. Más allá de que estos espacios ficcionales se encuentren en el cine, en las novelas, o en la viralización de la información, en la medida que ésta no siempre apunta a producir nuevos conocimientos.

Será más adecuado este análisis del sistema educacional chileno, haciendo un intento de sistematizar y sintetizar en los aspectos más estructurales, las contradicciones que se enfrentan en las experiencias más inmediatas, desde las que distintos «ejes discursivos e ideológicos» imponen medidas más automatizadoras de la producción y reproducción de los valores dominantes.

1. *Muertos vivos*

Esta categoría nos permite entender mejor todas aquellas experiencias que solo se quedan en el nivel fantasmático. En otras palabras, es una dominación por medio del campo de lo imaginario, desde el acuerdo de cada individuo en formar parte de la cadena de producción y reproducción que lo va, paso a paso, políticamente, médicamente, jurídicamente, discursiva e ideológicamente, despojando de todo aquello que lo hace ser humano. Este despojo necesita del sistema educativo como instancia aún normativizante para sostener esta dominación. También, en este sentido, promueve la afirmación de experiencias evasivas para escapar de la realidad de ser un individuo que acepta su existencia, usa la clínica médica y farmacológica para que los adolescentes se conviertan en pacientes de control, en tanto se produce un encasillamiento en los diagnósticos sin una apertura al cambio.

El control no es solo desde el aparato de estado, como en algún momento predicaba el marxismo, sino desde la esfera discursiva, porque, por medio de ella, en el campo de lo imaginario, es posible controlar la información, a la vez que se da la falsa sensación de la libertad de su flujo, esto quiere decir que puede circular todo tipo de información, siempre y cuando se viralice: como espectáculo, como simulación, como transformación de lo bueno en malo, y viceversa; como meme, como chiste, como polémica; y como espacio virtual que potencia una experiencia subjetiva e individualizante; solo como "entes" que forman parte de una gran pantalla, como extensión de la pantalla, en tanto ya no es posible controlar el tiempo que pasamos delante de ella.

Es necesario hacer un paréntesis con respecto al control o la manipulación de la información, ya que en este punto de la argumentación es imprescindible recordar lo que conceptualizaba Nietzsche sobre la transvaloración o transmutación, a continuación, transcribimos la cita de su obra Así habló Zaratustra:

> Una tabla de valores está suspendida sobre cada pueblo. ¡Atención!: es la tabla de los vencimientos de sí mismo ¡Atención!: es la voz de su voluntad de poder.
>
> Parécele encomiable lo que se le antoja difícil, lo imprescindible y difícil lo tiene por bueno y lo raro y más difícil lo tiene por santo.
>
> Lo que le permite dominar y vencer y brillar, con espanto y envidia de su vecino, es para él lo sublime, lo primordial, lo supremo, el sentido de todas las cosas (...)
>
> Valorar es crear. ¡Tomad nota de ello hombres creadores! El valorar mismo es el valor y tesoro de todas las cosas valoradas (...)
>
> Transmutación de los valores, he aquí la transmutación de los hombres creadores.
>
> Siempre destruye quien ha de ser creador (...) Así la maldad extrema está ligada a la bondad suprema que es la bondad creadora (...).

Nietzsche quiere explicar el hecho palpable de que, aun cuando cualquiera de nosotros sea honesto, o más allá de las cualidades o características personales, ciertos grupos dominantes que detentan el poder; dispondrán de éste y serán los primeros en pasar lo malo por bueno, y viceversa, para así obtener beneficios de estas consecuencias. Por lo tanto, de esto se desprende que el control y la dominación siempre estarán presentes. Sin embargo, si las personas son capaces de seguir su propia voluntad de poder, aceptando la destrucción (o la muerte en un sentido simbólico) en el proceso creativo, se impondrá este valor desde la creación misma, lo cual también significa una transmutación, pues significa transformar en bueno, lo que para la mayoría puede ser malo. Un ejemplo de lo anterior sería la energía que se malgasta en el tiempo de ocio, para las empresas y las ganancias asociadas con la publicidad y el consumo, será malo no usar el tiempo de ocio en tales actividades, pero para una persona que está interesada en trabajar una habilidad creativa, será bueno alejarse de tales distracciones.

La contradicción es que esta realidad necesita hoy aún más que antes del control del tiempo productivo. No es casualidad la ley para aumentar la edad de jubilación, aún desde la masividad de las protestas en Francia para detenerla, se ha logrado terminar por imponerla; también se puede mencionar la reciente reforma en Grecia que aumenta las horas y los días de la jornada laboral. La realidad virtual se impone porque los sujetos ya no solamente son sujetos productivos frente al estado, sino que más allá de la resistencia, la gran pantalla ya ha dominado los hábitos y las conductas sociales. La realidad virtual como fenómeno productivo y reproductivo acentúa los miedos, las conductas de inseguridad, los racismos, la xenofobia, y todos los fantasmas que se habían creído superados (infecciones virales).

2. *Vivos muertos*

Esta categoría, o concepto del que se toma la inversión descrita en el título, tampoco apunta a una contradicción entre estar vivo y estar muerto; más bien es la experiencia simbolizante de la muerte que vuelve en toda experiencia de lo vivo, un aprendizaje, una posibilidad de maduración. Es remitirnos a la experiencia del nacimiento. Desde la triada "Imaginario-simbólico-real" se hace difícil acceder a esta experiencia traumatizante porque queda recubierta por el registro de lo imaginario. Desde este punto de vista lo real solo aparece como un teatro de sombras, sin embargo, aquellos que han atravesado el "fantasma", o, en otras palabras, aquellos que han atravesado el registro de lo simbólico, han experimentado la muerte en vida. En este sentido, el psicoanálisis permite, no solo el análisis interminable de nuestras defensas, para comprender el campo ficcional-simbólico en el que estamos insertos, sino también permite que la misma observación de nuestros estados, sirvan como terreno fecundo para aceptar la muerte, no como término indisoluble que termina con la vida, sino como momento dialéctico en tanto la contradicción entre vida y muerte está más acá de la experiencia inmediata, no trascendental. Byung Chul-Han en su obra Topología de la violencia comenta lo siguiente en relación con lo anterior:

> La vida nunca ha sido tan efímera como hoy. No hay nada que pueda prometer duración y consistencia. Como consecuencia de esta falta se genera nerviosismo. La hiperactividad y la aceleración del proceso de vida pueden entenderse como un intento por compensar el vacío en el que se anuncia la muerte. Una sociedad gobernada por la histeria de la supervivencia es una sociedad de zombies, que no son capaces de vivir ni de morir. Freud también es consciente de esta terrible dialéctica... «Si quieres soportar la vida, prepárate para la muerte» (*De guerra y muerte. Temas de actualidad.* Freud).

La muerte se tiene que vivir primero en la vida cotidiana para comprender el hecho de que no somos inmortales. La inmortalidad es una experiencia que pone a la vida y la muerte en un mismo plano, por lo tanto, nos ofrece una perspectiva para aceptar que somos seres que preparan la muerte definitiva, en nuestras pequeñas muertes tomamos conciencia de la muerte definitiva de nuestro cuerpo. La actualidad de la clínica y la psicoterapia psicoanalítica estriba en esto que señalamos, no es un ideal solamente al que nos acercamos desde nuestra experiencia, sino que es un estado mismo del ser, en tanto formamos parte de una totalidad que también está muriendo; en la medida que la «caída» en la «angustia» no solo es una «señal de peligro» sino que también es una apertura para abrirse camino en nuestras identificaciones como parte del desarrollo socioafectivo.

En este punto se puede entender el escapismo de la actual política educativa. No trabaja la «salud mental» como una problemática estructural, ni tampoco como una tarea relevante de los distintos actores profesionales que cuentan mínimamente con formación en psicoterapias, sino como un ideal discursivo-comunicativo, en otras palabras, solo sitúan la «salud mental» como un ideal que se puede modelar temáticamente. Podemos, incluso, seguir ampliando las consecuencias si tomamos como ejemplo la que se ejerce en el lenguaje inclusivo, que se presenta como un ideal neutralizante de los sexos. También hablamos de escapismo cuando se presenta el concepto de «rectificación del sexo» desde las últimas leyes chilenas –de izquierda a derecha– se nos presenta este discurso de la posibilidad de rectificar el sexo, la ciencia médica ofrece esta posibilidad para reproducir el flujo de capital también desde los cuerpos.

Los cuerpos son extraídos de sus funciones sexuales para modificarlos desde las distintas coordenadas fantasmáticas de los «nuevos sujetos de control médico y político». Por otro lado, las vacunas también operan desde esta dimensión de controlar el flujo de las enfermedades y virus, de tal manera que no apuestan a su erradicación o eliminación, sino solo a un control potencial, con la posibilidad de un futuro incremento de virus e infecciones, que permitan nuevamente modelar el cuerpo desde estas técnicas.

3. *Prisioneros de la caverna*

No es una nueva categoría entra las dos abordadas, porque este título se intenta proponer, recordando a Platón, como síntesis. Al reinstalar la clínica psicoanalítica se hace frente a la automatización deshumanizante del capitalismo actual, que cada vez rompe las fronteras de los «estados soberanos" para imponerse como "orden mundial multipolar". Podríamos mencionar otros autores influyentes en las reflexiones anteriores, así como en las tendencias que ahora se encuentran en la filosofía especulativa. Sin embargo, he preferido nombrar a los que han trabajado con estudios culturales del capitalismo, en la medida que las tendencias ideológicas, fuera de haber desaparecido, se han acentuado en estas últimas décadas; como lo señala Slavoj Zizek y también Byung-Chul Han. Los dos describen la violencia mostrando como el psicoanálisis permite comprender tanto la exteriorización, como la interiorización de esta.

Un ejemplo habitual que se da en muchas instituciones de educación se encuentra en la película «Full Metal Jacket» de Stanley Kubrick. Situación que es descrita por Zizek en uno de sus documentales. Lo primero a señalar en este ejemplo es que los dos personajes son un aprendiz y un instructor. El instructor está caricaturizado como un sargento que todo el tiempo está en el papel del «instructor torturador». Contexto en donde podemos encontrar el uso de groserías generalmente con contenido sexual, pero este contenido para suavizar –y de alguna manera contrarrestar– lo duro y lo violento de la instrucción militar, se ejerce con total libertad y a expensas de romper ciertos derechos. Lógicamente aquello que fortalece una instrucción militar no es una correspondencia con las leyes, sino poder prescindir de ellas para preparar a los futuros militares ante todo tipo de situaciones inhumanas que encontrarán. Se permite de manera camuflada que este tipo de instructores ejerzan en su enseñanza todo tipo de situaciones perversas, tanto en el contenido sexual de las groserías, como en la forma de ejercer la violencia discursiva, ya que el enemigo siempre puede ser: «homosexual», «amarillo», «negro», «fofo», «marica», «tonto», y, «comunista». Por otro lado, se encuentra el aprendiz, más lento y menos habituado que los demás, a las órdenes militares que siempre apuntan a una perfección competitiva. Es aquí donde el filme nos alerta ante la situación de peligro que se desencadenará con el aprendiz, cuando después de todo el *bullying* que ha recibido del sargento torturante, así como de sus compañeros, quienes lo utilizan como medio para desquitar en él la violencia que han recibido de aquel, continuando con esta cadena de goce perverso, decide interiorizar toda esa violencia tomando en serio el papel de ser el mejor soldado y así quitarse la vida, dándole todo el poder al arma que ha personalizado y ha cobrado vida propia.

No se menciona este ejemplo solo para comprender el contexto de la formación en las FFAA, ni tampoco de los programas educativos que ejercen en Chile una formación premilitar; Si no, para evidenciar el problema de tomarse demasiado en serio el papel, cualquiera que pueda ser éste en su función y rol; presenta un riesgo de interiorizar la violencia que conlleva toda normalización, toda formación, y toda institucionalización, en el intento de situar ciertos márgenes que separan una conducta de otra, que segregan a unos para producir en otros una creciente marginalidad: cuando una parte importante del estudiantado no logra cumplir con estos márgenes.

No se trata de imponer más orden, solo para que éste se interiorice como violencia institucionalizada, sobre todo si se tiene en cuenta en Chile la aplicación de la ley «aula segura», no se puede vigilar todo el tiempo los baños e irrumpir continuamente en ellos para evitar situaciones de violencia producidas por encapuchados u overoles blancos, tampoco se puede exigir un trabajo administrativo que no toma en cuenta la realidad y el contexto de cada institución de educación. La violencia institucionalizada, no es simplemente una consecuencia colateral, o una secuela de otro problema, ya que la experiencia clínica nos ha permitido comprobar que siempre conlleva un goce perverso de unos más que otros, y son estas personas las que desde distintos roles se comportan como «prisioneros de la caverna», porque han decidido a conciencia tomar demasiado en serio su rol.

El aumento de las licencias médicas no es simplemente un recurso legal con que algunos profesionales y asistentes de la educación buscan evadirse de la realidad incontrolable en la que se encuentran, o del desgano creciente de su labor, es por sobre todo una consecuencia de la violencia institucionalizada que no ha sido identificada por ellos en su experiencia, ya que en la mayoría de los casos está reprimida, también vemos en ellos enfermedades crónicas, depresiones, o situaciones de conductas adictivas, e impulsivas.

El aumento de las licencias médicas no tiene que ver solo con una concentración de ellas en distintos rangos etarios, sino que tiende a ser un recurso cíclico para un número de personas.

4. *Los registros Imaginario, simbólico y real*

Sobre la marcha de este cortejo funerario que llevamos hace tiempo, no ha sido desplazado este tiempo que lo vuelve una marcha militar fúnebre, la república para los republicanos y sus periodistas. La muerte se ha quedado con todo el botín de los *bienes de cultura*, así rastreamos a oscuras este viejo sentimiento inbano, toda esta carga afectiva-libidinal que está puesta en mi propio discurso como docente. El cuerpo docente que Barros Arana imaginó se escapa de esta mirada, y esos viejos ideales autoritarios que hoy defendemos aún desde tantas diferencias.

Surge este cuestionamiento no dirigido solo a la culpabilidad de unos más que otros, sino para establecer este resto de energía *muerta-libidinal*, o *pulsional-objetual*. La consideración energética no se traduce en determinar el discurso desde la narrativa de los *Complejos* y sus variantes, y trasladarla para usarla en distintos contextos; sino que significa entender la violencia; tanto, desde el discurso y las acciones, que indistintamente conllevan una carga libidinal, una carga energética, o si se prefiera una carga sexual. Y desde esta diferencia que tiene el sexo con su narrativa *productiva-reproductiva*.

Se asocia esta consideración energética al reproche de la sobre estimación del carácter sexual de la personalidad de Freud; que, fuera de toda duda, fue consciente que su narrativa edípica produciría este malentendido. Como buscador e investigador infatigable no enfatizó solo el aspecto lógico-racional, de tal manera que la analítica se estableciera sobre esta circularidad cognitiva. Fue más allá y reveló la experiencia que subyace en el nivel más profundo.

No es un piso, o un compartimento, ni una dimensión, es justamente lo que hace posible la experiencia consciente. Eso explica la indeterminación conceptual del inconsciente. A diferencia del *inconsciente colectivo* de Jung. La energía no es el inconsci*ente, o el inconsciente no es simplemente energía; existe una* carga energética que está determinada por su *flujo energético.* El inconsciente es la estructura que soporta esta producción y reproducción energética por medio del discurso; en la medida que este está operando desde el goce, como repetición infatigable, como automatismo, y como soporte de un ego individual-colectivo. Incluso más allá del mismo sexo, que está mucho más acá de la experiencia, sin embargo, aún este se escapa del placer mientras la carga libidinal-energética más se apodera del goce productivo-reproductivo del *sujeto dividido.* Este *sujeto castrado* no es más que una hendidura que se produce en lo real.

Lo simbólico no es una supresión o una censura, es más bien una experiencia que solo se puede vivir o revivir desde este carácter *traumático.* La excitación producida por la señal de peligro –la sensación de angustia– en el ahogo del recién nacido, se ligará, en la repetición de este mecanismo que libera la carga libidinal, produciendo un efecto de encadenamiento que se demuestra en distintas experiencias de goce para llenar el vacío que deja el displacer, ya sea en la tensión de la carga, o su descarga.

El camino necesario para ir más allá del automatismo de goce significa ser conscientes de la carga energética, desde la aprehensión de su flujo, podemos observar sus transformaciones. El psicoanálisis permite la observación de este flujo productivo-reproductivo de nuestro goce, porque esto también nos acerca a experiencias más libres donde el placer no está encadenado al primero. O, el placer no está encadenado a un goce exclusivamente sexual, separado de los demás aspectos. Se trata de reconducir el placer sexual liberándolo de los mecanismos narcisistas, donde la autosatisfacción erótica no logra una fusión y una unión sexual, desde esta constelación del psicoanálisis que se corresponde con una tradición judeocristiana, y con las viejas enseñanzas de todo el misticismo de las corrientes herméticas.

El momento en que desde el *Otro*-simbólico –la madre– emerge el primer reflejo de la imagen especular, donde la imagen del yo queda atrapada y dividida desde esta captación, como retroacción en el registro de lo imaginario, la última trampa donde se produce el encadenamiento de los significantes, la búsqueda por colmar el *yo ideal* desde su imagen fantasmática, entiéndase aquí como siempre esta coordenada fantasmática enmascarará los rasgos *activos-pasivos*; o también las tendencias agresivas *sádicas-masoquistas*, donde la experiencia de una significará la invisibilización de la tendencia opuesta.

También el momento descrito permite comprender la única dirección posible que sigue en el desarrollo socioafectivo de cada sujeto, donde desde lo imaginario tiene que avanzar a su *cruce* con lo simbólico, en esta construcción del *Yo ideal*, donde tiene que internalizarse la ley: ya sea que ésta se exprese en la presencia de un padre real, o, donde su ausencia y suplencia va a quedar designada con el concepto de *nombre del padre*. Este es el cruce más difícil de realizar, porque requiere ser capaces de canalizar la presencia/ausencia del padre y dirigirla hacia el desarrollo de todas las potencialidades inherentes en cada experiencia. En este punto es necesario la relación con el cálculo matemático.

La necesidad del cálculo matemático, más allá de la tradición, opera también desde la consideración de su carácter irracional irreductible, los números irracionales expresan la necesidad de contemplar desde una lógica puramente numérica, la posición de un cuerpo en un espacio dimensional, bidimensional, o tridimensional. Esto que se traduce en la comprensión de distintos espacios, en la medida que se considera el *infinito* como soporte espaciotemporal, también significa la liberación del cálculo matemático de su definición simplista de ciencia formal.

El plano cartesiano grafica mejor esta comprensión numerológica, donde la matemática adopta esta reflexibilidad por medio de dos coordenadas o líneas imaginarias que se cruzan en un punto *0*. En otras palabras, el simbolismo de la cruz; como el cruce temático de dos realidades opuestas, como el cruce de dos conceptos opuestos, como el cruce de los números racionales e irracionales, como el cruce sexual de lo masculino y lo femenino, como el cruce de lo positivo y lo negativo, como el cruce de distintos elementos en una creación; viene a reforzar este aspecto dialéctico del conocimiento, no solo como una fijación en un punto, sino como un movimiento que al recorrer distintos puntos, permite la comprensión de un espacio numerológico sujeto a interpretación. La positividad o negatividad de los números será clave para entender la posición que recorre la línea imaginaria que los conectará. Y así obtenemos un principio interpretativo en esta relación. Hacia la izquierda y hacia abajo del *0* la negatividad proporcionará un recorrido, y hacia la derecha y arriba del 0 la positividad proporcionará otro recorrido. No obstante, a pesar de esta diferencia de valoración para un mismo número, el plano reúne ambas direcciones y valoraciones, lo que permite la posibilidad abierta de distintas combinatorias. Estamos obligados a comprender el principio dialéctico del plano cartesiano, si tenemos en cuenta que el aspecto imaginario de las coordenadas y sus ejes no sería posible graficarlas de no ser por la dirección negativa contenida en el 0, de tal manera que como número supremo puede adoptar ambos valores, marca la ausencia y la presencia infinita de la propia valoración del número. Es lo negativo, lo que permite la reflexión de las mismas parábolas, por medio de su proyección imaginaria, de tal manera que, también solo desde el recorrido del registro imaginario en la experiencia de cada sujeto es posible acercarse al núcleo de lo real, para así acceder desde un desarrollo y una madurez a las experiencias simbólicas que hacen posible esta compenetración de los tres registros. De la misma manera gráfica en que el nudo Borromeo sugiere la imposibilidad de separar uno de los registros, sin que los demás también se desanuden en el intento, así también el Esquema R de Lacan sugiera la imposibilidad de un registro triunfante sobre los demás, y el recorrido necesario desde el registro de lo imaginario, nos posibilita ser conscientes de su articulación con los demás.

0. El uso del error

Este título es también un *Fe de erratas* para este epílogo. Porque vuelvo en esta reflexión, posterior a la entrega del portafolio de mi evaluación docente, para dar también una última revisión; y mantenerme fiel a mi obsesivo acto de pensar, saber el error que se reproducirá en la revisión; será también parte de la respuesta, aunque separada ahora de lo que está entregado y sin poder editar, en el sentido de identificar *el uso del error* para el aprendizaje. En mi caso se retrotrae a la repetición, o la reprobación de un curso, como experiencia traumatizante que se traslada y se reproduce también en el lenguaje, por medio de la reiteración, en este caso reflejada en: «*se recomienda a los estudiantes guiarse*», lo que también en psicoanálisis se traduce por *acting out* (acto fallido), un error similar en el contexto familiar significaría la burla y el eterno recuerdo, como mecanismo de goce perverso, la carga excesiva de lo simbólico en este ejemplo, donde también significa comprender porque se producen en los obsesivos estas primeras experiencias de inhibición.

31. Reconstruir la institucionalidad

La acción política dentro y fuera de la institucionalidad

El máximo desarrollo filosófico en una posición, una argumentación que la aborde, consiste en desplazar un concepto en otro. Sin embargo, este desplazamiento de la posición no es otra cosa que el movimiento producido en la acción colectiva soportada en actos individuales coordinados entre sí. La apropiación de la acción por el discurso, si esto es una reflexión que pueda ser capaz de relacionar el trabajo y el poder, se manifiesta en la necesidad de distinguir entre las acciones que se dan al interior de una comunidad regida de forma institucional y el espacio que queda fuera de esta institucionalidad.

¿Cómo somos capaces de determinar si la acción se produce dentro o fuera?

Es fundamental para todo análisis sobre una realidad institucional determinada ser capaces de distinguir estas acciones, porque, más allá de las intencionalidades de los estamentos y las directrices institucionales, la realidad la producen las acciones colectivas, en sus diversas intencionalidades, en la medida que, en conjunción con lo anterior, se logra imponer un discurso.

La movilización social en toda dimensión política, manifestada o sistematizada en el tiempo, o con sus variables interrupciones, son las acciones a que nos referimos si existe el acuerdo entre nosotros de que ninguna movilización social serviría para lograr un objetivo, o un petitorio concreto, si ello no conllevara a su vez la fuerza para imponer un discurso en la práctica que se produce en la continuidad de una institución social.

Si en este caso nos restringimos solo a nuestra comunidad educativa (INBA), se evidencia que, en los establecimientos sostenidos en su rol público que han quedado marcados por las movilizaciones estudiantiles desde el año 2006 en adelante, el proceso ha sido ascendente de manera continua. Solo para recordar: produjo la introducción de la Ley General de Educación, más allá del hecho de que en los colegios subvencionados cambió solo en apariencia, ya que en lo sustancial y en la realidad, la mayoría de los establecimientos han seguido regidos por la estructura económico-social dominada por la subvención escolar.

No me refiero a las acciones políticas en el sentido de que solo estamos hablando de marchas masivas, tomas, paros y barricadas; todas tienen en común que son visibles, y algunas de ellas se producen fuera de la comunidad institucional, y otras dentro: ese es el primer punto de inflexión o, si se prefiere, el punto donde se puede distinguir y proyectar hacia dónde se dirigen las acciones que se producen dentro de la institución. Por ejemplo, en el caso de tomas, paros, manifestaciones dentro de un establecimiento, siempre van a conllevar una interrupción directa y una imposición que se desprende de la necesidad de imponer dentro el discurso dominante en ese momento. Es el mayor componente de las movilizaciones de la llamada «revolución pingüina».

El contrapunto entre la necesidad imperiosa de imponer la gratuidad y la calidad como conceptos asociativos o intercambiables, y la necesidad de la clase política de seguir imponiendo la estructura de financiamiento sostenida por la subvención generó un mejoramiento productivo en el rendimiento político, social y económico con que se produjo el nuevo impulso de los establecimientos de enseñanza particular-subvencionada. Con la posibilidad que les otorgaba ahora la nueva ley, el lucro podía ser justificado; y además, las acciones y asociaciones legales permitían que un sostenedor estuviera asociado a más de un colegio sin demostrar que era el dueño en la realidad: este cambio jurídico, que en definitiva fortaleció la concentración de la propiedad, también tuvo la consecuencia práctica de competir por medio de la modificación y fortalecimiento de los proyectos educativos institucionales «PEI» para aprovechar de nuevo la ola de la «revolución pingüina» a su favor; de esta forma, el potencial botín de las matrículas volvió a favorecer a la enseñanza particular-subvencionada, sobre todo producto del nivel de impacto provocado por las interrupciones en los procesos de enseñanza-aprendizaje en las instituciones donde las acciones políticas fueron hacia dentro.

Las consecuencias en la baja de matrículas y el escapismo posterior a los colegios particulares-subvencionados produjeron un notable debilitamiento en los liceos y establecimientos de educación media, lo que también se manifiesta en la actual necesidad imperiosa de fortalecer la enseñanza básica de escuelas, o incluso transformaciones de liceos en escuelas.

Sin embargo, pese a toda esta consecuencia en la realidad inmediata post «revolución pingüina», el mismo sistema educativo estructurado en la subvención escolar ha tenido un agotamiento muy visible en dos fenómenos que están relacionados entre sí. El primer fenómeno es la sobreevaluación en las mediciones estandarizadas; el segundo fenómeno, que nace como consecuencia y también como gestación del primero, es el alto índice de las inasistencias como consecuencia también de una cierta indiferencia y de una desmotivación que se suma a la incapacidad del sistema de subvención para responder a la catástrofe producida por la «pandemia». Incluso en los colegios subvencionados técnicos o mixtos hace años se viene produciendo esta merma de la asistencia; es el mismo agotamiento que se quiere esconder y se ha manipulado año tras año en los libros de subvenciones.

Se ha creado una periferia, un componente que ha sido desplazado o marginado; ya sea producto del mismo sistema, o de la acción y voluntad de estudiantes y apoderados, no se puede omitir este porcentaje de marginación social que queda en la periferia de este proceso; es lo que, en última instancia, se puede comprender como las acciones que quedan fuera de la institucionalidad. A pesar de que un porcentaje no responde al proceso, seguimos considerando que hay una acción, porque a través del silencio o de la abstención voluntaria a responder, el proceso de enseñanza-aprendizaje es una acción que tiene una consecuencia aún más directa, pese a este rango de omisión, silencio o inactividad. ¿Existe una intencionalidad política en parte del estudiantado, consciente o no, de interrumpir el proceso de enseñanza-aprendizaje en su silencio y ausencia como una nueva forma de manifestación política?

Solo podemos responder que, más allá de la dirección del análisis en este sentido, y de las evidencias que podamos aportar, no se puede cuestionar que estas acciones, coordinadas o no, representan un tipo de acción que queda fuera del alcance institucional.

Tres problemas estructurales del proceso enseñanza-aprendizaje

Para explicitar de entrada estos problemas estructurales, no se puede entender ningún análisis o evaluación de un proceso donde justamente está en crisis la asociación de la asistencia a un factor cuantificador en las subvenciones. En otras palabas, no se trata de separar o estudiar un problema pedagógico en nuestro proceso sin considerar que la falta de participación y seguimiento del proceso enseñanza-aprendizaje por parte de los estudiantes se debe al problema nuclear de la asistencia y el retiro. Lo que vuelve nuclear o estructural este problema no es el hecho de la inasistencia en sí, o no poder contabilizar esta inasistencia en un registro, sino el hecho de que las instituciones educativas sigan asociando los logros de aprendizaje, ya sean conductuales o académicos, al componente presencial de la entrega de la subvención.

Se desprende de lo anterior que el proceso de enseñanza-aprendizaje no depende del estudiante en sí y de su constelación familiar, sino de la condición de su presencialidad.

Esto significa que se viola el derecho a la educación porque se valida el proceso institucional solo con base en la presencialidad o la asistencia contabilizada, y/o arreglada en la mayoría de las instituciones, para corresponder con esta regla agonizante y condicionante en extremo. ¿Qué es lo que ha venido a destapar esta realidad en los últimos años?: ¿solo la violencia de los estudiantes, sus movilizaciones, o el hecho particular que Chile ha afrontado desde la «pandemia» como una excepcionalidad a la regla que viene ahora a desbaratar y sacar los trapos sucios de la oscura condicionalidad de la subvención? —entiéndase la excepcionalidad de estar bajo la modalidad telemática y de no poder prescindir del mecanismo de la asistencia presencial—.

Existen tres problemas que están relacionados: alrededor del 15 % (6 estudiantes de un curso de 40) pasa de la inasistencia al retiro. Es el caso más nuclear, central de nuestro proceso, pero corresponde a la imposibilidad de captar y mantener eso que podemos llamar «la periferia»: lo que queda fuera de nuestro centro. Pero este porcentaje solo es estimativo, solo puede tomarse en serio en el sentido en que es abierto o extensible; se comprende por qué decimos que es nuclear, como consecuencia directa del alto porcentaje de inasistencia, que la mayoría de las instituciones disfrazan en los arreglos de los registros de asistencia para no enfrentar el problema estructural del proceso enseñanza-aprendizaje.

El segundo caso y problema relacionado es la actitud y acción desinteresada de un porcentaje de estudiantes que sí están en el centro de nuestro proceso como parte de su presencia y asistencia, pero no se adhieren al proceso en su totalidad, o en una buena parte, a pesar de estar a nuestro alcance; se trata de un grupo más numeroso, de alrededor del 25 % (10 de 40) —porcentaje también abierto y tal vez mayor en muchos cursos—. Si bien podemos asociar este número a una serie de otros factores, ya sean condenables o reprochables desde un ideal de proceso enseñanza-aprendizaje, el hecho es que, en lo concreto, se trata de un porcentaje importante que, a pesar de que podemos evaluar su desinterés en el proceso, también socava la formación y el desarrollo del estudiante.

Ya estos dos primeros casos relacionados, desde más de una problemática, en los procesos sistémicos de la formación que se puede lograr en una institución nos llevan a un tercer problema que nace desde la consecuencia y los resultados de lo que queda al final de esta resta, que parte en el mismo agotamiento del sistema educativo, estructurado sobre todo con base en la cuantificación y cualificación de una información, en el contrasentido de que no es posible poder establecer los cierres.

La enorme dimensión que toma este problema viene gestándose a lo largo de más de una década de la estandarización de los procesos, a cambio de su sobreevaluación y medición, lo cual, al fomentar una competencia desregulada, terminó por interrumpir los procesos reales de enseñanza aprendizaje —véase todo el tiempo de trabajo relacionado con la preparación, la disposición y ejecución de las mediciones (Simce Y PSU), y el posterior análisis y resultado para optimizar el tiempo en función de lograr mejores resultados—. Desde este punto de vista, también la pérdida del tiempo en función de la sistematización y ejecución de las acciones de enseñanza-aprendizajes basados en los objetivos reales (y no ideales) produjo un descenso tanto a nivel motivacional como a un nivel académico-actitudinal.

El resultado actual es solo poder llegar a un 60 % del universo total de estudiantes que conforman los cursos; en otras palabras, la suma de los dos primeros problemas nos deja con un 40 % de estudiantes que quedan en la periferia de los procesos educativos. El problema es que, a pesar de estar en el centro, en la consecución del cierre, la cuantificación y cualificación de la evidencia pasa también a quedar en una periferia, más allá de que con posterioridad se pueda forzar la decisión con base en la reprobación o la aprobación.

Se podría pensar o argumentar que considerar y fortalecer nuestra práctica pedagógica solo en el resto que queda podría subsanar el proceso total. Sin embargo, la minoría de estudiantes que al final cumplen con el proceso también presentan problemas en los niveles correspondientes, según la habilidad que estamos trabajando; y también existe una dispersión asociada al celular, en una consecuencia o manifestación del aislamiento como una pérdida de la motivación que produce el intercambio en el grupo social. Las relaciones sociales son mucho más superficiales o más momentáneas.

En el nivel de lo académico, se presenta un resultado más desarrollado del aprendizaje en un porcentaje menor de estudiantes, mientras que una gran cantidad presenta poco desarrollo de la escritura, dificultades en la redacción, la ortografía, o el desconocimiento en el significado de palabras o términos que para nosotros podrían representar un dominio masificado. No es posible hacer una caracterización de los distintos niveles de logros académicos en objetivos fundamentales de aprendizaje; existe una intención que acá el docente también valida en la necesidad de tender a la aprobación en el resultado de las evidencias de los procesos. Sin embargo, a pesar de ser el ideal, se va perdiendo la real caracterización más objetiva y puramente académica del aprendizaje, lo que trae la consecuencia de una disminución en el nivel de evaluación basado en pruebas.

El análisis también tiene que poder establecer una conexión con la educación superior, que depende sobre todo de la motivación o actitud que se tiene en el proceso más que de la medición de una nueva prueba de acceso transitoria y general para todos. Cada estudiante debiera ser capaz de demostrar dentro su capacidad para avanzar y proyectarse en el proceso de educación superior, no antes, en el prejuicio de una prueba que discrimina entre distintos procesos y en la que el componente marginal ha generado mayor segregación.

Es teniendo en cuenta estos problemas que nuestra visión pedagógica necesita dirigir una posibilidad de entender el aprendizaje más allá de la estandarización o la medición; más como una posibilidad de encuentro de una realidad heterogénea, pero que pueda ser primero sistematizada en su proceso desde una nueva posibilidad de articulación o integración en las funciones que componen distintas profesiones, desde distintos niveles en los cursos, pero también desde distintos niveles de aprendizaje que van más allá de los cursos y se presentan como una tendencia generalizada; por ejemplo, el desplazamiento de los recursos escriturales, como cuadernos, PC y notebooks, por el comportamiento masivo y unidireccional hacia la observación y tenencia saturada del celular como medio tecnológico homogeneizador. Las instituciones ya no pueden tener el ritmo de velocidad en la absorción total que el celular es capaz de generar en la conducta humana.

El ritmo frenético de las relaciones sociales excede los espacios institucionales, pero, más allá de eso, incluso a pesar de ser momentáneas, son más veloces en la reproducción misma del consumo y de la información. Se manifiesta también este comportamiento de colmena que señala el filósofo surcoreano Byung-Chul Han, en el que se expresa una indiferencia respetuosa, inmersa en una comprensión didáctica-digitalizada, como parte también del logro y éxito en el fetiche y el consumo desenfrenado del mismo *self*, propio o ajeno.

Es necesario volver a traer la presencia —alejando al fantasma detrás de la máquina: el celular— de los estudiantes para que puedan mirarse a sí mismos no solo a través del lente de la pantalla; traerlos de vuelta a un lugar del que la medición saturada en algún momento los alejó. De esta manera, podrán romper por fin con esa obsesión por verse bien o aparentar un logro, pues sabemos que, al final, se trata solo de consumir el tiempo en ritos vacíos, desde donde nunca emergen los sujetos y bienes de cultura. Nos hemos convertido solo en los objetos de las apariencias bien mostradas, en portadores de un rito que ha convertido a la educación en un bien de consumo y en un gran contenedor vacío institucionalmente, en observadores pasivos de una medición arbitraria y miserable de nuestro tiempo.

32. Como liceano, como inbano

Como liceano, porque los cursos numerosos en los liceos tienen esa obligatoriedad —a la vez que se impone y también se espera que se produzca de manera natural— de sociabilizar con otros/as; esta agrupación de la cantidad, de los números, la influencia que puede tener la decisión en grupo, la determinación del grupo al individuo y lo que se espera de este respecto de su influencia al grupo son aspectos fundamentales.

La música como recuerdo configuraba esta diversidad y amplitud en las evaluaciones y trabajos grupales. Todos teníamos que proponer una idea o tema desde donde se pudiera crear un trabajo musical, o más bien una obra. Pasaban las palabras, pero todas las ideas temáticas eran insuficientes o muy específicas y fragmentarias, hasta que me tocó proponer una idea y se me ocurrió una especie de obra musical y teatral sobre la esclavitud asociada a la etnia afroamericana. De inmediato, las miradas se dirigieron a mi propuesta y causó bastante aceptación, quedé como director de la obra. Estaba recién aprendiendo a tocar la guitarra, no era versátil, pero mi trabajo se concentró por primera vez en hacer algo distinto de una simple prueba individual. Se dirige uno al grupo, teniendo que distribuir las funciones que se adecuan mejor a cada habilidad en los que bailaban, actuaban, tocaban instrumentos, componían la escenografía, etc.

Pero en ese momento faltaba mucho aprendizaje en la guitarra, aunque uno se enamora de lo que no tiene en el momento, cuando el trabajo de director era importante y permitía aprender y aportar bastante bien, es ese aprendizaje que llega ahora a destiempo, en el recuerdo que se presenta como sueño, en la fatiga de pensar en el trabajo de la enseñanza y el aprendizaje. Yo siempre pienso en mi trabajo, y no solo en un sentido reprochador o reprochable. Trato de imaginar o pensar cómo puedo resolver un problema de mi trabajo. ¿Cómo hacer que mi trabajo sea algo vivo, no algo muerto? ¿Cómo dejar una propuesta —al igual que el recuerdo liceano— o mejorar lo que amenaza con repetir un ciclo que destruye las relaciones humanas?

Cuando pienso en todo eso, veo en la filosofía un trabajo. La filosofía es un trabajo porque es un proceso. Y es un proceso que gasta energía y consume tiempo de vida. Por esa sola consideración, el trabajo —cualquier trabajo— debe siempre estar enfocado no solo en resolver un problema, sino también en que, a través de él, podamos dirigimos a un nosotros, a un todo, al espíritu.

El problema de mi trabajo es muy difícil, y tal como ustedes se han llevado una sensación de imposibilidad en el trabajo, así yo también veo que este problema de mi trabajo es muy difícil de resolver. Lo enuncio en la siguiente interrogante: si el ejercicio filosófico de cuestionar la realidad y a nosotros mismos requiere solo de un manejo conceptual es en el sentido de que nuestra habilidad de utilizar conceptos está relacionada con una cierta habilidad del lenguaje; ahora bien, ¿cómo se puede transmitir esta habilidad que se nos exige como docentes en esta área?

La filosofía está llena de escondites donde innumerables conceptos han sido y esperan ser relacionados —ser trabajados— una vez más. Y la vista puesta de esta manera puede dejar una impresión negativa de este ejercicio filosófico, un ejercicio muy agobiante. Más allá de aceptar este reproche, creo que es mejor mostrar cómo, desde mi punto de vista, puedo proponer una forma de resolverlo o, por lo menos, trabajar en ello. La escritura y el lenguaje son importantes; y las habilidades para argumentar, debatir o reflexionar ayudan y son de mucha utilidad. Sin embargo, es insuficiente el lenguaje, aun en todos estos aspectos, si no está dirigido a mostrar que son posibles otras formas. Quiero proponer estas formas como un medio para suplir las carencias afectivas y psicosociales del encierro, que han provocado un daño significativo en las relaciones humanas.

La habilidad a trabajar: propongo que se trabaje el cuestionamiento a la realidad y a nosotros mismos por medio de la creación de un producto, tal y como si estuviésemos haciendo un trabajo grupal, como lo relatado del recuerdo de un sueño en el caso más arriba. Puede ser desde el mismo grupo familiar, o un grupo de estudiantes de curso, o cercanos en ciertas áreas afines. Lo que se busca es trabajar con los medios disponibles en el contexto actual del encierro. Los medios disponibles son de dos clases: uno vivo, y otro muerto u objetualizado, como los medios tecnológicos. No obstante, estamos obligados a aceptar que estos medios muertos pasan ahora a tener una vida propia. Debemos reconocer esta dialéctica en la forma de subsistir ambos medios, ya sea en referencia a esta catástrofe o a todas las catástrofes simultáneas que se suceden sin cesar en el capitalismo actual.

Mostrarme en mis sentimientos y anhelos más profundos implicaría comprometerme con el comienzo de mi enunciación; tendría que mostrarme y hacerlo si significa —como diría Enrique Lihn— «trabajar con la muerte» y con el peligro absoluto de revelar mis intenciones para que otros puedan tomar el control. Lo de «robarle unos cuantos secretos a la muerte», ¿sería el riesgo necesario para fracasar en grande? Está bien fracasar, pero no por ello es falso el camino que nos va mostrando ciertas tácticas para recorrerlo. Recuperar un lugar y una práctica olvidada, o más bien reprimida —tanto de forma externa como interna—. ¿Cómo recuperar al Internado Nacional Barros Arana? Salir, no de la represión externa existente, sino de aquella que nosotros mismos interiorizamos vanagloriando en más de una conversación entre los docentes «esa vanguardia de estudiantes que en el pasado eran así...». Consumidos por el pasado, no hemos hecho la labor docente de internarnos en nuestro presente, donde está amenazado el lugar que otrora fuera el bastión y buque navegante de una conciencia y práctica política que sustentó y creó el fruto del actual desperdicio de ella, como manzanas devueltas de una exportación ante el capricho de países consumidores, pero posibles gracias al esfuerzo de nuestros campesinos quemándose en el campo, quemando el fruto en la urbe despolitizada.

La primera imposibilidad para escribir siempre fue el perfeccionamiento; dejarse llevar por el trazo desordenado; no más plantas sin malezas, ni azoteas sin nido. No se puede escribir queriendo tocar el cielo; se inundan entonces los trazos a la desesperación.

33. El asalto a la historia

Se han encontrado los restos de uno de los tomos de la Historia general de Chile casi totalmente quemado. Un ejemplar muy antiguo, de una colección original. Se nos ha informado que esto fue descubierto el día siguiente —de la toma estudiantil— de la entrega de la Institución; en este caso nos referimos al Internado Nacional Barros Arana, durante este año 2022.

La Brigada Roja Imaginaria (BRI) ha solicitado se expliquen los hechos considerando una serie de observaciones que comentaremos a continuación; el autor no se hace responsable, ya que ha sido saboteado por una instancia mayor para redactar este escrito.

Se dice que hace tiempo el fantasma de Barros Arana se aparece y se muestra por una serie de sucesos extraños que ocurren en la Institución que lleva su nombre. La BRI sostiene que una persona con poderes especiales se ha comunicado con Diego Barros Arana, y que este le ha señalado que él provocó el incendio de su propio tomo, así como también sería responsable de sucesos extraños como cortes de energía, de internet, desapariciones de objetos o medios tecnológicos indispensables en la labor docente, y otros sucesos que no alcanzamos a considerar. Al preguntarle la razón de tan insólita conducta, el fantasma del colega ha respondido que necesita aclarar un error emprendido en su obra monumental. Es también un error que advierte Luis Vitale al señalar en su obra clásica *Interpretación marxista de la historia de Chile* que:

> Las limitaciones científicas de la arqueología de tiempo, condujeron a Barros Arana a sostener que en Chile existió un tipo uniforme de sociedad indígena, muy retrasada, cuyos escasos avances se debieron exclusivamente a los incas. Con posterioridad, los estudios de Tomás Guevara, Augusto Capdeville, Max Uhle y, fundamentalmente, Ricardo Latcham y sus discípulos, demostraron que, antes de la conquista incaica en Chile existieron culturas avanzadas que denominaron atacameña, chincha, diaguita.

¿Cómo no enmendar el error del colega historiador que creó, desde su rol como rector del Instituto Nacional, lo que hoy conocemos con el nombre tan habitual de pedagogía? Pero no solo eso, además fue responsable y comprometido en la labor de generar un nuevo programa nacional de educación que contemplara una enseñanza dirigida desde elementos laicos y no eclesiásticos; tuvo que pelear con la Iglesia católica para poder construir una enseñanza que extirpara los elementos eclesiásticos innecesarios que desmotivaban el aprendizaje o lo interrumpían.

Reproducimos el error del colega historiador en el Tomo I de la Historia general de Chile:

> Estas diferentes tribus no tienen apariencia alguna de gobierno ni jefe ninguno reconocido. Cada una de ellas, sin embargo, está rodeada de otras tribus hostiles. La principal causa de sus perpetuas guerras es la dificultad que experimentan para procurarse alimentos en aquella región formada de rocas salvajes, de colinas elevadas y estériles, de bosques inútiles, envueltos en espesas neblinas y agitados por incesantes tempestades.

Se puede encontrar en una buena cantidad de páginas la intención intelectual de quien se identifica con el conquistador y vencedor. A través de este enfoque, se lee toda una infravaloración que le permite, más adelante, desde este desprecio y juicio, encausar la violencia desde el marco de la inferioridad racial o bárbara en las acciones primitivas. Esto ocurre cuando se considera el aspecto guerrero de los pueblos originarios, en algunos de ellos más que en otros:

> En esos momentos, los españoles que se hallaban establecidos en Chile, pasaban por una situación sembrada de peligros. En los últimos días de 1548, los indios de Copiapó habían tomado nuevamente las armas, y atacando, probablemente de sorpresa, a los primeros soldados que salían del Cuzco con el capitán Esteban de Sosa, mataron a cuarenta de ellos. El levantamiento se hizo general en toda aquella región. Los indios de Coquimbo, cansados de las vejaciones que sufrían de los conquistadores, y comprendiendo que les esperaba una suerte igual a la de los indígenas de los valles del sur, es decir, la servidumbre y el trabajo forzado en los lavaderos de oro, imitaron el ejemplo de sus hermanos de Copiapó. Los pocos españoles que poblaban La Serena, vivían desprevenidos e ignorantes del levantamiento de los indígenas, cuando una noche vieron asaltadas sus habitaciones en medio de una espantosa gritería. La defensa fue imposible. La saña de los asaltantes era implacable: mataban a los

> hombres, a las mujeres y a los niños, así españoles como indios de servicio, y junto con ellos a los caballos y además animales domésticos que habían llevado los conquistadores. Enseguida, prendieron fuego a las habitaciones y las arrasaron hasta sus cimientos para no dejar ni vestigios de la naciente ciudad.

A pesar de tratar este relato como hechos verdaderos y reales, en la consecución de como avanza el texto, solo en la nota al pie de página, el colega historiador Barros Arana aclara:

> Las noticias que acerca de estos sucesos se encuentran en los documentos primitivos y en los antiguos cronistas, son vagas y contradictorias en los detalles, de tal suerte que no se pueden recoger más datos que los que aquí consignamos en el texto.

Se puede apreciar cómo cambia la posición del historiador después de haber hecho justicia con la posición antropológica más consecuente y radical relativa a la antigüedad de los habitantes de América. Diego Barros Arana limita todo su ímpetu, convicción y posición científica de desarrollar aún más la antropología y comprender los aspectos también sociales y culturales de nuestros pueblos originarios.

Nuestro colega se preguntaba cómo habrían sido los castigos que Francisco de Villagrán había aplicado a los indios rebeldes, de los cuales no quedaron registros, aunque sí una cita relativa a la orden del Cabildo en esta materia:

> Y así mismo, dice ese documento, le damos el dicho nuestro poder cumplido al dicho alguacil mayor para que pueda salir de esta ciudad siéndole mandado por nos, a tomar lengua de lo que hay en la tierra; y para ello pueda tomar cualquier indio de cualquier repartimiento, ahora sea de paz o de guerra, y lo atormentar y quemar para saber lo que conviene se sepa en lo tocante a la guerra, sin que de ello ahora ni en tiempo alguno se le pueda pedir ni tomar cuenta, por cuanto así conviene se haga al servicio de Dios nuestro señor,

y al bien y sustentación de esta tierra. («Cabildo de 13 de marzo de 1549», citado por Barros Arana)

Estamos agradecidos de Diego, ya que todos estos elementos recogidos permiten ahora ajusticiar la historia desde donde vuelven a emerger las amenazas que enfrentamos hoy. Los profesores de Chile nos hemos vuelto contra la misma labor, contra la libertad de enseñanza, al permitir que la educación sea controlada y dirigida por una universidad que representa ideales doctrinarios, eclesiásticos, no civiles y laicos; con la ilusión y la comodidad económica de ver crecer nuestros salarios, hemos sepultado todo ideal pedagógico en el corazón inbano más primigenio, más originario, donde se juntan en la historia dos concepciones primigenias y originarias respecto de la relación del hombre y la mujer con su comunidad: desde un ideal máximo de pedagogía, libre de toda doctrina religiosa y económica; y, por otro lado, desde un ideal máximo de aprehensión histórica del presente a partir de la revitalización de los estudios culturales, de la relación inseparable desde esta evocación entre la labor del historiador y el antropólogo. Debemos reconstruir nuestra cultura desde nuestra comunicación, comprender que no es solo la antiquísima habitabilidad de los «pueblos originarios». Nos quedamos con la siguiente frase, que no solo se reserva para las civilizaciones que dejaron los monumentos de piedra cuando señala: «los vestigios de una antiquísima civilización cuyo origen se pierde en la noche de los tiempos».

En nuestra conversación con el fantasma de las ruinas del INBA, se ha contentado con saber que la rebelión contra la Iglesia católica necesita, aún hoy en día, de toda su fuerza creativa, también desde toda la justicia en el corazón de la tierra, como un *kiñe küme wenüy*, como un guerrero que tiene consciencia de que lo más inhóspito en la relación con el impulso creador y destructivo de la naturaleza también es un desarrollo de una civilización superior, que no sucumbirá aún, porque no solo ha dejado piedras y ruinas, sino que ha recreado su espíritu para ofrecerlo a la historia, donde no existen los tiempos, ni un tiempo, sino expresiones y manifestaciones cíclicas del *Newen* o de la *Ñuke mapu*.

El comentario final a modo de postdata tendría que ser esta forma de preguntar en la conversación, que ya no lo es solo hacia nuestro colega, sino hacia los estudiantes, o sea, hacia todos nosotros: ¿no será el desprecio hacia los votantes del rechazo esta mezcla de superioridad intelectual o racional-cognitiva? ¿No vendrá de esta vieja forma histórica errada que se repite como la antesala de cuando se quiere comprender la barbarie, de esta conceptualización desactualizada, que sin duda se reproduce en la cultura dominante como un virus? La pregunta será importante para continuar esta buena excusa para la escritura, para el encuentro.

34. Un acercamiento a la hipnosis

Para empezar, antes de abordar con definiciones lo que es la hipnosis, es necesario referirnos a un marco de pensamiento o, en otras palabras, a los límites que distintas teorías o disciplinas han puesto sobre el campo de las relaciones y experiencias humanas. Esto quiere decir que los mismos límites de la experiencia humana nos colocan frente a la determinación de no aceptar un cuerpo teórico —más allá de que este cuerpo pueda estar apoyado por la evidencia científica—, puesto que, de lo contrario, la aceptación siempre conlleva un afán dogmático de querer pagar tributos a una supuesta verdad encontrada.

Estas razones o principios preliminares no buscan desacreditar un cuerpo de conocimiento o una verdad de lo que sería la hipnosis; más bien, se dirigen como una guía en nuestra experiencia para proponer una mirada que permita que las contradicciones que surjan no nublen o cieguen nuestra vista, sino que la fortalezcan en medio de una competencia descarnada en la que podemos comprobar que, en la sociedad actual, importa más ofrecer fórmulas envasadas y listas para el consumo masivo que nutrir diversas vías posibles para llegar a una experiencia que es común a todas las personas. En lo que sigue, abordaremos estas diversas vías y especificaremos las contradicciones que pueden nublar nuestro campo de experiencia en el conocimiento de la hipnosis, así como los resultados a los que se pueda llegar tras una reflexión final.

Al examinar dos fuentes recurrentes en las búsquedas de información masiva —como internet en este caso—, opté por usar la que considero y abordaré como una primera aproximación a este acercamiento a la hipnosis; me refiero a la conocida Real Academia Española (RAE), que señala:

> 'Estado de sueño artificial producido por hipnotismo': «Los agentes pueden recordar, bajo la hipnosis, detalles que creen haber borrado de su mente» (País [Esp.] 4.8.77). No debe confundirse con *hipnotismo* ('método para provocar sueño artificial'; → hipnotismo): «Había seguido un curso de hipnosis por correspondencia» (Hoy [Chile] 1723.7.84).

En este caso, el abordaje utilizado por el *Diccionario panhispánico de dudas* (DPD) de la RAE es bastante claro en delimitar la definición del término *hipnosis*, en minúscula, asociando una definición como 'estado de sueño artificial' a 'producido por hipnotismo'; además, especifica la advertencia de que «no debe confundirse con *hipnotismo* ('método para provocar sueño artificial')». Es esta asociación la que nos provoca una primera reflexión, ya que el elemento asociativo y preponderante del método en la producción nos revela ya una tendencia a separar la hipnosis de su método, replegado en el término hipnotismo.

Además de la tendencia actual como una necesidad cada vez más creciente de comercializar este método en referencia al hipnotismo, es importante no dejarse llevar, en esta aproximación, por la corriente más actual de su uso ya señalado, sino llegar por una vía más natural o cercana con una experiencia cotidiana. Esto se puede producir si nos concentramos en el primer enunciado de la definición: 'estado de sueño artificial'. Además, en concordancia con la segunda fuente elegida en nuestra búsqueda, etimologias.dechile.net, es importante rastrear la raíz etimológica de la palabra.

Desde esta otra aproximación, también cobra relevancia el término griego *hypnos*, usado indistintamente como 'dormir' y 'soñar', que hace referencia al dios griego del mismo nombre, responsable de la función del sueño, lo que se puede reflejar a su vez con el sufijo osis, que significa 'impulso' y 'conversión'.

Ya sea que se hable de un agente externo divino o mortal que lo produzca, o del propio sujeto que llegue a tal estado de sueño o adormecimiento, es importante destacar que, en este caso, al retroceder en el tiempo respecto de su significado más original, es esta segunda aproximación la que nos permite entender mejor la experiencia cuando se habla de hipnosis.

En consecuencia, este acercamiento a la hipnosis tiene que producir un movimiento desde su estado natural, en ciertas experiencias cotidianas, al estado artificial, donde cobran relevancia no solo el método, sino los agentes externos que tienen una función preponderante. De esta manera, si consideramos una experiencia cotidiana en la que un agente externo materializado en una sustancia —fármaco, brebaje u otra droga ingresada al organismo— produce el mismo efecto que un agente hipnotizador, o que a su vez el mismo efecto pueda ser producido cuando se experimenta un estado profundo de meditación, ya se puede hablar de una interrelación de las experiencias que llevan a un mismo resultado. Y en este último caso, se sabe que el médico francés Samuel Sagan introdujo las técnicas IST cuando, desde fuera de la medicina occidental, su desarrollado trabajo con la meditación lo llevó a estudiar mucho más a fondo la tradición hindú en una tesis doctoral sobre los chakras (Clairvision School Limited).

La interrelación de las diversas experiencias mencionadas como una tercera aproximación nos permite comprender mejor la influencia multicultural de distintas tradiciones religiosas; e incluso se puede reconocer una complementariedad en el uso de los agentes externos que intervienen, como lo sería el caso de las tradiciones chamánicas, que integran el trance o viaje por medio de la relación entre el maestro, el discípulo y la planta alucinógena como droga ingerida para facilitar el trance. Desde una tradición más indoeuropea y oriental, también se utilizan drogas que facilitan lograr estados de relajación cada vez más profundos o intensos, como lo demuestra el uso del hachís.

En este punto, me apoyo de las reflexiones filosóficas que Walter Benjamin realiza respecto a este tema en *Sobre el hachís*, donde, después de describir sus experiencias inmediatas, señala:

> Es sabido que si se cierran los ojos y se presiona ligeramente sobre ellos, aparecen figuras ornamentales sobre cuya forma no se tiene influencia. Las arquitecturas y constelaciones espaciales que uno ve delante de sí en el hachís tienen su origen en algo relacionado

> con eso. Cuándo y con qué formas surgen es en principio algo involuntario; aparecen de forma inesperada y relampagueante. Luego, una vez que están ahí, llega la imaginación más conscientemente lúdica, que puede tratarles con cierta libertad.

Todas estas referencias mencionadas, incluyendo esta última, posibilitan una experiencia de relajo, y eso es condición fundamental para producir una quietud de la mente. No se trata solo de una sugestión autoproducida de la creencia, sino de un trabajo continuo en la complementación de diversas prácticas y técnicas.

Por lo tanto, para finalizar y poder extraer de este breve acercamiento una reflexión que nos sirva a posteriori en la experiencia, en nuestro trabajo natural de práctica y producción de estados de conciencia cada vez más profundos, más reconectados con una fuente que nos permita redimensionarnos en distintas esferas o realidades temporales, se hará cada vez más real y comprensible que los estados hipnóticos más profundos no dependen solo de la efectividad del agente externo, sino también de los estados logrados en la experiencia individual.

35. Hacia la construcción de una terapia emocional

Para comenzar, aclararé mi posicionamiento ante la distinción de lo biológico y lo psicológico, ya sea en el terreno de una reconstrucción de las emociones o en la influencia hacia ambas. En este sentido, de acuerdo con mi experiencia, todas las definiciones o delimitaciones propias entre uno y otro campo, o en su concatenamiento recíproco, nos resultan insuficientes; o, en otras palabras, aún todas las distinciones logradas en este terreno no son más que determinaciones limitadas del pensamiento que busca comprenderse en la totalidad de sus creaciones científicas. Sin embargo, pese a esta aclaración, es importante ofrecer una explicación de cómo cada área (biológica y/o psicológica) puede comprenderse en mi propio recorrido terapéutico, influenciado también por autores que he mencionado en trabajos precedentes.

Desde un punto de vista biológico, las emociones configuran cada parte de nuestro cuerpo, pero además son un regulador de las situaciones límites o de peligro. En esta correspondencia con nuestra animalidad como seres mamíferos, la protección ante el peligro juega una importancia decisiva en la regulación de la emoción del miedo y la angustia. No se trata de entender de forma ciega y lógica una primacía de lo biológico o lo psicológico en este punto, sino de abrirse paso a la suspensión que se produce de las dos cuando nos enfrentamos a una situación determinada, como en este ejemplo mostrado del peligro. Podría decirse en este punto que lo biológico permite esta marcación de la emoción en nuestro cuerpo o en nuestra animalidad más profunda, que subyace en la forma civilizada o humanizada de vernos. Y lo psicológico sería esta memoria marcada por las emociones en nuestro comportamiento individual y social, donde más debe regularse este resto mamífero indeseado por esta sociedad civilizadamente deshumanizada o, más bien, parasitariamente civilizada.

Respecto a las críticas de moda con relación al psicoanálisis, que se concentran casi de manera exclusiva en la importancia utilitarista del tiempo en un afán enceguecido por controlar con eficiencia la duración de la terapia, siendo que de forma trágica nuestra misma sociedad deshumanizada nos ha quitado el tiempo en una proporción tan grande, considero que dicha preocupación resulta un mal chiste en las condiciones actuales o, más bien, algo que en esta época catastrófica no debiera preocuparnos.

Como decía, pese a las críticas en las salidas terapéuticas del psicoanálisis en la actualidad, sin esta herramienta ni siquiera podríamos hoy entender cómo es que las emociones más fundamentales o más básicas marcan una memoria que, más allá de su permeabilidad, sobrepasa cualquier delimitación biológica de nuestras enfermedades o de nuestras afecciones más profundas cuando entran en conflicto. En la angustia, donde se condensan el miedo y la tristeza, el psicoanálisis ve la señal para comprender los síntomas actuales de los pacientes, como lo señala Lacan en *Seminario 10*: La angustia:

> Pero hoy no quiero abandonar el primer nivel, el nivel llamado oral, sin indicar claramente que allí la angustia ya aparece, antes de toda articulación en cuanto tal de la demanda del Otro. Singularmente, esta manifestación de la angustia coincide con la

> emergencia misma en el mundo de aquel que será el sujeto. Esta manifestación es el grito (...).
>
> La angustia fue elegida por Freud como señal de algo. Este algo, ¿no debemos reconocer aquí su rasgo esencial, en la intrusión radical de algo tan Otro para el ser vivo humano como constituye ya para él el hecho de pasar a la atmósfera, de modo que al salir a ese mundo donde debe respirar, de entrada, literalmente, se ahoga, se sofoca?

Aquí, por medio de la emoción de la angustia, podemos comprender cómo se entrecruzan en las primeras experiencias de vida lo biológico y lo psicológico; de hecho, estas primeras emociones serán claves para articular cualquier deseo posterior en la experiencia del sujeto.

De acuerdo con lo que afirma Claudio Reyes Diáz (1963) en su libro *Sanar es perdonarse*, «existen tres emociones que gatillan y agudizan nuestro desequilibrio emocional: ira, tristeza y miedo».

Para relacionar estas dos formas de abordar las emociones desde distintos campos teóricos, nos encontramos con la dificultad de lo enmascarada que se encuentran en nuestra experiencia cotidiana; en más de una ocasión hemos podido comprobar que, en nuestros estados angustiantes, ya está contenida una cierta cantidad de tristeza, miedo y ansiedad hacia el presente. De tal manera que estamos inclinados de forma ineludible a sostener que el trabajo con nuestras emociones desde el presente, desde una terapia emocional, no puede estar dirigido solo a determinar la naturaleza o el origen de ellas; ya sea que estas se quieran significar como positivas o negativas, la experiencia demuestra que es posible transformar, transmutar o canalizar una emoción negativa en una positiva:

> ¿Qué sucede cuando transformamos nuestras emociones?
>
> La intolerancia, el perfeccionismo, la agresividad... crean un efecto de recalentamiento en nuestro cerebro. Cuando se colapsa emocionalmente nuestro cerebro, hay una inversión magnética y nos desorientamos. Si somos rígidos y vivimos de memoria, caemos en la rutina. Las emociones pueden producir dependencia o

> liberación. Para romper esa inercia, la clave es moverse, conmoverse desde nuestro centro: el corazón. (Recurso audiovisual 3: Las emociones. Diplomado de Hipnosis)

Si me permito introducir una de las principales enfermedades del siglo XX, como lo es el cáncer, y dejamos abierto el planteamiento de poder terapéutico sin determinarlo solo por el diagnóstico terminal de la medicina y su carácter biológico, destaco la siguiente cita de *El gran diccionario de las dolencias y enfermedades*:

> Se desarrollan células anormales cancerosas y, al no reaccionar el sistema inmunitario frente a estas células, proliferan rápidamente. Los seres humanos frecuentemente tienen células precancerosas en el organismo pero el sistema inmunitario, es decir el sistema de defensa natural de nuestro cuerpo, se encarga de ellas antes que se vuelvan cancerosas (...). Cuando estas células invaden ciertas partes del cuerpo, se habla de cáncer generalizado. Parecería que existe poca o ninguna evidencia de esta hipótesis de células cancerosas transportándose de un lugar a otro. Más bien podría tratarse del hecho que el primer cáncer, que procedía de un conflicto, haya llevado a la manifestación y a la puesta en evidencia de otro conflicto que provoca otro cáncer y así sucesivamente. El cáncer está principalmente ligado a emociones inhibidas, profundo resentimiento, y a veces muy viejo, con relación a algo o una situación que me perturba aún hoy y frente a la cual nunca me atreví a expresar mis sentimientos profundos.

Lo extenso de la cita pretende dar cuenta de lo indeterminado aún por la ciencia médica en relación con la rapidez de la proliferación y el recorrido de las células cancerosas; y, además, destacar el meollo central de la inhibición de las emociones y sentimientos que terminan por causar una especie de envenenamiento celular. Incluso en un desarrollo mucho más extenso que el párrafo acá reproducido, se aborda la lenta agonía de esta inhibición, que termina siendo una autodestrucción o suicidio disfrazado.

Pienso que en este punto radica la importancia central de la terapia hipnótica en la actualidad, porque es crucial poder anticipar este ciclo repetitivo y agónico en la autodestrucción suicida de esta enfermedad, lo que nos recuerda de inmediato los mismos rasgos autoagresivos que existen en la depresión.

He podido seguir este cruce que se produce entre dos terapias diversas, por no decir opuestas, como en este caso la hipnoterapia clínica seguida por Claudio Reyes y El experiencialismo ateórico seguido por Claudio Naranjo; por lo tanto, finalizo destacando la apertura de vivir ciertos estados emocionales y/o conductuales, imaginativos o reales.

En el primer caso, Claudio Reyes señala:

> La emoción negativa tiene que vivirse, y a diferencia de la regresión a la vida intrauterina, donde nos distanciamos de las emociones negativas de la madre (...), lo importante del estado hipnótico es liberar la emoción, aunque esto implique una suspensión de la ética, ya sea que la imaginación se conjuga con la solución emocional por medio de la violencia, o de cualquier forma que al paciente le permita enfrentar la situación sin huir.

De manera similar, desde la terapia experiencialista, Claudio Naranjo afirma:

> En esta instancia, el rol del terapeuta es, en cierta medida, el de una partera que está ayudando a poner en expresión lo que de otra manera se hubiese dejado sin expresar. En otras situaciones quizás pueda dar saltos más grandes: puede que le solicite a un «niño bueno» complaciente que exprese ira, puede que conduzca a un tipo Superman a que pida ayuda, o a un intelectual arrogante que repita la frase «No lo sé». En muchas oportunidades como estas, estará actuando basado en su intuición del «asesino» que hay en el «niño bueno», la inseguridad en el sabelotodo, o la necesidad de afecto del Superman.

En mi experiencia personal, he seguido la terapia psicoanalítica porque he querido investigar lo recubierto de la emoción y el sentimiento angustiante en lo que concierne a las primeras experiencias de vida, como la sensación de mis miedos cuando los he experimentado. Pese a que no basta solo esta investigación, la importancia de la respiración me permitió trabajar desde distintos frentes una terapia propia para salir de forma más eficaz de mis estados angustiantes. Estos aspectos concretos se reducen sobre todo a la meditación y a la expresión musical.

En síntesis, sin este recorrido, y en la importancia de entender las implicancias experienciales de la hipnoterapia, estoy convencido de que esta necesita cada vez de mecanismos más naturales para producir un trabajo propio del paciente que apunte a ejecutar o vivenciar sus emociones en el aquí y el ahora.

36. El capitán Barbablanca

El capitán Barbablanca inicia su viaje desafiando el objetivo común de la piratería: va más allá de la búsqueda de objetos preciosos y tesoros; sorprende a su tripulación cuando comparte con ellos su sueño más profundo, que es construir una familia. Se puede comenzar a apreciar esta serie de animé titulada *One piece* no solo por la temática que enfrenta a la nueva era de la piratería con la vieja, en la confrontación de los piratas que incrementan su fuerza y su poder, sino también por cómo se relacionan con el gobierno mundial y la marina para beneficiarse o para reducir el poder de otros piratas. Este hilo conductor en la lucha por el poder es lo que permite comprender dos conceptos que Carl Schmitt pone en juego para asimilar la pareja conceptual de «amigo» y «enemigo». Solo hacemos esta referencia para analizar cómo el poder está intrincado: la dialéctica requiere aceptar esta relación entre amigo y enemigo. Retomaremos este punto para abordarlo con más ejemplos y problematizar sus consecuencias.

Volviendo al capitán Barbablanca y a la construcción que la serie hace de cada personaje en manos de Eiichirō Oda, lo que más se destaca desde esta reconstrucción filosófica es la permanente capacidad para enfrentar la puesta máxima de la inmanencia sin perder la trascendencia de las acciones. De esta manera, no hacemos nada nuevo en nuestros comentarios filosóficos, sino que volvemos a poner el acento en estos conceptos que ya hemos abordado en escritos anteriores, ahora arrojando luz sobre ellos en la medida que se despliegan en los personajes. La enseñanza de conceptos filosóficos cobra mayor relevancia desde este mundo ficcional y real a la vez.

Podemos situar al capitán Barbablanca como el personaje que permite esta conjunción conceptual, porque este despliegue en la historia también crea un puente que une a la vieja generación con la nueva, así como establece la conexión entre el poder regular del gobierno mundial y el poder irregular de la piratería. ¿Qué es lo que hace tan fuerte a la flota del Moby Dick y a toda la tripulación de los piratas de Barbablanca? ¿Existe un secreto que permita comprender el poder al que llega su tripulación, que a su vez convierte en emperador del mar al famoso capitán Edward Newgate?

Estas preguntas no son inocentes si se quiere creer que lo que está en juego es solo la personalidad de Edward en la consecución de su sueño. Sin embargo, la inocencia es lo que permite comprender mejor estas preguntas. Barbablanca es el único de los piratas que trata a toda su tripulación como a sus hijos. E incluso va más allá y está dispuesto a perdonar de inmediato la traición de uno de sus tripulantes (Squard, quien es manipulado y convencido por el poder regular; en concreto, por el almirante de la marina Akainu) cuando lo apuñala en el intento por salvar de la ejecución pública al comandante de la segunda división «Puño de Fuego Ace».

Antes de volver a la importancia de la figura de Barbablanca, haremos un gran paréntesis preliminar respecto a la dialéctica. Más allá de la intención del autor de querer abordar este método filosófico —si es que se puede hablar de método—, es importante destacar que no se trata solo de una oposición conceptual entre la pareja schmittiana de amigo y enemigo, o entre izquierda y derecha en términos del movimiento de las ideologías políticas. La diferencia ideológica en el ámbito del discurso puede encontrarse en alguien que defienda una corriente izquierdista o derechista en cierto ámbito de principios o valores; sin embargo, en las acciones, en lo que está más acá del discurso, en la práctica real, no hay diferenciación frente a determinados tópicos que, por lo general, cruzan aspectos económicos, políticos y culturales.

Por ejemplo, en Chile, frente al tema de seguridad e inmigración, existe una acción transversal y discursiva que consiste en relacionar una con otra de tal manera que exista una relación causal, ya sea que se quiera acentuar la consecuencia en el discurso político al hablar de seguridad, como lo hace Claudio Orrego (DC), o, desde otra corriente, acentuar el problema inmigratorio como responsable de esta. Ya sabemos las especulaciones que se crean con base en si cierto grupo que ha entrado al país es una organización criminal, etc.

Entonces, un análisis desde un materialismo dialéctico sí que quiere preservar el método: no bastará con saber determinadas diferencias ideológicas de uno u otro movimiento o partido, sino de qué manera dos o más de ellos coinciden en sus acciones para «hacer como si fuéramos democráticos» u otras frases de esta índole. La dialéctica no consiste en perpetuar la diferencia real entre ideologías y grupos políticos diversos, sino en saber apreciar y aceptar cómo, a pesar de las diferencias, se encuentran en las acciones cuando se apaga el aparataje discursivo de los medios de comunicación o redes sociales.

En el texto *Teoría del guerrillero* o *Teoría del partisano*, Schmitt pretende acentuar esta diferencia conceptual en la que el enemigo parece diluirse en la regularidad o irregularidad de los poderes que se confrontan. De esta manera, más allá de lo acertado del análisis, lo cierto es que la introducción de la guerrilla como contraparte de un poder regular necesitaría siempre una comunicación y un acuerdo; de esta manera, lo irregular mantiene una conexión con lo regular. Un ejemplo de lo anterior se comprende mejor si mencionamos las guerrillas de las FARC, en Colombia: mientras más se mantuvieron al margen de un poder político institucional y regular, más se evidenció su posibilidad de sobrevivir mediante un acuerdo con el poder regular; no obstante, en la medida que este acuerdo se hizo actual para los combatientes, también se hizo palpable la posibilidad de la absorción casi total del poder irregular de esta hasta el copamiento total con el advenimiento de la organización hacia un partido político. ¿Qué lección política nos deja Schmitt con esta distinción? De nuevo, la respuesta no está en la diferencia, sino en la absorción de lo irregular por lo regular.

Aun así, la respuesta anterior nos deja insatisfechos. Lo irregular para el poder regular de los partidos y fuerzas políticas —el *establishment*— consiste en que el verdadero enemigo no es la fuerza política disidente —sea minoritaria, marginada o excluida— de una orgánica constitucional. La alarma de incendio y el peligro está en las personas que, sin una orgánica o fuerza partidaria, provocan el momento de júbilo, asfixia, o el rompimiento total con la generalidad que se establece como ley; fenómeno redivivo de la fuerza mesiánica, que no apuntaba solo a respetar la ley máxima de Moisés, sino también a la confrontación individual con el resto de universalidad asfixiante del momento presente como realidad mesiánica.

Esta realidad mesiánica es la que muestra de manera tan gráfica el capitán Barbablanca al no querer disputar el falso poder que se podría obtener como resultado de ser el «rey de los piratas». Enfrenta la inmortalidad no desde la falsa sensación del triunfo y la seguridad del poder de las frutas del diablo, sino que, a pesar del gran poder obtenido por ellas, se permite morir sin ocultar ni proteger su cuerpo de la enfermedad que lo aqueja. Más bien, abriéndonos paso, nos deja la lección de que la muerte del espíritu es mucho más terrible que la muerte del cuerpo, porque la primera viaja a través del tiempo; en cambio, la segunda es solo la participación esclavizada de quien ha renunciado a la verdadera libertad. ¿Será este secreto del hermetismo fruto de una lectura avanzada y una interrogante que nos deja el autor para permitir esta pausa importante y polémica a la vez de esta serie de animé?

Al respecto, en *El Kybalión* se afirma lo siguiente:

> La muerte no es real, ni aun en el sentido relativo: es más bien nacer en una vida nueva, y ascendemos y seguiremos ascendiendo a planos de vida cada vez más elevados, durante años luz. El universo es nuestra casa, nuestro hogar, podemos explorarlo hasta sus más lejanos confines, antes del fin de los tiempos. Estamos en la mente del todo y nuestras posibilidades y oportunidades son infinitas, lo mismo en el tiempo que en el espacio. Y al fin del gran ciclo de eones, cuando el todo reabsorba sus creaciones en sí mismo, marcharemos alegremente porque entonces seremos capaces de comprender la verdad toda de ser Uno con el Todo. Esto es lo que afirman los iluminados, esos que han avanzado tanto en el sendero de

> la realización. Y, mientras, estemos tranquilos y serenos; estamos seguros y protegidos por el Poder Infinito del Padre-Madre Mente. [«En la Mente del Padre-Madre, los hijos están en su hogar. No hay nadie que no tenga padre y madre en el Universo»].

Algo que revele, en definitiva, una verdad que no está en el origen o el desarrollo del lenguaje ni en el ámbito del discurso, sino en el trabajo y el camino que ha recorrido el capitán Barbablanca para preservar dentro de sí el poder infinito del Padre-Madre Mente, ya que es él quien se ha convertido en Padre-Madre Mente, tanto si lo mencionamos como un «líder» o como un «padre». En sus acciones, este amor que protege, y a la vez permite la libertad, se retraduce en la misma fuerza que transmite su poder, que se representa en la dominación de los elementos naturales. Sin embargo, en este alcance interpretativo, este camino del «iniciado» también significa para ciertas corrientes, desde la consideración energética, el hecho de que, solo siendo avaro con la energía vital, se puede uno convertir en el poder infinito del Padre-Madre Mente. Esto se debe a que, de esa forma, se canaliza nuestra energía para que ascienda a su vez por el camino de la serpiente y no caiga, en la mayoría de los casos, en el descenso producto del derrame de la energía vital (energía sexual).

No estamos aquí delimitando una verdad, sino haciendo un esfuerzo por lograr una comprensión tanto en el ámbito de la acción como en el de la teoría. El psicoanálisis —desde la influencia de Freud y Lacan— también apuesta a la verdad como algo opuesto al discurso; o, mejor dicho, la verdad se encuentra en el lugar de la producción, y no en el del discurso, lo que nos revela la importancia del goce. Se acepta, sin embargo, esta pérdida de la energía porque, gracias a este desbalance, el sujeto logra sostener su realidad fragmentada o dividida.

Entonces, el capitán Barbablanca ha atravesado el fantasma de su propio goce —si lo ponemos en términos psicoanalíticos— y también su propia muerte, aceptando que el sacrificio no significa no poder gozar de la vida, sino que ha comprendido que el amor, esta caída mesiánica en el otro, es el goce máximo de la vida. Nunca abandona el sitial de todo «padre», que retiene el amor a todos sus hijos porque acepta que ir en la búsqueda de uno de ellos significa también la necesidad de su propia muerte.

37. Sobre uso de citas, notas al pie e influencias

Podría dejarse pasar esa primera cita, aunque mejor dejar en un último escrito el comentario que debiera ir al principio. De la justicia mítica de esa presencia de Arturo Pratt como un ente de representatividad en una nostalgia expresada más como ironía. Y también puede corresponder con ese anhelo de representación mítica, como lo señalaba el profesor de Historia Claudio Díaz.

En este caso particular, nuestra escritura no quiere ser ordenada, en una correspondencia siempre con el pie de página o con las citas, textuales y compaginadas, de todos los escritos que pudieran registrarse.

No es una justificación para el plagio, o la copia que quisiera pasar por ser el original; toda escritura es ya una apropiación del contexto espacio-temporal, de la línea sobre la que pasan innumerables menciones. En otras palabras, sucede que un autor, más allá de lo leída que fuese su obra, se vuelve un centro de referencia para todos los autores que directa o indirectamente tratan con él. El autor de referencia primera pasa a un segundo plano cuando son otros autores los que se traducen como los comentaristas más mencionados, cuando gran parte de la escritura hace referencia con el primero.

Tampoco es una cuestión de estilo: se puede comprobar que, incluso en esta bitácora, que reúne distintos escritos, las citas son directas e indirectas. No nos sentimos justificados, ni obligados a corresponder con todas las citas; no somos tan pretenciosos y deshonestos para corresponder con el Todo. De esa manera, tampoco se encontrarán notas al pie de página, salvo que se quiera mostrar parte de una cita particular, como se evidencia en el recorrido realizado al final de esta obra.

La cuestión en la manera de cómo justificar todo el conocimiento, nuestro discurso, nuestra palabra escrita, más allá de su grado argumentativo y tributario de todos los autores, comentaristas o no de otros, relacionados o no con otros. Aquí existe una tensión filosófica mínima en la apuesta de no corresponder con las normas APA; también es una tensión que se produce en la misma automatización escritural de los sistemas de información digitales. En el caso de Word, esta misma preocupación por el resguardo en los derechos del autor se consignará en la identificación escritural cuando se esté mencionando algún párrafo, o una frase del autor, sin utilizarlo como cita. El programa se está diseñando ya para hacerlo por defecto, y así evitar las intenciones de plagio o copia.

La escritura filosófica también esconde siempre una cita mientras más se propone dejar el registro de todas ellas y más se obliga a citar. La articulación de la cita en los escritos ensayísticos o de investigación —*papers*—, en la práctica, es una regulación del mercado para limitar el mismo impacto que tienen los establecimientos de educación superior: los mantiene a raya para que la producción esté equiparada con sus intereses. A pesar de que esta práctica siempre determina las condiciones materiales para producir escritos, desde muchos departamentos universitarios se ha producido también una adecuación a ella. Sin embargo, esta subyugación del conocimiento desde instituciones formales de enseñanza (universidades, institutos profesionales y centros de formación técnica) a las instituciones de mercado, produce —más que una simulación del conocimiento, como lo señala Baudrillard— una obsolescencia en la actualización del conocimiento, ya que no es posible que la universidad vaya a la misma velocidad del mercado y pueda competir estando dentro de su campo.

La mejor manera de hacer justicia en esta bibliografía es hacerla más personalizada en un recorrido de citas, en el sentido de que es este recorrido que en la lectura se interpone o se sigue en la elección de los autores. Es una forma distinta de bibliografía: obedece a un trabajo de transcripción más que a ciertas consideraciones en relación al año de edición de estas obras, o de sus impresiones o reimpresiones por parte de las editoriales, porque lo que más importa es tener este punto de vista que permita pasar de un autor a otro, de un área a otra, sin perder por ello la vista también en la totalidad.

38. 0 Recorrido de citas

Para esta experiencia e influencia hegeliana en sus consecuentes proyecciones, desde donde no puedo negar esta influencia, porque el saber como ciencia sí puede corresponder con la experiencia que se manifiesta. Desde aquí también como buen hegeliano —se ha seguido la recepción lacaniana de su enseñanza— que enfrenta al filósofo alemán en el más acá del deseo que se produce en la experiencia de la conciencia como autoconciencia, como otra conciencia puesta como objeto. La división, que se produce en la experiencia, en todos sus momentos, nos conduce en esta correspondencia como una forma de citar el recorrido que se ha iniciado no solo recortando más de un autor, sino haciéndolo desde la orden que la transcripción continua nos comanda; desde esa relación que Benjamin propone de tal actividad con los enigmas chinos.

En este caso, el resultado de todo ese recorte y transcripción es la producción de este collage en donde Lacan analiza la función y la necesidad del docente enfrentado a su propia enseñanza. Es también un cruce máximo de la dialéctica, desde su desarrollo, desde el movimiento que irá desde Hegel, Kierkegaard, Marx, Lacan, Benjamin y otros, desde este desenvolvimiento del Espíritu, de lo absoluto, hasta donde puede realizarse esta misma experiencia del filósofo desde un camino totalmente opuesto al de la especulación filosófica, pero no por ello distinto en la constelación que seguimos de todo el aparataje conceptual que pueda proyectarse. En la lectura de las enseñanzas de don Juan, de Carlos Castañeda, existe también el ideal de corresponder con el espíritu; el chamanismo como puesta de la libertad en el camino del conocimiento, el movimiento que se logra solo con el trabajo incesante de la experiencia del guerrero para emprender el viaje de retorno al espíritu.

Por último, es también un movimiento donde no solo reina la especulación y el análisis en el dominio de una experiencia filosófica, sino también la expresionalidad literaria y poética, que está mostrada en el camino, en un recorrido que siempre llega después, una vez que se ha iniciado la consecución de un deseo, y eso deja abierta la puerta secreta que no será revelada. Si existe algo cierto en la enseñanza del chamanismo declarada en todos los relatos de don Juan es que el acecho, en su máxima realización por medio del intento, deja al resguardo la intención última que persigue todo el trabajo: o desde la base donde se creó, como algo que en una primera instancia es otra cosa; o como el acto mágico supremo de realizar el fin último, como si las acciones y nuestro discurso tendieran a otra cosa. Aquella pieza que ha sido cambiada y movida de lugar reemplazándola por otra.

Fin

Explicación de la parábola del sembrador: fragmento Evangelio según San Marcos (textos bíblicos)

Y les dice: «¿No entendéis esta parábola? ¿Cómo entonces, comprenderéis todas las parábolas? El sembrador siembra la palabra. Los que están a lo largo del camino donde se siembra la palabra son aquellos que en cuanto la oyen, viene Satanás y se lleva la palabra sembrada en ellos. De igual modo, los sembrados en terreno pedregoso son los que, al oír la palabra, al punto la reciben con alegría, pero no tienen raíz en sí mismos, sino que son inconstantes; y en cuanto se presenta una tribulación o persecución por causa de la palabra, sucumben enseguida. Y otros son los sembrados entre los abrojos; son los que han oído la palabra, pero las preocupaciones del mundo, la seducción de las riquezas y las demás concupiscencias les invaden y ahogan la palabra, y queda sin fruto. Y los sembrados en tierra buena son aquellos que oyen la palabra, la acogen y dan fruto; unos treinta, otros sesenta, otros ciento».

Génesis (textos bíblicos)

En el principio creó Dios los cielos y la tierra, Y la tierra estaba desordenada y vacía, y las tinieblas estaban sobre la faz del abismo, y el Espíritu de Dios se movía sobre la faz de las aguas. Y dijo Dios: Haya luz, y hubo luz. Y vio Dios que la luz era buena, y separó Dios la luz de las tinieblas.

Y llamó Dios a la luz Día, y a las tinieblas llamó Noche. Y fue la tarde y la mañana el día primero.

Y dijo Dios: Haya un firmamento en medio de las aguas, y separe aquel las aguas de las aguas.

E hizo Dios el firmamento, y separó las aguas que estaban debajo del firmamento de las aguas que estaban sobre el firmamento. Y fue así.

Y llamó Dios al firmamento Cielos. Y fue la tarde y la mañana el día segundo.

Y dijo Dios: Júntense las aguas que están debajo de los cielos en un lugar, y descúbrase lo seco. Y fue así.

Y llamó Dios a lo seco tierra, y a la reunión de las aguas llamó Mares. Y vio Dios que era bueno.

Y dijo Dios: Produzca la tierra hierba verde, hierba que dé semilla; árbol que dé fruto según su especie, que su semilla esté en él, sobre la tierra. Y fue así.

Y produjo la tierra hierba verde, hierba que da semilla según su naturaleza, y árbol que da fruto, cuya semilla está en él, según su especie. Y vio Dios que era bueno.

Y fue la tarde y la mañana el día tercero.

Y dijo Dios: Haya lumbreras en el firmamento de los cielos para separar el día de la noche; y sean por señales, y para las estaciones, y para los días y para los años; y sean por lumbreras en el firmamento de los cielos para alumbrar sobre la tierra. Y fue así.

E hizo Dios las dos grandes lumbreras: la lumbrera mayor para que señorease en el día, y la lumbrera menor para que señorease en la noche; hizo también las estrellas.

Y las puso Dios en el firmamento de los cielos para alumbrar sobre la tierra, y para señorear en el día y en la noche y para separar la luz de las tinieblas. Y vio Dios que era bueno.

Y fue la tarde y la mañana el día cuarto. (...)

Y dijo Dios: Hagamos al hombre a nuestra imagen, conforme a nuestra semejanza; y tenga dominio sobre los peces del mar, y sobre las aves de los cielos, y sobre las bestias, y sobre toda la tierra y sobre todo animal que se arrastra sobre la tierra.

Y creó Dios al hombre a su imagen; a imagen de Dios lo creó; varón y hembra los creó.

Y los bendijo Dios y les dijo Dios: Fructificad y multiplicaos; y henchid la tierra y sojuzgadla; y tened dominio sobre los peces del mar, y sobre las aves de los cielos y sobre todas las bestias que se mueven sobre la tierra.

Y dijo Dios: He aquí que os he dado toda hierba que da semilla que está sobre la faz de la tierra; y todo árbol en que hay fruto de árbol que da semilla os será para comer.

Y a toda bestia de la tierra, y a todas las aves de los cielos y a todo lo que se arrastra sobre la tierra, en que hay vida, toda hierba verde les será para comer. Y fue así.

Y vio Dios todo lo que había hecho, y he aquí que era bueno en gran manera. Y fue la tarde y la mañana el sexto día.

Salmos (textos bíblicos)

Salmo 91 (90): Bajo las alas divinas
El que habita al amparo de Elyón
y mora a la sombra de Shaddai,
diga a Yahvé: «Refugio, baluarte mío,
mi Dios, en quien confío».
Pues él te libra de la red del cazador,
de la peste funesta;
con sus plumas te protege,
bajo sus alas hallas refugio:
escudo y armadura es su fidelidad.
No temerás el terror de la noche;
ni la peste que avanza en tinieblas,
ni el azote que devasta a mediodía.
Aunque caigan mil a tu lado
y diez mil a tu derecha,
a ti no re alcanzará.
Basta con que fijes tu mirada,
verás la paga de los malvados,
tú que dices: «Yahvé es mi refugio»,
y tomas a Elyón por defensa.
El mal no te alcanzará,
ni la plaga se acercará a tu tienda;
que él ordenará a sus ángeles
que te guarden en todos sus caminos.

Te llevarán ellos en sus manos,
para que en piedra no tropiece tu pie;
pisarás sobre el león y la víbora,
hollarás al leoncillo y al dragón.
Puesto que me ama, lo salvaré,
lo protegeré, pues me reconoce.
Me llamará y le responderé,
estaré a su lado en la desgracia,
lo salvaré y lo honraré.
Lo saciaré de larga vida,
haré que vea mi salvación.
Salmo 92 (91): Cántico del justo
Es bueno dar gracias a Yahvé,
cantar en tu honor, Altísimo,
publicar tu amor por la mañana
y tu fidelidad por las noches,
con el arpa de diez cuerdas y la lira,
acompañadas del rasgueo de la cítara.
Pues con tus hechos, Yahvé, me alegras,
ante las obras de tus manos, grito:
«¡Qué grandes son tus obras, Yahvé,
y qué hondos tus pensamientos!».
El hombre estúpido no entiende,
el insensato no lo comprende.
Aunque broten como hierba los malvados
o florezcan todos los malhechores,
acabarán destruidos para siempre;
¡pero tú eres eternamente excelso!
Mira cómo perecen tus enemigos,
se dispersan todos los malhechores.
Pero me dotas de la fuerza del búfalo,
aceite nuevo derramas sobre mí;
veré la derrota del que me acecha,
escucharé la caída de los malvados.

El justo florece como la palma,
crece como un cedro del Líbano.
Plantados en la Casa de Yahvé,
florecen en los atrios de nuestro Dios.
Todavía en la vejez producen fruto,
siguen llenos de frescura y lozanía,
para anunciar lo recto que es Yahvé:
«Roca mía, en quien no hay falsedad».
Salmo 22 (21): Sufrimiento y esperanza del justo
¡Dios mío, Dios mío! ¿Por qué me has abandonado?
Estás lejos de mi queja, de mis gritos y gemidos.
Clamo de día, Dios mío, y no respondes,
también de noche, sin ahorrar palabras.
¡Pero tú eres el Santo, entronizado
en medio de la alabanza de Israel!
En ti confiaron nuestros padres,
confiaron y tú los liberaste;
a ti clamaron y se vieron libres,
en ti confiaron sin tener que arrepentirse.
Yo en cambio soy gusano, no hombre,
soy afrenta del vulgo, asco del pueblo;
todos cuantos me ven de mí se mofan,
tuercen los labios y menean la cabeza:
«Se confió a Yahvé, ¡pues que lo libre,
que lo salve si tanto lo quiere!».
Fuiste tú quien del vientre me sacó,
a salvo me tuviste en los pechos de mi madre;
a ti te me confiaron al salir del seno,
desde el vientre materno tú eres mi Dios.
¡No te alejes de mí, que la angustia está cerca,
que no hay quien me socorra!
Novillos sin cuento me rodean,
me acosan los toros de Basán;
me amenazan abriendo sus fauces,

como león que desgarra y ruge.
Como agua me derramo,
mi corazón, como cera,
se funde en mis entrañas.
Mi paladar está seco como teja
y mi lengua pegada a mi garganta:
tú me sumes en el polvo de la muerte.
Perros sin cuento me rodean,
una banda de malvados me acorrala;
mis manos y mis pies vacilan,
puedo contar mis huesos.
Ellos me miran y remiran,
reparten entre sí mi ropa,
y se echan a suertes mi túnica.
Pero tú, Yahvé, no te alejes,
corre en mi ayuda, fuerza mía,
libra mi vida de la espada,
mi persona de la garra de los perros;
sálvame de las fauces del león,
mi pobre ser de los cuernos del búfalo.
Contaré tu fama a mis hermanos,
reunido en asamblea te alabaré:
«Los que estáis por Yahvé, alabadlo,
estirpe de Jacob, respetadlo,
temedlo, estirpe de Israel.
Que no desprecia ni le da asco
la desgracia del desgraciado;
no le oculta su rostro,
le escucha cuando pide auxilio».
Tú inspiras alabanzas en plena asamblea,
cumpliré mis votos ante sus fieles.
Los pobres comerán, hartos quedarán,
los que buscan a Yahvé lo alabarán:
«Viva por siempre vuestro corazón».

Se acordarán, volverán a Yahvé
todos los confines de la tierra;
se postrarán en su presencia
todas las familias de los pueblos.
Porque de Yahvé es el reino,
es quien gobierna a los pueblos.
Ante él se postrarán los que duermen en la tierra,
ante él se humillarán los que bajan al polvo.
Y para aquel que ya no viva
su descendencia le servirá:
hablará del Señor a la edad venidera,
cantará su justicia al pueblo por nacer:
«Así actuó el señor».
Salmo 23 (22): El buen Pastor
Yahvé es mi pastor, nada me falta.
En verdes pastos me hace reposar.
Me conduce a fuentes tranquilas,
allí reparo mis fuerzas.
Me guía por cañadas seguras
haciendo honor a su nombre.
Aunque fuese por valle tenebroso,
ningún mal temería,
pues tú vienes conmigo;
tu vara y tu cayado me sosiegan.
Preparas ante mí una mesa,
a la vista de mis enemigos;
perfumas mi cabeza,
mi copa rebosa.
Bondad y amor me acompañarán
todos los días de mi vida,
y habitaré en la casa de Yahvé
un sinfín de días.

Evangelio según San Mateo (textos bíblicos)

No vayáis a pensar que yo he venido a traer paz a la tierra. Yo no he venido a traer paz sino guerra, pues he venido a enfrentar al hijo con su padre y a la hija con su madre y a la nuera con su suegra. Los enemigos del hombre serán los de su propia casa.

Popol Vuh

Esta es la relación de cómo todo estaba en suspenso, todo en calma, en silencio, todo inmóvil, y vacía la extensión del cielo.

Esta es la primera relación, el primer discurso. No había todavía un hombre, ni un animal, pájaros, peces, cangrejos, árboles, piedras, cuevas, barracas, hierbas ni bosques: solo el cielo existía.

No se manifestaba la faz de la tierra. Solo estaban el mar en calma y el cielo en toda su extensión.

No había nada junto que hiciera ruido, ni cosa alguna que se moviera, ni se agitara, ni hiciera ruido en el cielo.

No había nada que estuviera en pie, solo el agua en reposo, el mar apacible, solo y tranquilo. No había nada dotado de existencia. Solamente había inmovilidad y silencio en la oscuridad, en la noche. Solo el creador, el Formador, Tepeu, Gucumatz, los Progenitores, estaban en el agua rodeados de claridad. Estaban ocultos bajo plumas verdes y azules, por eso se les llama Gucumatz, De grandes sabios, de grandes pensadores es su naturaleza.

De esta manera existía el cielo y también el Corazón del Cielo, que este es el nombre de Dios. Así contaban.

Llegó aquí entonces la palabra, vinieron juntos Tepeu y Gucumatz, en la oscuridad, en la noche, y hablaron entre sí Tepeu y Gucumatz. Hablaron, pues, consultando entre sí y meditando; se pusieron de acuerdo, juntaron sus palabras y pensamiento.

Entonces se manifestó con claridad, mientras meditaban, que cuando amaneciera debía aparecer el hombre. Entonces dispusieron la creación y crecimiento de los árboles y los bejucos y el nacimiento de la vida y la creación del hombre. Se dispuso así en las tinieblas y en la noche por el Corazón del Cielo, que se llama Huracán.

El primero se llama Caculhá Huracán. El segundo es Chipi-Caculhá. El tercero es Raxa-Caculhá. Y estos tres son el Corazón del Cielo.

Entonces vinieron juntos Tepeu y Gucumatz; entonces conferenciaron sobre la vida y la claridad, cómo se hará para que aclare y amanezca, quién será el que produzca el alimento y el sustento.

—¡Hágase así! ¡Que se llene el vacío! ¡Que esta agua se retire y desocupe (el espacio), que surja la tierra y que se afirme! Así dijeron. ¡Que aclare, que amanezca en el cielo y en la tierra! No habrá gloria ni grandeza en nuestra creación y formación hasta que exista la criatura humana, el hombre formado. Así dijeron.

Luego la tierra fue creada por ellos. Así fue en verdad como se hizo la creación de la tierra:

—¡Tierra!, dijeron, y al instante fue hecha.

Como la neblina, como la nube y como una polvareda fue la creación, cuando surgieron del agua las montañas; y al instante crecieron las montañas.

Solamente, por un prodigio, solo por arte mágica se realizó la formación de las montañas y los valles; y al instante brotaron juntos los cipresales y pinares en la superficie.

Y así se llenó de alegría Gucumatz, diciendo:

—¡Buena ha sido tu venida, Corazón del Cielo; tú, Huracán, y tú, Chipi-Caculhá, Raxa-Caculhá!

—Nuestra obra, nuestra creación está terminada, contestaron.

La amistad (Giorgio Agamben)

Quisiera que observen ahora con cuidado la reproducción del cuadro de Giovanni Serodine que tienen ante sus ojos [...]. La tela, conservada en la Galería Nacional de Arte Antiguo de Roma, representa el encuentro de los apóstoles Pedro y Pablo en la calle del martirio. Los dos santos, inmóviles, ocupan el centro de la tela, rodeados por la gesticulación desordenada de los soldados y los verdugos que los conducen al suplicio. Los críticos a menudo han hecho notar el contraste entre el rigor heroico de los dos apóstoles y la confusión de la muchedumbre, iluminada aquí y allá por las luces salpicadas sobre los brazos, sobre los rostros, sobre las trompetas. Por mi parte, creo que lo que hace que este cuadro sea incomparable es que Serodine ha representado a los dos apóstoles tan cercanos, con las frentes casi pegadas la una sobre la otra, que no pueden verse en absoluto: sobre la calle del martirio, se miran sin reconocerse. Esta impresión de una proximidad, por así decir, excesiva es todavía mayor dado al gesto silencioso de las manos, que se estrechan por lo bajo, apenas visibles. Siempre me ha parecido que este cuadro contiene una pequeña alegoría de la amistad.

¿Qué es, en efecto, la amistad sino una proximidad tal que no es posible hacer de ella ni una representación ni un concepto? Reconocer a alguien como amigo significa no poderlo reconocer como «algo». No se puede decir «amigo» como se dice «blanco», «italiano», «caliente» —la amistad no es una propiedad o una cualidad de un sujeto—. La amistad como alteridad inmanente en la mismidad, un devenir otro de lo mismo [en palabras de Atahualpa Yupanqui: «Un amigo es uno mismo, pero con otro cuero»].

Ágalma (Diccionario de Psicología)

Si Lacan, en el seminario de «La transferencia», a propósito del Banquete de Platón y particularmente a propósito del elogio de Alcibíades, analiza en el texto la palabra «ágalma», objeto brillante oculto en el interior de ese sileno grotesco que representa el personaje atópico de Sócrates, lo hace pues para ubicar de entrada el objeto del deseo como lo que está cargado de símbolos y de intercambios, como lo que, en el alba de la economía mercantil que hará de la moneda la representación del valor, marca su naturaleza de objeto lenguajero. En el artículo de Louis Gernet titulado «La notion mythique de la valeur en Gréce» encontramos la explicación de esta palabra: ágalma viene de agállein, que significa a la vez adornar o engalanar y honrar, el término se relaciona con todo tipo de objetos, en la medida que sean preciosos: trípodes, vasos, joyas, regalos de bodas. (...) En la argumentación de Gernet es posible (...) captar lo que quizás marca todavía la noción abstracta de valor según lo definen los intercambios monetarios. «En el valor, y por lo tanto en el signo mismo que lo representa, hay un valor irreductible a lo que vulgarmente se llama pensamiento racional». Lo que seduce a Alcibíades en Sócrates es su ágalma; Alcibíades compara a Sócrates con la figurilla grotesca del sileno; Lacan observa que en esa época los objetos de ese tipo eran también cofrecillos de alhajas, servían para guardar cosas. El ágalma es, por tanto, no solo un objeto precioso, sino asimismo un objeto oculto en «el interior»; finalmente como objeto de ofrenda, es aquello mediante lo cual se puede captar, atraer la atención divina. En la sección 10 del seminario «La transferencia», Lacan dice lo siguiente: «Si este objeto los apasiona es porque allí dentro, oculto en él, está el objeto del deseo, ágalma (el peso, la cosa por la cual es interesante saber dónde está ese famoso objeto, saber su función y saber dónde opera, tanto en la intersubjetividad como en la intrasubjetividad), y en tanto que este objeto privilegiado del deseo es algo que, para cada uno, culmina en esta frontera, en ese punto límite que les he enseñado a considerar como la metonimia del discurso inconsciente, donde juega un rol que he tratado de formalizar (...) en el fantasma». (...) Como es sabido, Sócrates se rehúsa a Alcibíades y, con palabras que tienen un valor de interpretación, le muestra la naturaleza transferencial de amor que Alcibíades tiene por él, designando a Agatón como el verdadero objeto de su deseo y el verdadero receptáculo del ágalma. «Conviene no desconocer que aquí Sócrates, justamente porque sabe, sustituye una cosa por otra. No es la belleza, ni la ascesis ni la identificación con Dios lo que desea Alcibíades, sino ese objeto único, ese algo que él ha visto en Sócrates, y de lo cual Sócrates lo aparta porque sabe que no lo tiene. Pero Alcibíades desea siempre lo mismo, y lo busca en Agatón, no lo duden, es ese mismo punto supremo en el que el sujeto está abolido en el fantasma, sus agálmata» (Lección II). El hecho de que Platón, sin duda más que Sócrates, oriente entonces esta dialéctica como un ascenso hacia lo bello introduce para Lacan un desconocimiento de las leyes del deseo en su relación con el objeto.

Tratado de la naturaleza humana (David Hume)

No hay problema de importancia cuya decisión no esté comprendida en la ciencia del hombre y nada puede decidirse con certeza antes de que nos hayamos familiarizado con dicha ciencia. Por eso, al intentar explicar los principios de la naturaleza humana proponemos, de hecho, un sistema completo de las ciencias, edificado sobre un fundamento casi enteramente nuevo, y el único sobre el que las ciencias pueden basarse con seguridad. Y como la ciencia del hombre es la única fundamentación sólida de todas las demás, es claro que la única fundamentación sólida que podemos dar a esa misma ciencia deberá estar en la experiencia y en la observación.

Psicología de los procesos oníricos (Sigmund Freud)

Me fue contado por una paciente que a su vez lo escuchó en una conferencia sobre el sueño; su verdadera fuente sigue siendo desconocida para mí. Pero a esa dama le impresionó su contenido, pues no tardó en «resoñarlo», vale decir, en repetir elementos del sueño en un sueño propio a fin de expresar, mediante esa transferencia, una concordancia en un punto determinado.

Las condiciones previas de este sueño paradigmático son las siguientes: un padre asistió noche y día a su hijo mortalmente enfermo. Falleció el niño, se retiró a una habitación vecina con el propósito de descansar, pero dejó la puerta abierta a fin de poder ver el cuerpo de su hijo, rodeado de velones. Un anciano a quien se le encargó montar vigilancia se sentó próximo al cadáver, murmurando oraciones. Luego de dormir algunas horas, el padre sueña que su hijo está de pie junto a su cama, le toma el brazo y le susurra este reproche: «Padre, ¿entonces no ves que me abraso?». Despierta, observa un fuerte resplandor que viene de la habitación vecina, se precipita hasta allí y encuentra al anciano guardián adormecido, y la mortaja y un brazo del cadáver querido quemado por una vela que le había caído encendida.

La explicación de este sueño es bien simple y, según me cuenta mi paciente, la proporcionó concretamente quien le informó acerca de él. El fuerte resplandor dio sobre los ojos del durmiente a través de la puerta que él había dejado abierta, y le sugirió la misma conclusión que había extraído en la vigilia: una vela había provocado un incendio cerca del cadáver. Y aun quizás el padre se fue a dormir con la preocupación de que el viejo guardián no fuera capaz de desempeñar bien su cometido. Nada que modificar encontramos en esta interpretación, excepto que agregaríamos este requisito: el contenido del sueño debió estar sobre determinado, y el dicho del niño hubo de componerse de dichos realmente pronunciados en la vida y enlazados con sucesos importantes para el padre. Quizás la queja «Me abraso» fue expresada por el niño en medio de la fiebre que lo llevó a la muerte, las palabras «Padre, ¿entonces no ves?» proceden de otra oportunidad que no conocemos pero que fue rica en afectos. Ahora bien, después que hemos reconocido al sueño como un producto provisto de sentido que puede insertarse en la trama del acontecer psíquico, nos maravillará naturalmente que en tales circunstancias sobreviniese un sueño, cuando lo indicado era el más brusco despertar. Pero debemos reparar en que este sueño tampoco escapa a un cumplimiento de deseo. En él, el niño se comporta como si estuviera vivo, él mismo da aviso al padre, se llega hasta su cama y le toma de un brazo, como probablemente lo hizo en aquel recuerdo del cual el sueño recogió el primer fragmento del dicho del niño. Y en virtud de ese cumplimiento de deseo, precisamente, prolongó el padre por un momento su dormir. El sueño prevaleció sobre la reflexión de vigilia porque pudo mostrar al niño otra vez con vida. Si el padre se hubiera despertado enseguida extrayendo la conclusión que lo llevó a la cámara mortuoria, habría abreviado la vida del niño, digámoslo así, por ese breve lapso.

Tres ensayos sobre sexualidad (Sigmund Freud)

Los síntomas no se originan nunca (o por lo menos exclusiva y predominantemente) a costa del instinto sexual denominado normal, sino que representan una exteriorización de aquellos instintos que se considerarían perversos en el más amplio sentido de la palabra, y se exteriorizan directa y conscientemente en propósitos fantaseados o en actos. Los síntomas se originan, por tanto, en parte, a costa de la sexualidad anormal. La neurosis es, por decirlo así, el negativo de la perversión.

Inhibición, síntoma y angustia (Sigmund Freud)

Como primer caso consideremos el de una zoofobia histérica infantil, sea, por ejemplo, el de la fobia del pequeño Hans a los caballos (1.909b), indudablemente típico en todos sus rasgos principales. Ya la primera mirada nos permite discernir que las constelaciones de un caso real de neurosis son mucho más complejas de lo que imaginábamos mientras trabajamos con abstracciones.

Se trata, como lo averiguamos tras escuchar más detenidamente, no de una angustia indeterminada frente al caballo, sino de una determinada expectativa angustiada: el caballo lo morderá. Ocurre que este contenido procura sustraerse de la conciencia y sustituirse mediante la fobia indeterminada, en la que ya no aparecen más que la angustia y su objeto. ¿Será este contenido el núcleo del síntoma?

De la hipnosis y de la sugestión (Sigmund Freud)

El principal mérito de la escuela de Nancy estriba en que ha detectado fenómenos de la sugestión en todos los ámbitos de la vida psíquica humana y ha demostrado que todos somos susceptibles de sugestión en un gran número de circunstancias.

Lo que más interesa al médico es saber en qué condiciones son sugestionables las personas. Aquí enumero una lista de algunas de estas condiciones:

- El aumento de la sugestionabilidad se instala espontáneamente como un estado psíquico anormal persistente —un caso poco frecuente—.
- La sugestionabilidad brota en ocasiones de estados afectivos o por efecto de un contagio psíquico. Entre los estados psíquicos que la pueden favorecer hemos de mencionar el de la fe religiosa.

La sugestionabilidad propia del estado hipnótico se distingue en ciertos aspectos de la que surge a partir de otras condiciones. De entrada, es una sugestionabilidad general, mientras que los demás incrementos de la credulidad se dan con respecto a sugestiones concretas vinculadas a una determinada circunstancia. Así, bajo la influencia de la sugestión religiosa, una persona solo es crédula con respecto a sugestiones que se refieren al contenido de su fe religiosa, pero no se muestra crédula en general. Por ejemplo, aceptará sin verificarla una curación en Londres, pero se mostrará muy crítica si le sugerimos que vea un plato que no está allí. En estado de hipnosis, la sugestión es posible debido al debilitamiento uniforme de todas las representaciones existentes, pero en el caso de la fe religiosa, es el resultado del esfuerzo de un conjunto de representaciones.

Otra característica propia de la sugestionabilidad hipnótica es el hecho de que va acompañada de amnesia, lo que no ocurre con la sugestionabilidad suscitada en otras circunstancias. El conferenciante se apresura a relativizar el alcance de estas diferencias afirmando que la amnesia ligada a la hipnosis proviene solamente de nuestra negativa a asociar estados de conciencia muy diferentes. (...)

La amnesia de los hipnotizados no es más que una negativa radical a vincular dos estados de conciencia distintos, ya que cada hipnosis resucita el recuerdo de las precedentes. En cambio podemos mostrarnos amnésicos en otras circunstancias, por ejemplo, en el paroxismo del afecto, como demuestran los coléricos: después de una explosión de cólera niegan haber proferido palabras insultantes.

Temor y temblor (Soren Kierkegaard)

En la tragedia griega (helénica) el hecho oculto —y, por consiguiente, el reconocimiento del mismo— es un resto épico cuyo principio en una fatalidad, la cual hace desaparecer la acción dramática y confiere a toda la tragedia griega ese origen misterioso y enigmático que la caracteriza. De ahí que el efecto producido por esta clase de tragedias sea muy parecido a la impresión que recibimos ante una estatua de mármol que carece del poder de la mirada. La tragedia helénica es ciega. (...) Un hijo mata a su padre, pero solo después llega a enterarse de que el asesinado era su propio padre. (...) El drama moderno se ha desembarazo y emancipado del destino de una manera dramática. Porque es un drama que ve y escruta sus propias entretelas íntimas, descubriendo claramente al destino en su misma conciencia dramática. El ocultamiento y el reconocimiento, por consiguiente, son aquí acciones libres con las que el héroe se responsabiliza totalmente.

Así tenemos, como conclusión, que la estética exigía el ocultamiento y lo recompensaba. La ética, por el contrario, exige la manifestación y castiga el ocultamiento.

El héroe trágico, hijo predilecto de la ética, es el puro hombre, el hombre a secas y, en cuanto tal, puedo comprenderlo muy bien, aparte de que todo lo que él hace se ejecuta a plena luz y sin ningún encubrimiento. Si voy más allá de esta categoría puramente humana del héroe, tropiezo inevitablemente con la paradoja, es decir, con lo divino o con lo demoniaco, puesto que el silencio tanto puede ocultar lo uno como lo otro. El silencio es una trampa del demonio, el cual es tanto más terrible en la medida en que más callado está. Pero, por el lado contrario, el silencio también puede significar el estado en que el individuo toma consciencia de su profunda unión y colaboración con la divinidad.

El concepto de angustia (Soren Kierkegaard)

¿Consistirá entonces la diferencia entre el concepto de pecado original y el concepto del primer pecado en que el individuo solo tiene parte en aquel por su relación con Adán y no por su relación primitiva con el pecado? En este caso vuelve a estar Adán, fantasmáticamente, fuera de la Historia. El pecado de Adán es entonces algo más que pasado, es un plus *quam perfectum*.

Al concepto de pecado corresponde la seriedad. La ciencia en que el pecado podría encontrar mejor su puesto sería la Ética. No obstante, también esto tiene su gran dificultad. La Ética es todavía una ciencia ideal, y no solo en el sentido de que toda ciencia lo es. Quiere introducir la idealidad en la realidad; en cambio no toma su movimiento la dirección de elevar la realidad a la idealidad (...). Mediante esto desenvuelve la ética una contradicción, puesto que hace patente justamente la dificultad y la imposibilidad. De la Ética puede decirse lo que se ha dicho de la ley, que es una maestra cuyas exigencias condenan, pero no dan vida. Únicamente la ética griega ha constituido una excepción, pero solo porque no era Ética en sentido estricto, sino que contenía un momento estético. Así lo muestra claramente su definición de la virtud, como también el hecho de que Aristóteles advertía frecuentemente, por ejemplo, en la *Ética nicomaquea*, con una deliciosa ingenuidad griega, que la virtud por sí sola no hace a un hombre feliz y satisfecho y que para esto son menester además la salud, los amigos, los bienes, terrenos, la dicha de la familia. Cuanto más ideal, también es mejor la Ética...

El pecado pertenece, pues a la Ética solo en cuanto esta arriba justamente a este concepto con ayuda del arrepentimiento. Si la Ética ha de tomar en sí el pecado, ha desaparecido su idealidad.

Pues bien, teniendo en cuenta todo esto, recibe aquella expresión su parte de verdad. Lo primero pone la cualidad. Adán pone el pecado en sí mismo, pero también para la especie. El concepto de especie es, sin embargo, demasiado abstracto para que pudiese poner una categoría tan concreta como el pecado, por lo que este resulta una aproximación cuantitativa; pero esta toma su origen en Adán. En esto radica la superior significación que Adán tiene de antemano sobre cualquier otro individuo de la especie; en esto reside la verdad de aquella expresión. Esto ha de concederlo también una ortodoxia que quiera entenderse a sí misma, puesto que enseña que, con el pecado de Adán, ha caído en el pecado tanto la especie como la naturaleza; pero en la naturaleza no puede haber entrado el pecado con la cualidad del pecado.

Al usar la expresión «angustia objetiva» podríamos encontrarnos inducidos, en primer término, a pensar en esa angustia de la inocencia que es la reflexión de la libertad sobre sí misma en su posibilidad. Si quisiéramos objetar contra esto que pasaríamos por alto al encontrarnos ya en otro punto de la investigación esto no sería una respuesta suficiente. En cambio pudiera ser útil hacerse presente que la distinción de una angustia objetiva supone la oposición de una angustia subjetiva, y que en el estado de inocencia de Adán no se puede hablar todavía de semejante contraposición. En el sentido más estricto, es la angustia subjetiva la angustia que surge en el individuo como consecuencia de su pecado. De la angustia en este sentido hablará el capítulo posterior. Pero si se toma así la palabra desaparece la oposición de una angustia objetiva, presentándose la angustia justamente como lo que es, como lo subjetivo. La distinción entre angustia objetiva y subjetiva tiene, por ende, su lugar en la consideración del mundo y del estado de inocencia de un individuo posterior. La división forma aquí el sentido de que «angustia subjetiva» designa la angustia existente en la inocencia del individuo, la cual corresponde a la de Adán; pero es, sin embargo, cuantitativamente de ella, por obra de la determinación cuantificativa de la generación. Por «angustia objetiva» entendemos, en cambio, el reflejo de esa pecaminosidad de las generaciones en el mundo entero.

En el § 2 del capítulo anterior se hizo presente que la expresión «con el pecado de Adán vino la pecaminosidad al mundo» encierra una reflexión sumamente superficial. Este es el lugar de vindicar los derechos de la verdad que, sin embargo, puede haber en ella. En el momento en que Adán ha puesto el pecado desvíase la atención para considerar el origen del pecado en cada individuo posterior, pues en el mismo momento se ha puesto la generación.

Si con el pecado de Adán es puesto la pecaminosidad de la especie, en el mismo sentido que, por ejemplo, la marcha erecta, etc., se supera el concepto del individuo. (...)

Habiendo entrado, pues, el pecado en el mundo, ello adquirió una significación para toda la creación. Este efecto del pecado en la existencia no humana es el que he designado como «angustia objetiva».

Lo entendido por esta puedo indicarlo como una referencia a la expresión de la escritura, «el anhelo de la criatura» (Rom, 8,19). Si es lícito hablar de una anhelar, de suyo se comprende que la creación ha de encontrarse en un estado de imperfección. En expresiones como deseo, anhelo, esperanza, etc., pásase frecuentemente por alto que implican un estado anterior y que este ha de estar en su lugar y ha de hacerse valer al mismo tiempo que se desarrolla el anhelo. El que espera no ha caído en el estado en que se encuentra por un acaso, etc., de suerte que se encuentre en él totalmente extraño, sino que lo produjo él mismo al mismo tiempo. La expresión de un anhelo semejante es la angustia, pues en la angustia se denuncia el estado del cual se anhela salir y se denuncia por medio de la angustia, porque el anhelo solo no basta para salvarse.

Cuanto más reflexivamente es posible poner la angustia, tanto más fácilmente parece convertirse en culpa. Pero aquí se trata de no dejar engañarse por determinaciones de aproximación; se trata de que ningún comparativo produce el salto, de que ningún «más fácilmente» facilita en verdad la explicación.

Si no se tiene esto presente, se corre el peligro de tropezar de súbito con un fenómeno en el cual todo se desliza tan fácilmente que el tránsito se convierte en un simple tránsito, o el peligro de no poder dar nunca fin al curso del pensamiento propio, pues la observación puramente empírica no puede acabar nunca. Aunque la angustia se tome, pues, más y más refleja, la culpa que brota de la angustia con el salto cualitativo conserva el mismo grado de imputabilidad que la de Adán y la angustia la misma ambigüedad. Si se pretendiese negar que todo individuo posterior se halla o ha de haberse hallado en un estado de inocencia análogo al de Adán, esto sublevaría a cualquiera, tanto como superaría necesariamente todo pensamiento, pues entonces habría un individuo que no sería un individuo, sino que se conduciría solo como ejemplar respecto de su especie, y, sin embargo, debería ser juzgado a su vez como individuo, es decir, debería ser declarado culpable.

Puede compararse la angustia con el vértigo. Aquel cuyos ojos son inducidos a mirar en una profundidad que abre sus fauces, siente vértigo. Pero ¿en dónde reside la causa de este? Tanto en sus ojos como en el abismo, pues bastaría no fijar la vista en el abismo. Así, es la angustia el vértigo de la libertad. Surge cuando, al querer el espíritu poner la síntesis, la libertad fija la vista en el abismo de su propia posibilidad y echa mano a la finitud para sostenerse. En este vértigo cae la libertad al suelo. La Psicología no puede ir más lejos, ni quiere tampoco. En el mismo momento cambia todo, y cuando la libertad se levanta de nuevo ve que es culpable. Entre estos dos momentos está el salto, que ninguna ciencia ha explicado ni puede explicar. La culpa de aquel que se hace culpable en medio de la angustia es todo lo ambigua que es posible.

La angustia es un desmayo femenil en el cual cae la libertad. Hablando psicológicamente, sucede la caída siempre en el desmayo; pero la angustia es a la vez todo lo egoísta que es posible, y ninguna manifestación concreta de la libertad es tan egoísta como la posibilidad de toda concreción. Esto es, una vez más, lo sobrecogedor, que determina la relación ambigua, simpatética y antipatética del individuo. En la angustia reside la infinitud egoísta de la posibilidad, que no tienta como una elección, pero angustia pensando con su dulce opresión. En el individuo posterior es la angustia más reflexiva. Esto puede expresarse diciendo que la nada —que es el objeto de la angustia— se torna más y más un algo. No decimos que se torna realmente algo o que signifique realmente algo; no decimos que haya de ponerse ahora en el lugar de la nada el pecado u otra cosa cualquiera. Pues puede decirse de la inocencia del individuo posterior lo dicho de la de Adán; todo esto existe solo para la libertad y existe solo porque el individuo mismo pone el pecado por medio del salto cualitativo. La nada de la angustia es, pues, en este caso un complejo de presentimientos que se reflejan en sí mismos acercándose más y más al individuo, aunque considerados esencialmente no significan nada en la angustia; pero bien entendido, no una nada con la que el individuo no tendría nada que ver, sino una nada que se halla en viva relación de reciprocidad con la ignorancia de la inocencia. Este carácter reflejo es una predisposición que, considerada esencialmente, no significa nada antes de que se haga culpable el individuo; pero al hacerse este culpable por medio del salto cualitativo, constituye aquel carácter supuesto sobre el cual se remonta el individuo por encima de sí mismo, porque el pecado se supone a sí mismo, no, naturalmente, antes de ser puesto (esto es una predestinación), pero sí al serlo.

Vamos ahora a reflexionar, con algo más de detalle, sobre el algo que puede significar la nada de la angustia para el individuo posterior. En la reflexión psicológica vale en verdad como algo. Pero la reflexión psicológica no olvida que se supera toda consideración si un individuo hubiese de tornarse culpable, sin más, por este algo. Este algo, que *stricte sic dicta*, significa, pues, el pecado original, es:

A) El efecto de la relación de generación

Por obra del pecado se convirtió la sensibilidad en pecaminosidad. Esta afirmación significa dos cosas. Por obra del pecado se convierte la sensibilidad en pecaminosidad y por obra de Adán entró el pecado en el mundo. Estas determinaciones deben apoyarse de continuo mutuamente, pues de otro modo resulta falsa la afirmación inicial. La conversión de la sensibilidad en la pecaminosidad, que tuvo lugar un día, es la historia de la generación; actualmente, la conversión de la sensibilidad en la pecaminosidad es el salto cualitativo del individuo.

Hemos hecho presente (Cap. I, § 6) que el origen de Eva prefiguraba ya en imagen la consecuencia de la relación de generación. Eva revela que es derivada. Lo derivado no es nunca tan perfecto como lo primitivo[1]. Pero la diferencia es en este caso cuantitativa. En esencia es el individuo posterior tan primitivo como el primero. La diferencia es, para todos los individuos posteriores in pleno, precisamente la derivación, pero esta puede significar para el individuo nuevamente un más o un menos.

(...) La expresión de la diferencia es que la angustia es en Eva más refleja que en Adán. Esto tiene su fundamento en que la mujer es más sensible que el varón. No se trata, naturalmente, de un estado empírico o de un promedio, sino de la diversidad de la síntesis. Cuando existe un más en una de las partes de la síntesis, la consecuencia será que, al ponerse el espíritu, resultará mayor la divergencia y tendrá más campo abierto la angustia de la posibilidad de la libertad. En la narración del Génesis es Eva la que seduce a Adán. Pero de esto no se sigue en modo alguno que su culpa haya sido mayor que la de Adán, y menos aún que la angustia sea una imperfección, pues su grandeza más bien predice la grandeza de la perfección.

La mujer tiene más sensibilidad que el varón. Así lo revela enseguida su organización corporal. Exponer esto con más detalle no es cosa mía, sino incumbencia de la Fisiología. En cambio, probaré mi afirmación de otro modo, considerando estéticamente a la mujer desde su punto de vista ideal, el de la belleza, y mostrando cómo precisamente la circunstancia de que este sea su punto de vista ideal prueba que es más sensible que el varón. Luego la consideraré éticamente desde su punto de vista ideal, el de la procreación, y mostraré cómo precisamente la circunstancia de que ese sea su punto de vista ideal prueba que es más sensible que el varón.
Donde es decisiva la belleza produce una síntesis, de la que el espíritu queda excluido. Este es el secreto de todo el helenismo. Por eso flotan sobre la belleza griega la seguridad, la serena solemnidad;

1 Esto no es aplicable, naturalmente, a la especie humana, porque el individuo está determinado como espíritu; en las especies animales, por el contrario, es cada ejemplar posterior exactamente lo mismo que el primero; o mejor, ser en ellas el primero no significa absolutamente nada.

pero precisamente por lo mismo, también la angustia, que no advertía el griego, aunque su belleza plástica temblaba por obra de ella. Por quedar excluido el espíritu, no conoce la belleza griega el dolor; pero justo por ello es también profunda, insondablemente dolorosa. Por eso no es la sensibilidad pecaminosidad, pero sí un enigma no descifrado, que angustia; por eso va acompañada la ingenuidad de una nada inescrutable, la de la angustia. Cierto es que la belleza griega considera al varón y a la mujer esencialmente iguales; pero hace, no obstante, una distinción dentro de esa igualdad. Lo espiritual tiene su expresión en el rostro. En la belleza masculina son, empero, el rostro y su expresión más esenciales que en la belleza femenina, aunque la eterna juventud de lo plástico impide continuamente que resalte lo más profundo del espíritu. (...) Venus resulta esencialmente igual de hermosa, aunque sea representada durmiendo, y hasta quizás sea así como resulte más hermosa; y sin embargo, es el sueño justamente una expresión de la esencia del espíritu. De aquí proviene que el hombre sea tanto menos hermoso en el sueño cuanto más vieja y espiritualizada sea su individualidad. El niño, por el contrario, es en el sueño donde resulta más hermoso. Venus emerge del mar y es representada en una actitud de reposo, o en una actitud que hace inesencial la expresión del rostro (...).

La mujer siente más angustia que el varón. Esto no obedece a que tenga una menor energía física, etc., pues aquí no se trata para nada de esa angustia; obedece más bien a la doble circunstancia de ser más sensible que el hombre y de estar determinada esencialmente de un modo espiritual, lo mismo que el hombre. (...) La «angustia» debe entenderse aquí continuamente en relación con la libertad. Por eso cuando la narración del Génesis hace que el hombre sea seducido por la mujer contra toda regla, resulta ello completamente justificado al reflexionar con más detenimiento; pues aquella seducción fue justamente una seducción femenina, ya que en rigor Adán fue seducido por la serpiente; sirviendo Eva simplemente de intermediaria. Cuando, por lo demás, se habla de seducción, resérvase comúnmente la superioridad para el varón (...). Si me imagino una jovencita inocente y hago a un hombre lanzar sobre ella una mirada concupiscente, ella siente angustia. Puede, además, indignarse, etc., pero primero siente angustia. Si me imagino, por el contrario, que una mujer lanza una mirada concupiscente sobre un jovencito inocente, el sentimiento que este experimenta no será el de la angustia, sino a lo sumo una vergüenza mezclada con horror, precisamente porque él está más determinado como espíritu. (...)

En el pudor está puesta la diferencia sexual, pero no es una relación con su correlato. Esto sucede en el impulso. Pero como el impulso no es instinto, o meramente instinto, tiene *eo ipso* un *τ∈δοφ*, un fin, a saber, la propagación, mientras que lo estático es el amor, lo puramente erótico. El espíritu no está puesto continua y simultáneamente aún. Tan pronto como es puesto, no meramente en cuanto constituye la síntesis, sino como espíritu, ha pasado lo erótico. La más alta expresión pagana para esto es que lo erótico es lo cómico (...). La angustia del pudor consistía en que el espíritu se sentía extraño; ahora ha triunfado completamente el espíritu y ve lo sexual como lo extraño y lo cómico. El pudor no podía tener esta libertad del espíritu. Lo sexual es la expresión de la profunda contradicción implícita en que el espíritu inmortal está determinado como *genus*, género. Esta contradicción exteriorízase como el hondo pudor que aparta la vista y no quiere entender. En lo erótico se entiende esta contradicción en la belleza; pues la belleza es precisamente la unidad de lo psíquico y lo corporal (...).

En el cristianismo se ha puesto en suspenso lo religioso a lo ético, no meramente por medio de un malentendido ético, al considerarlo como lo pecaminoso, sino considerándolo como lo indiferente, por no haber en el espíritu diferencia alguna entre el hombre y la mujer. En esta esfera no se halla lo erótico neutralizado irónicamente, sino puesto en suspenso, porque la tendencia del cristianismo es propagar el espíritu. Mientras en el pudor siente el espíritu angustia y teme apropiarse la diferencia sexual, salta de pronto la individualidad y busca una explicación, partiendo de la esfera suprema del espíritu, en lugar de profundizarla éticamente. Este es uno de los aspectos de la concepción monacal de la vida, haya estado determinado más exactamente como rigorismo ético o como meditativa contemplación. (...)

Volvamos ahora a nuestro asunto anterior, al efecto de la relación de generación en el individuo, que es aquel que tiene más sobre Adán todo individuo posterior. En el momento de la concepción es cuando el espíritu se halla más lejos y, por ende, es mayor la angustia. En medio de esta angustia nace el nuevo individuo. En el momento del nacimiento culmina la angustia por segunda vez en la mujer, y en este momento viene el nuevo individuo al mundo. La angustia de la parturienta es sobremanera conocida. (...), como parturienta está de nuevo la mujer a la altura de uno de los extremos de la síntesis; por eso tiembla el espíritu, porque no tiene en ese momento ninguna función, estando por decirlo así, en suspenso. La angustia es, sin embargo, una expresión de la perfección de la naturaleza humana; por eso se encuentra tan solo en las razas inferiores (humanas) una analogía con el fácil nacimiento del animal.

Pero cuanta más angustia, tanta más sensibilidad. El individuo procreado es más sensible que el primitivo, y este más es el universal de la generación para todo individuo posterior, en relación con Adán.

(...) Lo que la Escritura enseña, cuando dice que Dios castiga la culpa de los padres en los hijos hasta la tercera y cuarta generación, es atestiguado por la vida en voz bien alta. De nada sirve querer aminorar lo espantoso de esta declaración, considerándola como una doctrina judía. El cristianismo no ha pretendido nunca todavía conceder a cada individuo el privilegio de poder empezar desde un principio un sentido externo. Todo individuo toma su origen en un nexo histórico, y las sucesiones naturales hállanse tan vigentes ahora como siempre. La única diferencia está en que el cristianismo enseña a elevarse por encima de aquel más y juzga que aquel que no lo hace es porque no quiere hacerlo...

Precisamente porque la sensibilidad está determinada aquí como un más, resulta mayor la angustia del espíritu, cuando este debe experimentarla. El máximum es esta cosa espantosa de que la angustia del pecado produce el pecado. Si se consideran como innatos al individuo los malos apetitos, la concupiscencia, etc., no se obtiene la ambigüedad en que el individuo viene a ser ambas cosas, culpable e inocente. No quiero aducir ejemplos detallados de este más y menos infinitamente fluctuante. Para que estos ejemplos tuvieran una significación, exigirían una prolija y cuidadosa exposición psicológico-estética.

B) El efecto de la relación histórica

(...) La angustia tiene, por lo demás, en este caso la misma ambigüedad de siempre. En este punto puede salir a luz un máximum que responde al mencionado antes (que el individuo produce el pecado en la angustia del pecado), a saber, que el individuo se hace en la angustia culpable (no de hacerse culpable, pero sí de ser tenido por culpable).

La angustia como consecuencia de aquel pecado que consiste en la falta de conciencia del pecado.

En los dos capítulos anteriores se ha confirmado a cada paso que el hombre es una síntesis de alma y cuerpo, constituida y sustentada por el espíritu. La angustia era (...) el momento en la vida individual.

(...) La negación, la transición, la mediación son tres agentes embozados, sospechosos, secretos, que producen todos los movimientos. Hegel no consentiría en llamarlos cabezas inquietas, puesto que hace su juego con el supremo permiso del filósofo y tan desembarazadamente que hasta en la Lógica se encuentran expresiones y giros tomados en la categoría temporal de la transición; después..., cuando..., como existente, es esto así; como en trance de devenir es así, etc.

Pero sea como quiera, la Lógica ha de ver cómo se salva a sí misma. La palabra transición es y será en la Lógica una palabra «ingeniosa». Tiene su patria en la esfera de la libertad histórica, pues la transición es un estado y es real.[2]

La dificultad de aplicar la transición a lo puramente metafísico no se le escapó a Platón; por eso le costó tantos esfuerzos la categoría del momento.[3]

---

2 Por eso no debe entenderse lógicamente, sino en referencia a la libertad histórica, la afirmación aristotélica de que la transición de la posibilidad a la realidad es una (...) *kinesis* (movimiento).

3 El momento es concebido por Platón de un modo meramente abstracto. Si queremos orientarnos en la dialéctica del momento, hemos de llegar a ver claro que es el no-ser bajo la determinación del tiempo. El no-ser (...) ha ocupado a la filosofía antigua mucho más que a la moderna. Los eleatas lo interpretaron ontológicamente; lo que se puede enunciar de él solo es expresable por medio de la afirmación contraria de que solo el ser es. Sin indagamos esto más ampliamente, encontraremos que resulta lo mismo en todas las esferas. Desde un punto de vista propedéutico-metafísico, se expresó el principio así; quien enuncia el no-ser no dice absolutamente nada. (Este malentendido es combatido en el *Sofista* y, de un modo más mímico ya, en el diálogo anterior, Gorgias). En las esferas prácticas utilizan, finalmente, los sofistas el no-ser de tal forma que destruyen con él todos los conceptos morales: el no-ser no es, luego todo es verdadero, luego todo es bueno, luego no hay en absoluto engaño, etc. (...) El sofista, cuya definición y concepto busca el diálogo, mientras que principalmente trata del no-ser, es él mismo un no-ser, y así brota en la lucha en que es batido el sofista, con el concepto, a la vez el ejemplo; pues esta lucha no termina con la aniquilación del sofista; no, este se halla forzado a devenir y, por ende, a padecer lo peor que le puede pasar: hallarse forzado a descollar, a pesar de su sofística, que le hace invisible (como a Marte su armadura). En la filosofía no se ha dado un paso más en la interpretación del no-ser, y a pesar de ello seguimos creyendo ser cristianos. La filosofía griega y la filosofía moderna toman esta posición: todo alrededor de la reducción del no-ser al ser: pues quitarlo de en medio y hacerlo desaparecer parece muy fácil. La consideración cristiana toma esta posición: el no ser existe en todas partes, como la nada de que fue creado, como apariencia y engaño, como pecado, como la sensualidad alejada del espíritu, como la temporalidad olvidada de la eternidad; por eso se trata de quitarlo de en medio y hacer que aparezca el ser. Solo cuando toma el pensamiento esta dirección es interpretado el concepto de la reconciliación con justeza histórica, en el sentido que lo trajo al mundo el cristianismo. Cuando la interpretación emprende la dirección opuesta (partiendo el movimiento de que el no-ser no tiene existencia), se ha evaporado y vuelto del revés la reconciliación. El «momento» es discutido por Platón en el *Parménides*. Este diálogo dedícase a exponer la contradicción en los conceptos mismos (...). Sócrates indica que no es difícil señalar la contradicción en una cosa sola que participa en lo diverso. Su proceder es, sin embargo, una dialéctica experimental. Supónese que la unidad (τοεν) es y que no es, y muéstrase lo que de esto resulta para ella misma y para lo demás. Pues bien: resulta que el momento es esta maravillosa esencia (*ἄτοπον* —la palabra griega es en este caso notable—), que reside justamente en el medio entre el movimiento y el reposo, sin estar, empero, en ninguna parte del tiempo;

El tiempo es, pues, la sucesión infinita; en la vida, que es en el tiempo y pertenece solo al tiempo, no tiene ningún presente. Cierto que a veces suele definirse la vida sensible diciendo que es en el momento y solo en el momento. Entiéndase, pues, por el momento la abstracción de lo eterno, que es una parodia del mismo, si ha de ser lo presente. Lo presente es lo eterno; o mejor: lo eterno en lo presente y esto es lo lleno de contenido. En este sentido decía el latino de la Divinidad que está praesens (*praesentes dii*), y designaba a la vez con esta palabra, cuando era usada de la Divinidad su poderosa asistencia.

---

dirigiéndose a él y partiendo de él, truécase lo que se mueve en reposo y lo que reposa en movimiento. El momento conviértese así en la categoría de la transición en general (*μεταβολή*); pues Platón demuestra que el momento entra, también del mismo modo, en la transición de la unidad a la pluralidad o de la pluralidad a la unidad, o de la igualdad a la desigualdad, etc., el momento en que no existe uno (...) ni muchos (...), en que no es separado, ni confundido (...). Con todo esto conquistose Platón la gloria de aclarar la dificultad; pero el momento sigue siendo una sorda abstracción atomística, que tampoco queda explicada, ignorándola. Ahora bien; si la Lógica concede que no conoce la transición (y si conoce esta categoría, es menester que esta categoría encuentre su lugar en el sistema mismo, aunque opere a la vez en el sistema), resultará más claro que las esferas históricas y todo saber que se mueva dentro de un supuesto histórico conocen el momento. Esta categoría es de la mayor importancia para trazar los límites que separan de la filosofía pagana y que separan de una especulación igualmente pagana dentro del cristianismo. La consecuencia de que el momento sea semejante abstracción resalta en otro pasaje del diálogo Parménides. Al afirmar de la unidad que hay que pensarla en determinación temporal, véase como resalta la contradicción de que la unidad (...) se haga más vieja y más joven que ella misma y que la pluralidad, (...) es, por ende, ni más joven ni más vieja que ella misma o que la pluralidad. Pero la unidad tiene que existir, se afirma, y entonces se define así la existencia: es la participación en una esencia en el tiempo presente. En el ulterior desarrollo de las contraposiciones se ve que lo presente (...) oscila entre diversas significaciones: es lo presente, lo eterno, el momento. Este «ahora» (...) yace entre el «era» y el «será», y la unidad no puede saltar el ahora, cuando avanza desde lo pasado a lo futuro. Radica, pues, en el ahora; no se hace más vieja sino que es más vieja. En la más moderna filosofía culmina la abstracción en el ser puro; pero el ser puro es la expresión más abstracta que hay para la eternidad, y, en cuanto es la nada, es una vez más el momento. Véase aquí de nuevo cuán importante es el momento, pues solo con esta categoría puede darse también a la eternidad su significación, al resultar la eternidad y el momento los dos extremos más opuestos, mientras que la herejía dialéctica les hace significar lo mismo. Solo con el cristianismo tórnanse comprensibles la sensualidad, la temporalidad, el momento, precisamente porque solo con él se torna esencial la eternidad.

El momento designa lo presente como aquello que no tiene pasado ni futuro; en esto radica precisamente la imperfección de la vida sensible. Lo eterno designa también lo presente, que no tiene ningún pasado, ni ningún futuro, y esta es la perfección de lo eterno.

El momento y lo futuro ponen, a su vez, lo pasado. Si la vida griega hubiese de representar una determinación del tiempo, expresaría lo pasado, pero no en tanto lo pasado se hallase determinado en relación con lo presente y lo futuro, sino en tanto concebido únicamente como un pasar, sería la determinación del tiempo en general. Aquí es donde se revela la significación de la reminiscencia platónica. La eternidad del griego queda a espaldas de él, como lo pasado, que solo puede alcanzar por medio de un regreso. [4] No obstante, esto de que sea lo pasado es un concepto de lo eterno absolutamente abstracto, ya se lo tome en su determinación más precisa filosóficamente o históricamente.

Manuscritos económicos y filosóficos (Karl Marx)

Cuanto más produce el trabajador, tanto menos ha de consumir; cuanto más valor crea, tanto más sin valor, tanto más indigno es él; cuanto más elaborado su producto, tanto más deforme el trabajador; cuanto más civilizado su objeto, tanto más bárbaro el trabajador; cuanto más rico espiritualmente se hace el trabajo, tanto más desespiritualizado y ligado a la naturaleza queda el trabajador. (...)

El hombre (el trabajador) solo se siente libre en sus funciones animales, en el comer, beber, engendrar, y todo lo más en aquello que toca a la habitación y al atavío, y en cambio, en sus funciones humanas se siente como animal. Lo animal se convierte en lo humano y lo humano en lo animal.

4 Recuérdese la categoría a que apunto, la repetición, por medio de la cual se entra en la eternidad en un movimiento progresivo.

Introducción para la crítica de la Filosofía del Derecho de Hegel (Karl Marx)

La religión es la realización fantástica del ser humano, porque el ser humano no tiene una verdadera realidad. La guerra contra la religión es, por tanto, indirectamente, la lucha contra aquel mundo, cuyo aroma moral es la religión.

La miseria religiosa es, al mismo tiempo, la expresión de la miseria real y la protesta contra ella. La religión es el sollozo de las criaturas oprimidas, es el significado real de un mundo sin corazón, así como es el espíritu de una época privada de espíritu. Es el opio del pueblo.

La tarea de la historia, por tanto, es establecer la verdad del acá, después de que haya sido disipada la verdad del allá. Ante todo, el deber de la filosofía, que está al servicio de la historia, es el de desenmascarar la aniquilación de la persona humana en su aspecto profano, luego de haber sido desenmascarada la forma sagrada de la negación de la persona humana.

La crítica del cielo se cambia así en la crítica de la tierra, la crítica de la religión en la crítica del derecho, la crítica de la teología en la crítica de la política. (...)

Como los pueblos antiguos vivieron su prehistoria en la imaginación, en la mitología, nosotros, alemanes, hemos vivido nuestra historia póstuma en el pensamiento, en la filosofía. Somos filósofos contemporáneos del presente sin ser contemporáneos históricos. La filosofía alemana es la prolongación ideal de la historia alemana. (...)

La filosofía alemana del Derecho y del Estado es la única historia alemana que está a la par con el tiempo oficial moderno. El pueblo alemán debe por eso ajustar este su sueño de historia a sus actuales condiciones, y someter a la crítica no solo estas condiciones presentes sino también su abstracta continuación, su porvenir no se puede limitar ni a la inmediata negación de sus condiciones reales, ni a la inmediata realización de sus condiciones ideales, políticas y jurídicas, puesto que en sus condiciones ideales está la negación inmediata de sus condiciones reales, ya ha vivido como para haber visto, entre los pueblos vecinos, la inmediata realización de sus condiciones ideales. (...)

Por eso, de derecho, la parte político-práctica en Alemania exige la negación de la filosofía. Su carcoma no reside ya en esta exigencia, sino en detenerse en ella, a la que no traduce seriamente ni puede llevar a la práctica. Ella cree resolver esta negación con volver la espalda a la filosofía y torciendo la cabeza murmurar acerca de ella algunas frases coléricas y superficiales (...).

En una palabra: ustedes no pueden suprimir la filosofía sin realizarla. En el mismo error, solo que con factores invertidos, incurre la parte política teórica que extraía los movimientos de la filosofía. Ella vio en la lucha actual solo la lucha crítica de la filosofía con el mundo alemán, no ha considerado que la filosofía hasta hoy pertenece a este mundo y es su complemento ideal, sea como fuere.
Crítica hacia la parte adversaria, ella en este punto nos conducía sin crítica con respecto a sí misma, mientras tomaba las bases de las premisas de la filosofía y se detenía en los resultados obtenidos, o bien daba como exigencias y resultados recibidos por otro conducto; también aquellos —sostenida su exactitud— se pueden sostener, sin embargo, solo mediante la negación de la filosofía profesada hasta ahora, de la filosofía como filosofía. Nosotros nos reservamos un designio más profundo en este punto. Su falta fundamental se reduce a creer poder realizar la filosofía sin negarla.

La crítica de la Filosofía del Derecho y del Estado, que por obra de Hegel ha tenido la más consecuente, rica y última consideración, es lo uno y lo otro; tanto el análisis crítico del Estado y de la realidad vinculada a él, cuanto la decidida negación de toda la forma seguida hasta nosotros de la conciencia política y jurídica alemana, cuya expresión más noble, más universal, elevada a ciencia es precisamente la filosofía del derecho especulativo. (...)

Ya como decidida contraposición a la forma hasta ahora conocida de la conciencia práctica alemana, la crítica de la filosofía del derecho especulativo no va a terminar en sí misma, sino en un problema para cuya solución solo hay un medio: la praxis. Se pregunta:

¿puede Alemania llegar a una praxis, a la *hauteur des principes*, esto es, a una revolución que la eleve no solo al nivel oficial de los pueblos, sino a la elevación humana que instituirá el porvenir próximo de estos pueblos?

El arma de la crítica no puede soportar, evidentemente, la crítica de las armas; la fuerza material debe ser superada por la fuerza material; pero también la teoría llega a ser fuerza material apenas se enseñorea de las masas.

La teoría es capaz de adueñarse de las masas apenas se muestra *ad hominem*, y se muestra *ad hominem* apenas se convierte en radical. Ser radical significa atacar (aferrar) las cuestiones de raíz. La prueba evidente del radicalismo en la teoría alemana y, por tanto, de su energía práctica, es hacer que tome como punto de partida la cortante, positiva eliminación de la religión. (...)

También desde el punto de vista histórico la emancipación teórica tiene una importancia específica práctica para Alemania. El pasado revolucionario de Alemania es justamente teorético: es la Reforma. Como entonces el monje, ahora el filósofo en cuyo cerebro se inició la revolución.

Lutero ha vencido la servidumbre fundada en la devoción, porque ha colocado en su puesto a la servidumbre fundada sobre la convicción. Ha infringido la fe en la autoridad, porque ha restaurado la autoridad de la fe. Ha transformado a los clérigos en laicos, porque ha convertido a los laicos en clérigos. Ha liberado al hombre de la religiosidad externa, porque ha recluido la religiosidad a la intimidad del hombre. Ha emancipado al cuerpo de las cadenas porque ha encadenado al sentimiento. (...)

Las revoluciones tienen necesidad especialmente de un elemento receptivo, de una base material. La teoría en un pueblo alcanza a realizarse en tanto y en cuanto se trata de la realización de sus necesidades. Ahora, a la enorme disidencia entre las preguntas del pensamiento alemán y las respuestas de la realidad alemana ¿corresponde una igual disidencia de la sociedad burguesa con el Estado y consigo misma?

La divina comedia (Dante Alighieri)

Canto IX

—Vuélvete y cierra los ojos, porque si apareciese la Gorgona (Medusa), y la vieses, no podrías jamás volver arriba —así me dijo el Maestro, volviéndome él mismo, y no fiándose de mis manos, me tapó los ojos con las suyas—. [5] ¡Oh, vosotros, que gozáis de sano entendimiento, descubrid la doctrina que se oculta bajo el velo de tan extraños versos!

A la mitad del viaje de nuestra vida, me encontré en una selva oscura por haberme apartado del camino recto.

¡Ah! Cuán penoso me sería decir lo salvaje, áspera y espesa que era esta selva, cuyo recuerdo renueva mi temor; temor tan triste que la muerte no lo es tanto. Pero antes de hablar del bien que allí encontré, revelaré las demás cosas que he visto.

No sabré decir fijamente cómo entré allí; tan adormecido estaba cuando abandoné el verdadero camino. Pero al llegar al pie de una cuesta, donde terminaba el valle que me había llenado de miedo el corazón, miré hacia arriba, y vi su cima revestida ya de los rayos del planeta que nos guía con seguridad por todos los senderos. Entonces se calmó algún tanto el miedo que había permanecido en el lago de mi corazón durante la noche que pasé con tanta angustia; y del mismo modo que aquel que, saliendo anhelante fuera del piélago, al llegar a la playa, se vuelve hacia ondas peligrosas y las contempla, así mi espíritu fugitivo aún, se volvió hacia atrás, para mirar el trayecto del que no salió nunca nadie vivo.

---

5 Nota del traductor: Es notable este pasaje y lo que sigue. En las furias quiere significarse el remordimiento, que atormenta más que el castigo en esta vida y en la otra; y en el rostro de Medusa, que tenía el don de petrificar a la gente, se quiere representar al placer de los sentidos que, endureciendo el corazón del hombre, oscurece su entendimiento. Por eso Virgilio manda a su discípulo que cierre los ojos, y él mismo, simbolizando la filosofía moral, le ayuda a hacerlo. (Pietro Fraticelli).

Canto XIII

Segundo recinto del séptimo círculo; el de los violentos contra sí mismos. —Los suicidas están aprisionados en árboles y malezas. —Los disipadores son perseguidos por perros. —Pedro Desvignes, Lano de Siena, Santiago de Padua.

No había llegado aún Neso a la otra parte cuando penetramos en un bosque, que no estaba surcado por ningún sendero. El follaje no era verde, sino de un color oscuro; las ramas no eran rectas, sino nudosas y entrelazadas; no había frutas, sino espinas venenosas. No son tan ásperas y espesas las selvas donde moran las fieras, que aborrecen los sitios cultivados entre el Cecina y Corneto. Allí anidan las brutales Arpías, que arrojaron a los troyanos de las Strofades con el triple presagio de un mal futuro. Tienen alas anchas, cuellos y rostros humanos, pies con garras, y el vientre cubierto de plumas: subidas en los árboles, lanzan extraños lamentos.

Mi buen maestro empezó a decirme:

—Antes de avanzar más, debes saber que te encuentras en el segundo recinto, por el cual continuarás hasta que llegues a los terribles arenales. Por tanto, mira con atención y de este modo verás cosas que darán testimonio de mis palabras (Referencia a Eneida, Virgilio).

Canto XX

Cuarta fosa del octavo círculo, la de los adivinos. —Caminan hacia atrás con la cabeza vuelta al revés. —Tiresias, Aronte, Manto.

Mis versos deben relatar un nuevo suplicio, el cual serviría de asunto al vigésimo canto del primer cántico, que trata de los sumergidos en el infierno.

Me hallaba ya dispuesto a contemplar el descubierto fondo, que está bañado de lágrimas de angustia, cuando vi venir por la fosa circular a la gente que, llorando en silencio, caminaba con aquel paso lento que llevan las letanías en el mundo (procesiones de rogativa, ruego, súplica). Cuando incliné más hacia ellos mi mirada, me pareció que cada uno de aquellos condenados estaba retorcido de un modo extraño desde la barba al pecho, pues tenían el rostro vuelto hacia las espaldas, y les era preciso entrar hacia atrás, porque habían perdido la facultad de ver por delante.

Quizás por la fuerza de la perlesía se encuentre un hombre de tal manera contrahecho; pero yo no lo he visto, ni creo que pueda suceder. Ahora bien, lector, ¡así Dios te permita sacar fruto de esta lectura! Considera por ti si mis ojos podrían permanecer secos, cuando vi de cerca nuestra humana figura tan torcida que las lágrimas le caían por la espina dorsal. Yo lloraba en verdad, apoyado contra una de las rocas de la dura montaña, de suerte que mi Guía me dijo:

—¿Tú también eres de los insensatos? Aquí vive la piedad cuando está bien muerta. ¿Quién más criminal que el que se apasiona contemplando la justicia divina? Levanta la cabeza, levántala y mira a aquel por quien se abrió la tierra en presencia de los tebanos, que exclamaban: «¿Adónde caes, Anfiarao?[6] ¿Por qué abandonas la guerra?». Y no cesó de caer en el Infierno hasta llegar a Minos, que se apodera de cada culpable. Mira cómo ha convertido sus espaldas en pecho: por haber querido ver demasiado hacia adelante, ahora mira hacia atrás y sigue un camino retrógrado. Mira a Tiresias [adivino tebano], que mudó de aspecto cuando de varón se convirtió en hembra, cambiando también todos sus miembros, y hubo de abatir con su vara las dos serpientes unidas, antes que recobrara su pelo viril.

Bartleby, el escribiente (Bartleby, the Scrivener, Herman Melville)

Pareciera que no hay necesidad de proseguir con esta historia. La imaginación suplirá con facilidad el escueto relato del entierro del pobre Bartleby. Pero antes de despedirme del lector, permítaseme decir que si esta pequeña narración le ha interesado lo suficiente

6 Uno de los siete reyes que sitiaron a Tebas. Era adivino y había predicho que moriría en este sitio, y en medio del combate la tierra se lo tragó.

como para despertar su curiosidad sobre quién era Bartleby, y qué clase de vida llevó antes de que este narrador lo conociera, solo puedo responder que comparto plenamente esa curiosidad, pero que soy totalmente incapaz de satisfacerla.

Sin embargo, en este punto, no sé si debería divulgar un pequeño rumor que llegó a mis oídos unos meses después del fallecimiento del escribiente. Sobre qué base se sustentaba, nunca podré determinarlo; y, por tanto, no podría decir qué tan cierto es. Pero considerando que este vago rumor ha sido de cierto interés extraño y sugestivo para mí, por triste que sea, puede resultar interesante también para otras personas; así que lo mencionaré brevemente. El rumor era este: que Bartleby había sido un empleado subalterno en la Oficina de Cartas Muertas[7] en Washington, de la que fue repentinamente despedido por un cambio en la administración. Cuando pienso en este rumor, no puedo explicar adecuadamente los sentimientos que se apoderan de mí. ¡Cartas muertas! ¿No suena como a hombres muertos? Imagínense a un hombre, por naturaleza y desventura, propenso a la pálida desesperanza, ¿habrá otro trabajo que parezca más apropiado para agudizarla que manejar continuamente estas cartas muertas, y clasificarlas para lanzarlas al fuego? Porque año tras año las queman por montones. A veces, el pálido empleado extrae del sobre un anillo —el dedo al que estaba destinado, quizás, esté pudriéndose en la tumba—; un billete enviado con pronta caridad —aquel a quien habría aliviado ya no come ni siente hambre—; perdón para quienes murieron afligidos; esperanzas para quienes murieron sin ilusión; buenas noticias para quienes murieron ahogados por calamidades sin alivio.

Con mensajes de vida, estas cartas se precipitan hacia la muerte.

¡Ay, Bartleby! ¡Ay, humanidad!

---

7 *Dead letter*: carta que no puede ser entregada al destinatario ni devuelta al remitente.

Seminario 8: La transferencia (Jacques Lacan)

Alcibíades confiesa ante el tribunal del Otro que ha intentado convertir a Sócrates en algo completamente sometido y subordinado a otro valor distinto del de la relación de sujeto a sujeto, ha querido hacer de él alguien subordinado a su deseo, ha querido verlo manifestarse en su signo, para saber que el otro, objeto, ágalma, estaba a su merced (...). Delante de todos se desvela con sus rasgos el secreto más impactante, el último secreto del deseo, que obliga siempre en el amor a disimularlo más o menos —su objetivo es la caída del Otro, A, a otro, a. Es en esta empresa —hacer caer de este escalón a Sócrates— en la que, precisamente, fracasa, porque Sócrates lo reenvía hacia Agatón.

Seminario 10: La angustia (Jacques Lacan)

Quiero darles, de todas formas, el pequeño esquema de lo que plantearé en lo referente al obsesivo. (...)

Se trata de los cinco pisos, si puedo expresarme así, de la constitución del a en la relación de S con A (...). Aquí ven ustedes la primera observación. El segundo tiempo de la operación (...), a partir de la división que ya añadí como la división del Otro. Esto está lejos de la transformación del sujeto S en $, cuando pasa de la parte izquierda del primer esquema a la parte común del segundo, quedando por precisar, evidentemente, la función del círculo de Euler.

En el plano de la relación con el objeto oral no hay, digamos hoy para ser claros, necesidad del otro —esta ambigüedad es rica, y ciertamente no nos negamos a utilizarla—, sino necesidad en el Otro, en el nivel del Otro. Es en función de la dependencia respecto del ser materno que se produce la disyunción entre el sujeto y a, el seno, cuyo verdadero alcance solo pueden ustedes percibir si ven que el seno forma parte del mundo interior del sujeto y no del cuerpo de la madre.

En el segundo piso, el del objeto anal, tienen ustedes la demanda en el Otro. Es la demanda educativa por excelencia, en la medida que se relaciona con el objeto anal. No hay forma de captar cuál es la verdadera función de este objeto anal si no perciben que es el resto de la demanda del Otro, que aquí llamo, para que se me entienda bien, demanda en el Otro.

Tercer piso, el falo. Aquí encontrarán ustedes toda la dialéctica que les he enseñado a reconocer en la función de (~φ), función única respecto a todas las funciones de a, en la medida en que se define por una falta, la falta de un objeto. Dicha falta se manifiesta aquí en cuanto tal, es central en esta relación, lo cual justifica que todo el análisis encuentre su eje en la sexualidad. Aquí la llamaremos goce en el Otro. La relación de este goce en el Otro con la introducción del instrumento faltante designado por (~φ) es una relación inversa. Tal es lo que articulé en mis dos últimas lecciones y lo que constituye la base, el eje sólido de toda ubicación lo bastante eficaz de lo que llamamos angustia de castración.

En el piso escópico, que es propiamente el del fantasma, nos enfrentamos a la potencia en el Otro, que es el espejismo del deseo humano. En lo que es la forma principal de toda posesión, la posesión contemplativa, el sujeto está condenado a desconocer que solo se trata de un espejismo de potencia.

Como ustedes ven, voy muy deprisa. ¿Qué hay en el quinto y último piso? Diremos provisionalmente que ahí es donde debe emerger, en una forma pura, el deseo en el Otro. Lo que nos lo indica en el ejemplo del que hemos partido, o sea, el del obsesivo, es el predominio aparente de la angustia en su fenomenología. El hecho estructural del que solo nos percatamos nosotros es que, hasta cierto momento del análisis, haga lo que haga, sea cual sea el refinamiento que alcancen sus fantasmas y sus prácticas al construirse, lo que el obsesivo capta de ellos es siempre el deseo en el Otro. Verifiquen ustedes el alcance de esta fórmula. Es en la medida del retorno del deseo en el Otro —en tanto que, en el obsesivo, está esencialmente reprimido— que todo en su sintomatología está comandado, y en particular en los síntomas, donde la dimensión de la causa se entrevé como Angst.

La solución la conocemos también en el fenómeno. Para cubrir el deseo del Otro, el obsesivo tiene una vía, es el recurso a su demanda. Observen a un obsesivo en su comportamiento biográfico, en lo que he llamado hace un momento sus tentativas de encontrar una vía de paso en lo referente al deseo. Estas tentativas, aunque sean las más audaces, complicadas, refinadas, lujuriantes, perversas en la consecución de sus objetivos, están siempre marcadas por una condena original. Siempre le es preciso hacérselas autorizar. Es preciso que el Otro le demande eso.

Ya les he enseñado a situar el proceso de subjetivación, en la medida en que el sujeto tiene que constituirse en el lugar del Otro bajo los modos primarios del significante, y a partir de lo que está dado en ese tesoro del significante, ya constituido en el otro, tan esencial para todo el advenimiento de la vida humana como todo lo que podemos concebir del Umwelt (ambiente) natural. El tesoro del significante donde tiene que situarse espera ya al sujeto, que, en este nivel mítico, todavía no existe. Solo existirá a partir del significante, que le es anterior, y que con respecto a él es constituyente. (...). El a es lo que permanece irreductible en la operación total de advenimiento del sujeto al lugar del Otro, y ahí es donde adquirirá su función.

La relación de este a con S —el a precisamente como aquello que representa al S en su real irreductible—, este a sobre S es lo que completa la operación de la división, ya que, en efecto, A, por así decir, no tiene común denominador entre el a y el S. Si queremos, por convención, cerrar de todos modos la operación, ¿qué hacemos? Ponemos en el numerador el resto y en el denominador el divisor. El «$» es equivalente a «a sobre S» ($=a/S). En tanto que es la caída, por así decir, de la operación subjetiva, en este resto reconocemos estructuralmente, mediante la analogía del cálculo, el objeto perdido. Con esto nos enfrentamos, por una parte, en el deseo; por otra parte, en la angustia. Nos enfrentamos con ello en la angustia en un momento lógicamente anterior al momento en que lo hacemos en el deseo.

El masoquista, como les dije la última vez, ¿cuál es su posición? ¿Qué le enmascara su fantasma de ser el objeto de un goce del Otro? —que es su propia voluntad de goce, porque después de todo el masoquista no encuentra su pareja—. (...) ¿Qué enmascara esta posición de objeto sino equipararse él mismo, ponerse en la función de la piltrafa humana, de aquel pobre desecho de cuerpo separado que nos presentan aquellas telas? Por eso digo que el goce del Otro al que apunta es fantasmático, lo que se busca es, en el Otro, la respuesta a esta caída esencial del sujeto en su miseria final, y dicha respuesta es la angustia. (...) Podríamos decir, en efecto, (...) que esta angustia, que es a lo que apunta ciegamente el masoquista, puesto que su fantasma se la oculta, no es menos lo que podríamos llamar la angustia de Dios.

(...) Toda la aventura cristiana se entabla a partir de una tentativa central encarnada por un hombre cuyas palabras deben ser vueltas a escuchar todas ellas, ya que es él quien lleva las cosas hasta el último término de una angustia cuyo ciclo solo se cierra verdaderamente en aquel para quien se instauró el sacrificio, o sea, el Padre.

Dios no tiene alma (...). Sin embargo, el cambio radical de la perspectiva de la relación con Dios empezó con un drama, una pasión, en la que alguien se hizo el alma de Dios. El lugar del alma debe situarse en el nivel a de residuo, de objeto caído. No hay concepción viviente del alma (...) que no esté acompañada, de la forma más esencial, de la imagen de la caída. Todo lo que articula Kierkegaard no hace más que remitirse a estos puntos de referencia estructurales.

Que a alguien se le pueda plantear la cuestión del deseo del enseñante es señal, como diría Perogrullo, de que la cuestión se plantea. Es también señal de que hay una enseñanza. Y esto nos introduce, a fin de cuentas, a la curiosa observación de que, allí donde el problema no se plantea, es que hay un profesor. El profesor existe cada vez que la respuesta a esa pregunta está, por así decir, escrita, escrita en su aspecto o comportamiento, en aquella especie de condicionamiento que podemos situar en el plano de lo que llamamos preconsciente, es decir, algo que se puede expulsar, venga de donde venga, de las instituciones o incluso de lo que llaman sus inclinaciones.

No es inútil percatarse de que el profesor se define entonces como aquel que enseña sobre las enseñanzas. Dicho de otra manera, hace un recorte en las enseñanzas. Si esta verdad fuese mejor conocida —que se trata de algo análogo al *collage*—, ello permitiría a los profesores poner un poco más de arte en el asunto, del que el *collage*, con el sentido que ha adquirido la obra de arte, nos muestra la vía. (...) tendrían alguna oportunidad de alcanzar el mismo resultado al que apunta el collage, o sea, evocar la falta que constituye todo el valor de la propia obra figurativa, por supuesto, cuando es una obra lograda.

Por eso ya traté de retomar una vez la función del corte del objeto relativo al nivel de la pulsión oral, la disyunción entre el lugar de satisfacción y el de la angustia. Ahora se trata de (...) situar el punto de conjunción entre el a funcionando como (~φ), o sea, el complejo de castración, y el nivel que llamamos visual o espacial, según el lado que queramos considerar, nivel donde podemos ver mejor qué significa el engaño del deseo.

Para situarles la angustia, anuncié que tenía que volver al campo central ya trazado en el seminario sobre la ética como campo del goce. (...) Cierto número de abordajes (...) ya les enseñaron que, por míticamente que tuviéramos que situar este punto, debemos concebir el goce como profundamente independiente de la articulación del deseo.

El deseo, en efecto, se constituye más acá de la zona que separa goce y deseo, y que constituye la falla donde se produce la angustia. Esto no significa que el deseo no concierna al Otro implicado en el goce, que es el Otro real. Es normativo, diría, que el deseo, la ley que constituye el deseo como deseo no llegue a concernir a este Otro en su centro. Solo lo concierne excéntricamente y de un modo lateral. Como el resto simbolizado por a, aquello que viene a ser algo irreductible en la estructura, sobre todo en las degradaciones de la vida amorosa apuntadas por Freud. (...)

Este *ichtus* (...) es el propio Jesucristo. Se podría especular mucho sobre la especie de necesidad blasfematoria (...) que hace que un sujeto como este, al igual que muchos otros obsesivos, no pueda entregarse a ciertos actos más o menos atípicos en los que agota su búsqueda sexual sin fantasear con Cristo como asociado a ellos. (...) Si este fantasma es una blasfemia, es porque está claro que en esta oportunidad el Cristo es un dios. (...) Aquí adquiere su importancia el esbozo de explicación que creí que debía plantear de paso en su momento —que los dioses son un elemento de lo real, lo queramos o no—. Pero lo que es seguro es que la relación del dios con el objeto de su deseo es distinta a la nuestra. Lo propio del dios es que, una vez satisfecho, se transforme en el objeto de su deseo, aun si para ello tiene que petrificarse. En otros términos, un dios, si es real, da aquí, en su relación con el objeto de su deseo, la imagen de su potencia. Su potencia está allí donde se encuentra.

(...) Esto que intervino es el fantasma del Dios omnipotente, lo cual significa el Dios potente en todas partes y al mismo tiempo, y el Dios potente para todo, en conjunto, pues es a esto a lo que se tiene que llegar por fuerza. Si el mundo va como va, es en razón de la potencia de Dios, que se ejerce a la vez en todos los sentidos.

Ahora bien, la correlación de la omnipotencia con, por así decir, la omnividencia, nos indica suficientemente de qué se trata. Se trata de lo que se dibuja en el campo que está más allá del espejismo de la potencia. Se trata de esa proyección del sujeto en el campo del ideal, desdoblado entre, por un lado, el alter ego especular —el yo ideal— y, por otro lado, lo que está más allá —el Ideal del yo—.

Allí donde se trata de recubrir la angustia, el Ideal del yo adquiere la forma del Todopoderoso. Ahí es donde el obsesivo busca y encuentra el complemento de lo que necesita para constituirse como deseo, o sea, el fantasma ubicuo, que es también el soporte sobre el cual va y viene, va saltando, la multiplicidad —que siempre tiene que llevar más lejos— de sus deseos.

Así pues, en este punto de nuestra elaboración ¿de qué debe ser considerada la angustia señal? (...)

Yo sitúo este momento como anterior a la cesión del objeto, al igual que la necesidad de su articulación obliga a Freud a situar algo más primitivo que la situación de peligro. (...)

La angustia, les he dicho, está vinculada a lo siguiente: no sé qué objeto a soy para el deseo del Otro, pero esto, a fin de cuentas, solo vale en el nivel escópico. Aquí es donde puedo darles a ustedes la fábula ejemplar en la que el Otro sería radicalmente un Otro, la mantis religiosa de deseo voraz con la que no me vincula ningún factor común. Por el contrario, con el Otro humano algo me vincula, que es mi cualidad de ser su semejante, y de ello resulta que el resto a, el del «no sé qué objeto soy» angustiante, es profundamente desconocido.

Hay desconocimiento de lo que es el a en la economía de mi deseo de hombre, y por eso en el nivel llamado cuarto, el del deseo escópico, aquel donde la estructura del deseo está más plenamente desarrollada en su alienación fundamental, es también, paradójicamente, aquel donde el objeto a se encuentra más enmascarado y, por este hecho, el sujeto está más protegido en cuanto a la angustia

La perspectiva platónica basa toda aprehensión del objeto en el reconocimiento, la reminiscencia, de un tipo de alguna manera preformado. Tal perspectiva está separada por toda la distancia existente entre la experiencia moderna y la experiencia antigua, de la noción que aporta Kierkegaard en el registro de la repetición, repetición siempre buscada pero nunca satisfecha. Por naturaleza, la repetición se opone a la reminiscencia. De por sí es siempre difícil de saciar. En este registro se sitúa la noción freudiana de encuentro del objeto perdido. Tendremos presente este texto, que muestra claramente como Freud sitúa de entrada la noción en el marco de una relación profundamente conflictiva del sujeto con su mundo. ¿Cómo podía ser de otro modo, si ya en esa época se trata esencialmente de la oposición entre principio de placer y principio de realidad? (...) Si cada uno de estos dos términos ocupa un lugar en puntos distintos de la dialéctica freudiana, es simplemente porque la relación sujeto-objeto no es en ningún caso central.

Si puede parecer que esta relación se sostiene directamente y sin ninguna *hiancia*, solo es cuando se trata de las relaciones que luego se llamaron pregenitales, ver-ser visto, atacar-ser atacado, pasivo-activo. El modo en que el sujeto vive estas relaciones implica siempre, de forma más o menos implícita, más o menos manifiesta, su identificación con el *partener*. Estas relaciones se viven en la reciprocidad —aquí el término es válido— de una ambivalencia entra la posición del sujeto y la de *partener*.

En este plano, en efecto, se introduce una relación entre el sujeto y el objeto que no solo es directa y sin ninguna *hiancia*, sino que es literalmente equivalencia del uno al otro. Esta relación es la que puede servir de pretexto para poner en primer plano la relación de reciprocidad entre el sujeto y el objeto, que merece el nombre de una relación de espejo, y plantea en sí misma tantos interrogantes que yo mismo, para tratar de resolverlos, introduje en la teoría analítica la noción de espejo.

¿Qué es el estadio del espejo? Es el momento en que el niño reconoce su propia imagen. Pero el estadio del espejo no se limita de ningún modo a connotar un fenómeno que se presenta en el desarrollo del niño. Ilustra el carácter conflictivo de la relación dual. Todo lo que el niño capta al quedar cautivo de su propia imagen es precisamente la distancia que hay entre sus tensiones internas (...) y la identificación con dicha imagen. (...)

Lo que he dicho del afecto es que no está reprimido. Esto lo dice también Freud. El afecto está desamarrado, va a la deriva. Se lo encuentra desplazado, loco, invertido, metabolizado, pero no reprimido. Lo que está reprimido son los significantes que lo amarran.

Seminario 20: Aún (Jacques Lacan)

Diré que el significante se sitúa a nivel de la sustancia gozante. Es del todo diferente de la física aristotélica (...). El significante es la causa del goce. Sin el significante, ¿cómo siquiera abordar esa parte del cuerpo? ¿Cómo, sin el significante, centrar ese algo que es la causa del goce? Por desdibujado, por confuso que sea, una parte del cuerpo es significada en este aporte.

A los estudiantes de Filosofía, sobre el objeto a... (Jacques Lacan)

Sujeto del deseo alienado: ustedes quieren decir, sin duda, lo que yo enuncio como: «el deseo de- es el deseo del Otro», lo que es justo, salvo que no hay sujeto de deseo. Hay el sujeto del fantasma, es decir, una división del sujeto causada por un objeto, es decir, obturada por él, o más exactamente, el objeto cuyo lugar en el sujeto tiene la categoría de causa.

Discurso a los católicos (Jacques Lacan)

La nuestra es una ciencia de pequeños signos y ecuaciones, que participa de lo inconcebible precisamente porque da razón a Newton contra Descartes. No es casualidad que esta ciencia tenga forma atómica, ya que ha sido estructurada por la producción del atomismo del significante. Nosotros no reconocíamos que estábamos habituados por ese atomismo sobre el que se quiso reconstruir nuestra psicología, contra el cual nos sublevamos cuando se trata de comprendernos a nosotros mismos. Por eso Freud partió de las hipótesis del atomismo psicológico, más allá que pueda decirse o no que lo asume. Él no trata los elementos de la asociación como ideas que exigen la génesis de su depuración a partir de la experiencia, sino como significantes cuya constitución implica en primer lugar su relación con lo que se esconde de radical en la estructura como tal, es decir, el principio de permutación, a saber, que una cosa puede ponerse en el lugar de otra y por esto solamente representarla.

Estética (Georg Hegel)

Pues en el arte no tenemos que ver con ningún juguete meramente agradable, sino con un despliegue de la verdad.

Fenomenología del espíritu (Georg Hegel)

Es natural pensar que, en filosofía, antes de entrar en la cosa misma, es decir, en el conocimiento real de lo que es en verdad, sea necesario ponerse de acuerdo previamente sobre el conocimiento, considerado como el instrumento que sirve para apoderarse de lo absoluto o como el medio a través del cual es contemplado. Parece justificada esta preocupación, ya que, de una parte, puede haber diversas clases de conocimiento, una de las cuales se preste mejor que las otras para alcanzar dicho fin último, pudiendo, por tanto, elegirse mal entre ellas; y, de otra parte, porque siendo el conocimiento una capacidad de clase y alcance determinados, sin la determinación precisa de su naturaleza y sus límites, captaríamos las nubes del error, en vez del cielo de la verdad.

E incluso puede muy bien ocurrir que esta preocupación se trueque en el convencimiento de que todo el propósito de ganar para la conciencia por medio del conocimiento lo que es en sí sea en su concepto un contrasentido y de que entre el conocimiento y lo absoluto se alce una barrera que los separara sin más. En efecto, si el conocimiento es el instrumento para apoderarse de la esencia absoluta, inmediatamente se advierte que la aplicación de un instrumento a una cosa no deja a esta tal y como es para sí, sino que la modela y altera. Y si el conocimiento no es un instrumento de nuestra actividad, sino, en cierto modo, un médium pasivo a través del cual llega a nosotros la luz de la verdad, no recibiremos esta tampoco tal y como es en sí, sino tal y como es a través de este médium y en él. En ambos casos emplearíamos un medio que produce de un modo inmediato lo contrario de su fin, o más bien el contrasentido consiste en recurrir en general a un medio. (...)

Y si el instrumento se limitara a acercar a nosotros lo absoluto como la vara con pegamento nos acerca el pájaro apresado, sin hacerlo cambiar en lo más mínimo, lo absoluto se burlaría de esta astucia, si es que ya en sí y para sí no estuviera y quisiera estar en nosotros; pues el conocimiento sería, en este caso, en efecto, una astucia, ya que con sus múltiples afanes aparentaría algo completamente diferente del simple producir la relación inmediata y, por tanto, carente de esfuerzo. O bien, si el examen del conocimiento que nos representamos como un medio nos enseña a conocer la ley de su refracción, de nada servirá que descontemos esta del resultado, pues el conocimiento no es la refracción del rayo, sino el rayo mismo a través del cual llega a nosotros la verdad y, descontado esto, no se habría hecho otra cosa que indicarnos la dirección pura o el lugar vacío.

(...) En efecto, el pretextar, por una parte, que su significado es generalmente conocido y, por otra, que se posee su concepto mismo no parece proponerse otra cosa que soslayar lo fundamental, que consiste precisamente en ofrecer este concepto. Con mayor razón, por el contrario, cabría rehuir el esfuerzo de fijarse para nada en esta clase de representaciones y maneras de hablar por medio de las cuales se descartaría a la ciencia misma, ya que solo constituyen una manifestación vacía del saber, que inmediatamente desaparece al entrar en acción la ciencia. Pero la ciencia, al aparecer, es ella misma una manifestación; su aparición no es aún la ciencia en su verdad, desarrollada y desplegada. Es indiferente, a este propósito, representarse que ella misma sea la manifestación porque aparece junto a otro saber o llamar a este otro saber no verdadero su manifestarse.

Pero la ciencia tiene que liberarse de esta apariencia, y solo puede hacerlo volviéndose en contra de ella. En efecto, la ciencia no puede rechazar un saber no verdadero sin más que considerarlo como un punto de vista vulgar de las cosas y asegurando que ella es un conocimiento completamente distinto y que aquel saber no es para ella absolutamente nada, ni puede remitirse al barrunto de un saber mejor en él mismo. (...)

Ahora bien, puesto que esta exposición versa solamente sobre el saber que se manifiesta, no parece ser por ella misma la ciencia libre, que se mueve bajo su figura peculiar, sino que puede considerarse, desde este punto de vista, como el camino de la conciencia natural que pugna por llegar al verdadero saber o como el camino del alma que recorre la serie de sus configuraciones como otras tantas estaciones de tránsito que su naturaleza le traza, depurándose así hasta elevarse al espíritu y llegando a través de la experiencia completa de sí misma al conocimiento de lo que en sí misma es.

La conciencia natural se mostrará solamente como concepto del saber o saber no real. Pero, como se considera inmediatamente como el saber real, este camino tiene para ella un significado negativo y lo que es la realización del concepto vale para ella más bien como la pérdida de sí misma, ya que por este camino pierde su verdad. Podemos ver en él, por tanto, el camino de la duda o, más propiamente, el camino de la desesperación; en él no nos encontramos, ciertamente, con lo que se suele entender por duda. (...) La duda es, aquí, más bien la penetración consciente en la no verdad que se manifiesta, para el cual lo más real de todo es lo que solamente es en verdad el concepto no realizado. (...) Se trata, en efecto, del escepticismo que ve siempre en el resultado solamente la pura nada, haciendo abstracción de que esta nada determina la nada de aquello de lo que es resultado. Pero la nada, considerada la nada de aquello de que proviene, solo es, en realidad, el resultado verdadero; es por esto, en ella misma, algo determinado y tiene un contenido.

El escepticismo que culmina en la abstracción de la nada o del vacío no puede, partiendo de aquí, ir más adelante, sino que tiene que esperar hasta ver si se presenta algo nuevo, para arrojarlo al mismo abismo vacío. En cambio, cuando el resultado se aprende como lo que en verdad es, como la negación determinada, ello hace surgir inmediatamente una nueva forma y en la negación se opera el tránsito que hace que el proceso se efectúe por sí mismo, a través de la serie completa de las figuras.

Pero la meta se halla tan necesariamente implícita en el saber como la serie que forma el proceso; se halla allí donde el saber no necesita ir más allá de sí, donde se encuentra a sí mismo y el concepto corresponde al objeto y el objeto al concepto. La progresión hacia esta meta es también, por tanto, incontenible y no puede encontrar satisfacción en ninguna estación anterior: Lo que se limita a una vida natural no puede por sí mismo ir más allá de su propia existencia inmediata, sino que es empujado más allá por otro y este ser arrancado de su sitio es su muerte. Pero la conciencia es para sí misma su concepto y, con ello, de un modo inmediato, el ir más allá de lo limitado y, consiguientemente, más allá de sí misma, puesto que lo limitado le pertenece; con lo singular, se pone en la conciencia, al mismo tiempo, el más allá, aunque solo sea, como en la intuición espacial al lado de lo limitado. Por tanto, la conciencia se ve impuesta por sí misma esta violencia que echa a perder en ella la satisfacción limitada. En el sentimiento de esta violencia puede ser que la angustia retroceda ante la verdad, tendiendo a conservar aquello cuya pérdida la amenaza. (...)

Esta contradicción y su eliminación resultarán de un modo más determinado si recordamos antes las determinaciones abstractas del saber y de la verdad, tal y como se dan en la conciencia. Esta, en efecto, distingue de sí misma algo con lo que, al mismo tiempo, se relaciona; o, como suele expresarse, es algo para ella misma; y el lado determinado de esta relación o del ser de algo para una conciencia es el saber. Pero, de este ser para otro distinguimos el ser en sí; lo referido al saber es también algo distinto de él y se pone, como lo que es, también fuera de esta relación; el lado de este en sí se llama verdad. Aquí, no nos interesa saber, fuera de lo dicho, lo que sean estas determinaciones, pues, siendo nuestro objeto el saber tal como se manifiesta, por el momento tomaremos sus determinaciones a la manera como inmediatamente se ofrecen (...).

Si ahora investigamos la verdad del saber, parece que investigamos lo que este es en sí. Sin embargo, en esta investigación el saber es nuestro objeto, es para nosotros; y el en sí de lo que resultara sería más bien su ser para nosotros; lo que afirmaríamos como su esencia no sería su verdad, sino más bien solamente nuestro saber acerca de él. La esencia o la pauta estaría en nosotros, y lo que por medio de ella se midiera y acerca de lo cual hubiera de recaer por esta comparación, una decisión, no tendría por qué reconocer necesariamente esta pauta.

(...) Así pues, cuando la conciencia encuentra en su objeto que su saber no corresponde a este, tampoco el objeto mismo puede sostenerse; o más bien la pauta del examen cambia cuando en este ya no se mantiene lo que se trataba de medir por ella; y el examen no es solamente un examen del saber, sino también la pauta de este. Este movimiento dialéctico que la conciencia lleva a cabo en sí misma, tanto en su saber como en su objeto, en cuanto brota ante ella el nuevo objeto verdadero, es propiamente lo que se llamará experiencia. (...) La conciencia sabe algo, y este objeto es la esencia o el en sí; pero este es también el en sí para la conciencia, con lo que aparece la ambigüedad de este algo verdadero. Vemos que la conciencia tiene ahora dos objetos: uno es el primer en sí, otro el ser para ella de este en sí. El segundo solo parece ser, por el momento, la reflexión de la conciencia en sí misma, una representación no de un objeto, sino solo de su saber de aquel primero. Pero, como más arriba hemos puesto de relieve, el primer objeto cambia, deja de ser el en sí para convertirse en la conciencia en un objeto que es en sí solamente para ella, lo que quiere decir, a su vez, que lo verdadero es el ser para ella de este en sí y, por tanto, que esto es la esencia o su objeto. Este nuevo objeto contiene la anulación del primero, es la experiencia hecha sobre él.

(...) Nos encontramos aquí, en realidad, con la misma circunstancia de que más arriba hablábamos, al referirnos a la relación de esta exposición con el escepticismo, o sea, la de que todo resultado que se desprende de un saber no verdadero no debe confluir en una nada vacía, sino que debe ser aprendido necesariamente como la nada de aquello cuyo resultado es, resultado que contendrá, así, lo que el saber anterior encierra de verdadero. Lo cual se presenta aquí del modo siguiente: cuando lo que primeramente aparecía como el objeto que desciende en la conciencia a un saber de él y cuando el en sí deviene un ser del en sí para la conciencia, tenemos el nuevo objeto por medio del que surge también una nueva figura de la conciencia, para la cual la esencia es ahora algo distinto de lo que era antes. Es esta circunstancia la que guía en su necesidad a toda la serie de las figuras de la conciencia. Y es solo esta necesidad misma, o el nacimiento del nuevo objeto que se ofrece a la conciencia sin que esta sepa cómo ocurre ello, lo que para nosotros sucede, por así decirlo, a sus espaldas.

Se produce, así, en su movimiento, un momento del ser en sí o ser para nosotros, momento que no está presente para la conciencia que se halla por sí misma inmersa en la experiencia, pero el contenido de lo que nace ante nosotros es para ella, y nosotros solo captamos el lado formal de este contenido o su puro nacimiento; para ella, esto que nace es solamente en cuanto objeto, mientras que para nosotros es, al mismo tiempo, en cuanto movimiento y en cuanto devenir.

Esta necesidad hace que este camino hacia la ciencia sea ya él mismo ciencia y sea, por ello, en cuanto a su contenido, la ciencia de la experiencia de la conciencia. (...) Impulsándose a sí misma hacia su existencia verdadera, la conciencia llegará entonces a un punto en que se despojará de su apariencia de llevar en ella algo extraño que es solamente para ella y es como un otro y alcanzará, por consiguiente, el punto en que la manifestación se hace igual a la esencia y en el que, consiguientemente, su exposición coincide precisamente con este punto de la auténtica ciencia del espíritu y, por último, al captar por sí misma esta esencia suya, la conciencia indicará la naturaleza del saber absoluto mismo.

La autoconciencia ha encontrado la cosa como sí misma y se ha encontrado a sí misma como cosa; es decir, para la autoconciencia la cosa es en sí la realidad objetiva. No es ya la certeza inmediata de ser toda realidad, sino una certeza para la que lo inmediato en general tiene la forma de algo superado, de tal modo que su objetividad solamente vale como la superficie cuyo interior y esencia es la autoconciencia misma. Por lo tanto, el objeto con que esta se relaciona de un modo positivo es una autoconciencia; este objeto es en la forma de la coseidad, es decir, es independiente; pero la autoconciencia tiene la certeza de que este objeto independiente no es algo extraño para ella; sabe, así, que es reconocida en sí por él; la autoconciencia es el espíritu que abriga la certeza de tener la unidad consigo misma en la duplicación de su autoconciencia y en la independencia de ambas. Esta certeza es la que ahora tiene que elevarse ante él a verdad; lo que vale para ella, el que sea en sí y en su certeza interior, debe entrar en su conciencia y llegar a ser para ella.

Si tomamos en su realidad esta meta que es el concepto que ha nacido ya para nosotros —a saber, la autoconciencia reconocida que tiene la certeza de sí misma en la otra autoconciencia libre y que tiene precisamente en ella su verdad— o si destacamos este espíritu todavía interior como la sustancia que ha llegado ya hasta su ser allí, se abre en este concepto el reino de la ética.

Filosofía de la nueva música (Theodor Adorno)

El principio que, por motivos de crítica gnoseológica, siguió Walter Benjamin en su tratado sobre la tragedia alemana puede fundarse en el objeto mismo en un examen de la nueva música desde el punto de vista filosófico que esencialmente se limita a sus dos protagonistas sin ponerlos en relación. Pues únicamente en los extremos se encuentra impresa la esencia de esta música; solo ellos permiten el reconocimiento de su contenido de verdad. «El camino del medio», se lee en el proemio de Schönberg a las sátiras para coro, «es el único que no lleva a Roma». Por eso, y no en la ilusión de la gran personalidad, meramente se trata de estos dos autores [se refiere Adorno a Schönberg y Stravinski].

(...) no porque les corresponda a estos la prioridad histórica y lo demás se derive de ellos, sino porque solo ellos, gracias a una consecuencia sin compromisos, llegaron a hacer legibles como ideas de la cosa misma los impulsos inherentes a sus obras. Esto sucedió en las constelaciones específicas de su procedimiento, no en el diseño general de los estilos. Sobre la verdad o falta de verdad de Schönberg o Stravinski no se puede decidir en el mero examen de categorías como atonalidad, dodecafonismo, neoclasicismo, sino únicamente en la cristalización concreta de categorías en la estructura de la música en sí. (...) La transición a la producción calculada de música como artículo para las masas tardó sin duda más tiempo que el proceso análogo en la literatura o en las artes plásticas. Su elemento no conceptual y no objetual, que desde Schopenhauer la remitía a la filosofía irracionalista, la hizo reacia a la ratio de la vendibilidad. Solo en la era del cine sonoro, de la radio y de los anuncios publicitarios cantados quedó, precisamente en su irracionalidad, completamente secuestrada por la razón comercial.

La guía perversa del cine (Slavoj Zizek)
Con qué frecuencia, cuando amamos a una persona, no la aceptamos como de hecho ella es. Aceptamos a esa persona en la medida en que quepa en las coordenadas de la fantasía. Nos confundimos, identificamos erróneamente a esa persona, por eso, cuando descubrimos que estábamos engañados, el amor puede rápidamente transformarse en violencia. No hay nada más peligroso, más letal para la persona amada que ser amada por lo que no es, sino por ajustarse a un ideal. En este caso, el amor es siempre mortificante.

El títere y el enano: El núcleo perverso del cristianismo (Slavoj Zizek)
Pablo ignora por completo los actos, las enseñanzas y las palabras particulares de Jesús, todo aquello a lo que Hegel se refirió luego como el elemento mítico de la narrativa de los cuentos fantásticos, de la mera representación (*Vorstellung*) prenocional. En sus escritos, Pablo nunca se interna en la hermenéutica, no intenta indagar el «sentido más profundo» de esta o aquella parábola, de este o aquel acto de Jesús. Lo que le importa no es Jesús, entendido como figura histórica, sino solamente el hecho de que murió en la

Cruz y resucitó entre los muertos. Después de establecer la muerte y la resurrección de Jesús, Pablo continúa con su verdadero negocio leninista, el de organizar el nuevo partido llamado comunidad cristiana. ¿Pablo considerado un leninista? ¿Por qué no? ¿No fue Pablo, como Lenin, el gran «institucionalizador» y, como tal, no fue vilipendiado por los partidarios del cristianismo-marxismo «original»? La temporalidad paulina del «ya pero no todavía», ¿no designaba también la situación intermedia de Lenin entre las dos revoluciones, entre febrero y octubre de 1917? La revolución ya está detrás de nosotros, el antiguo régimen corresponde al pasado, la libertad está aquí, pero aún tenemos por delante la tarea más difícil.

Ya en 1956 Lacan propuso una definición breve y clara del Espíritu Santo: «El Espíritu Santo es la entrada del significante al mundo. Es ciertamente lo que Freud nos presentó con el título de pulsión de muerte» (Lacan, Seminario IV: La relación de objeto). Lo que quiere decirnos Lacan, en aquel momento de su pensamiento, es que el Espíritu Santo representa el orden simbólico con aquello que suprime (o, más precisamente, suspende) el dominio total de la «vida»: la experiencia vivida, el flujo libidinal, la riqueza de las emociones, o para decirlo en términos kantianos, lo «patológico».

Cuando nos situamos dentro del Espíritu Santo, experimentamos una transustanciación, entramos en otra vida que está más allá de la vida biológica. Y esta noción paulina de la vida, ¿no se basa en otro rasgo distintivo de Pablo? Lo que le permitió formular los principios básicos del cristianismo de su condición de secta judía a la jerarquía de religión universal (religión de universalidad) fue precisamente el hecho de no pertenecer al «círculo íntimo» de Cristo. (...)

En cierto modo, también Pablo lo «traicionó» al no preocuparse por las «idiosincrasias» de Cristo, por reducirlo despiadadamente a los fundamentos, por no tener ninguna paciencia para relatar los actos de sabiduría, los milagros y toda la parafernalia similar.
De modo que, sí, uno debería leer a Pablo desde el interior de la tradición judía, puesto que precisamente esa lectura hace más palpable la verdadera radicalidad de esa ruptura, el modo en que Pablo

socavó desde adentro la tradición judía. Para emplear una conocida oposición kierkegaardiana, leer a Pablo desde el interior mismo de la tradición judía, como el que está situado en ella, nos permite entender el «cristianismo en su devenir»: no todavía como dogma positivo establecido, sino como el gesto violento que lo postuló el «mediador evanescente» entre el judaísmo y el cristianismo, algo semejante a la violencia constituida de la ley de Benjamin.

Visión de paralaje (Slavoj Zizek)

Hay una homología estructural en esta relación entre el materialismo histórico y el dialéctico y la adecuada respuesta psicoanalítica al aburrido y convencional reproche a la aplicación a los procesos socioideológicos: ¿es legítimo expandir el uso de nociones que fueron desarrolladas originalmente para el tratamiento de individuos a entidades colectivas y hablar, por ejemplo, de la religión como una «neurosis compulsiva colectiva»? El eje del psicoanálisis reside en otra parte: lo social, el campo de las prácticas sociales y las creencias sostenidas socialmente, no se halla simplemente a un nivel distinto de las experiencias individuales, sino que es algo con lo que debe relacionarse lo individual en sí, que lo individual en sí debe experimentar como un orden que está mínimamente reificado, externalizado. El problema no es, por consiguiente, «cómo pasar del nivel individual al social», sino cómo debería ser el orden externo-impersonal sociosimbólico de prácticas institucionalizadas si el sujeto pretende mantener su «cordura», su funcionamiento «normal». (Recuérdese la famosa renuncia egotista y cínica al sistema público de normas morales; como regla, ese sujeto solo puede funcionar si ese sistema se encuentra «allí afuera», reconocido públicamente. O sea, para poder ser un cínico en el ámbito de lo privado, alguien debe presuponer la existencia de otros ingenuos que «realmente creen»). En otras palabras, la brecha entre lo individual y la dimensión social «impersonal» debe inscribirse nuevamente en el individuo en sí: el orden objetivo de la sustancia social existe solo en la medida en que los individuos la consideran como tal, que se relacionen con ella como tal. ¿Y aquí el ejemplo supremo no es, una vez más, el del propio Cristo, en quien la diferencia entre Dios y el hombre es traspuesta al propio hombre?

Respecto de la relación entre pensamiento y ser, tanto el materialismo histórico como el dialéctico, por supuesto, superan la ingenua y prefilosófica noción «dialéctica materialista» de pensamiento por ser un reflejo/espejo del ser (de la «realidad con existencia objetiva, independiente»), pero lo hacen de modos opuestos. El materialismo histórico supera este paralelismo eterno de pensamiento y ser, del pensamiento como un reflejo pasivo de la «realidad objetiva» por medio de la noción de pensamiento (la «conciencia») como un momento inherente al proceso mismo del ser (social), de praxis colectiva, como un proceso enclavado (aunque luego de la invasión a Irak produzca algo de vergüenza usar este verbo) en la realidad social, como un momento activo. Esta superación fue revelada de un modo incomparable por Georg Lukács en su *Historia y conciencia de clase*: la «conciencia» (volverse consciente de la propia posición social concreta y su potencial revolucionario) cambia siendo ella misma, es decir, transforma a la «clase obrera» pasiva, un estrato de la estructura social, en «proletariado» como sujeto revolucionario. El materialismo dialéctico se aproxima al mismo nudo desde el lado opuesto: su problema no es cómo superar la oposición eterna entre pensamiento y ser desplegando su mediación práctico-ideológica, sino cómo emerge, desde el orden chato del ser positivo, la verdadera brecha entre pensamiento y ser, la negatividad del pensamiento. En otras palabras, aunque Lukács y los demás se esfuercen por demostrar que el pensamiento es un momento activo y constitutivo del ser social, lo que buscan las categorías fundamentales del materialismo dialéctico (como la negatividad de la «pulsión de muerte») es el aspecto «práctico» de la propia pasividad del pensamiento: cómo un ser viviente puede quebrar/suspender el ciclo de reproducción de la vida para instalar un no-acto, un reino del ser a una distancia reflexiva como su intervención más radical. Para ponerlo en términos de Kierkegaard, la cuestión no es superar la brecha que separa el pensamiento del ser, sino concebirlo en su «aparición». (...)

El problema clave aquí es que la «ley» básica del materialismo dialéctico, la lucha de los opuestos, fue colonizada/obstruida por la noción *New Age* de la polaridad de los opuestos (yin-yang, etc.). El primer movimiento crítico será reemplazar este tópico de la polaridad de los opuestos por el concepto de «tensión» inherente, brecha, no coincidencia del propio Uno. Este libro se basa en una decisión político-filosófica de designar a esta brecha que separa al Uno de sí mismo con el término paralaje.

Deberíamos actuar como Pablo, quien, aunque se sentía orgulloso de su identidad particular (como judío y ciudadano romano), de todos modos, se daba cuenta de que, en el espacio adecuado de la verdad absoluta cristiana, «no existen ni judíos ni griegos». La lucha que verdaderamente lo obsesiona no es simplemente «más universal» que la de un grupo étnico contra otro; es una lucha que obedece a una lógica totalmente diferente, ya no la lógica del grupo sustancial idéntico a sí mismo luchando contra otro, sino un antagonismo que, de modo diagonal, atraviesa todos los grupos particulares.

La obra de arte en la era de su reproducción técnica (Walter Benjamin)

Hasta la reproducción más perfecta tendrá siempre algo que falta: el *hic et nunc* del original constituye lo que se denomina su autenticidad. (...) Lo que hace la autenticidad de una cosa es todo lo que resulta transmisible en su origen desde su duración material hasta su condición de testimonio histórico. (...)

Todo esto podría subsumirse en el concepto de aura, podría afirmarse que, en la era de la reproducción técnica de la obra de arte, lo que se atrofia es su aura. El proceso es sintomático; su significado va más allá del ámbito del arte. Para establecer una fórmula general, la técnica de reproducción desvincula el objeto reproducido del campo de la tradición. Al multiplicar las reproducciones, la técnica reemplaza el lugar de la existencia irrepetible por la simple repetición masiva. Y actualiza el objeto reproducido al permitirle a su reproducción salir al encuentro de cada destinatario en su respectiva situación. Ambos procesos conducen a una fuerte conmoción de lo transmitido, a una conmoción de la tradición que constituye el reverso de la actual crisis y de la renovación de la humanidad. Ambos están, además, en estrecha relación con los movimientos de masas de nuestros días. Su agente más poderoso es el cine. Incluso considerándolo desde su aspecto más positivo, no puede pensarse la importancia social del cine sin ese otro costado destructivo, catártico: la liquidación del valor de la tradición en la herencia cultural. (...)

El concepto de aura que propusimos más arriba para los objetos históricos puede ser ilustrado, para mayor claridad, con el concepto del aura de los objetos naturales. Definiremos esta última como la lejanía (por cercana que pueda estar). El caminante que una tarde de verano deja vagar su mirada hacia los picos de una cordillera en el horizonte, o hacia la rama a cuya sombra descansa, está respirando el aura de esas montañas, de esa rama. Esta descripción permite percibir con facilidad los condicionamientos sociales a los que se debe la pérdida del aura en la actualidad. Estriba en dos circunstancias que a su vez dependen de la importancia creciente de las masas en la vida de hoy. Para las masas actuales, «acercar» espacial y humanamente las cosas hacia sí es un deseo tan apasionado como su tendencia a superar el carácter único de cada fenómeno por medio de su reproducción.

Calle de sentido único (Walter Benjamin)

Bandera

¡Cuánto más fácilmente se ama a quien se despide! Pues la llama arde más pura por quien se aleja, alimentada por la fugaz cinta de tela que ondea desde el barco o la ventanilla del tren. El alejamiento penetra como un colorante en quien se marcha, y lo impregna de un suave ardor.

Gasolinera

En estos momentos, la construcción de la vida se halla mucho más bajo del dominio de hechos que de convicciones. En estas circunstancias, la verdadera actividad literaria no puede aspirar a desenvolverse en el marco literario: esta es más bien la expresión usual de su infructuosidad. La eficacia literaria significativa solo puede nacer del riguroso intercambio entre acción y escritura: ha de plasmar, en folletos, opúsculos, artículos periodísticos y carteles, las modestas formas que corresponden mejor a su influencia en comunidades activas que el pretencioso gesto universal del libro. Solo este lenguaje instantáneo se muestra activamente a la altura del momento. Las opiniones son al gigantesco aparato de la vida social lo que el aceite a las máquinas: nadie se sitúa delante de una turbina y la inunda de lubricante. Uno vierte un poco en roblones y juntas ocultos que se han de conocer.

Productos chinos

En estos días nadie debe desempeñarse en lo que «sabe hacer». La fuerza estriba en la improvisación. Todos los golpes decisivos se darán con la mano izquierda.

Un portón se abre al comienzo de un largo camino que conduce cuesta abajo a casa de..., a quien yo visitaba todas las tardes. Desde que ella se mudó, la abertura del arco del portón quedó ante mí como el pabellón de una oreja que ha perdido el oído.

No hay manera de que un niño en camisón de dormir salude a una visita que entra. Los presentes, desde su superior posición moral, intentan en vano persuadirle para que venza su mojigatería. Minutos después se presenta, esta vez en cueros, ante el visitante. Mientras tanto se había lavado.

La fuerza de la carretera es distinta si uno la recorre a pie o la sobrevuela en aeroplano. Así también la fuerza de un texto es distinta si uno lo lee o lo transcribe. Quien vuela solo ve cómo la calzada se desliza por el paisaje, se devana ante sus ojos según las mismas leyes que el terreno circundante. Solo quien recorre la carretera a pie advierte el poder de esta y cómo justamente de este terreno que para el aviador no es más que una llanura desplegada hace surgir en cada una de sus curvas lejanías, miradores, calveros y perspectivas, lo mismo que la voz del oficial soldados de una fila. Solamente el texto transcrito da órdenes así al alma de quien se ocupa de él, mientras que el mero lector nunca descubre las nuevas vistas de su interior tal como el texto, esa calzada que atraviesa su cada vez más densa selva virgen interior, las va abriendo: porque el lector obedece al movimiento de su yo en el libre espacio aéreo del ensueño, pero el transcriptor se deja mandar. De ahí que la copia china de libros fuera una garantía incomparable de cultura literaria y la transcripción una clave para los enigmas chinos.

Solar en obras

Cavilar pedantemente sobre la producción de objetos —medios visuales, juguetes o libros— apropiados para los niños es una necedad. Desde la ilustración, esta es una de las especulaciones más mohosas de los pedagogos. Su enamoramiento de la psicología les impide reconocer que la tierra está llena de los objetos más incomparables para la atención y el ejercicio infantiles. (...) De hecho, los niños son particularmente propensos a frecuentar cualquier lugar en que se trabaje visiblemente con cosas. Se sienten irresistiblemente atraídos por los desechos generados por la construcción, la jardinería o el trabajo doméstico, la costura o la carpintería. En los productos de desecho reconocen el rostro que el mundo de las cosas les vuelve precisamente a ellos (...). En ellos no reproducen tanto las obras de los adultos como, mediante lo que con ellos confeccionan en el juego, ponen unos junto a otros, en una nueva, veleidosa relación, materiales de muy diversa índole. Los niños mismos se forman con ello su mundo de cosas, uno pequeño dentro del grande. Las normas de este pequeño mundo de cosas deberían tenerse en cuenta si se quiere crear a propósito para los niños y no se prefiere dejar que sea la propia actividad, con todo lo que en ella es accesorio e instrumento, la que encuentre sola el camino hasta ellos.

¡Cuidado con los peldaños!

El trabajo en una buena prosa tiene tres peldaños: uno musical, en el que es compuesta; otro arquitectónico, en el que es construida; finalmente, uno textil, en el que es tejida.

Arquitectura interior

El tratado es una forma árabe. Su exterior es discontinuo y discreto, en correspondencia con la fachada de los edificios árabes, cuya articulación solo empieza en el patio. La estructura interior del tratado tampoco es, así, perceptible desde fuera, sino que solo se revela desde dentro. Si está formado por capítulos, estos no son titulados con palabras, sino indicados con cifras. La superficie de sus deliberaciones no está animada pictóricamente, sino cubierta con las redes del ornamento, que se suceden sin solución de continuidad. En la densidad ornamental de esta presentación se abole la diferencia entre argumentaciones temáticas y digresivas.

Alarma de incendios

La idea de la lucha de clases puede inducir a error. No se trata de una prueba de fuerza en la que se decidirá la cuestión de quién gana y quién pierde, ni de una pelea tras la cual al vencedor le irá bien, pero mal al perdedor. Pensar así significa encubrir románticamente los hechos. Pues, venza o pierda en la lucha, la burguesía está condenada a sucumbir por las contradicciones internas que, en el curso de la evolución, le resultarán mortales. La pregunta es únicamente si se hundirá por sí misma o por obra del proletariado. La respuesta decidirá sobre la pervivencia o el final de una evolución cultural de tres mil años. La historia no sabe nada de la mala infinitud en la imagen de los luchadores eternamente combatiéndose. El verdadero político solo calcula a plazos.

Y si la abolición de la burguesía no se consuma antes de un instante casi calculable de la evolución científica y técnica (la inflación y la guerra química señalan este), entonces todo está perdido. Antes de que la chispa llegue a la dinamita, hay que cortar la mecha encendida. La intervención, el riesgo y el tiempo del político son técnicos..., no caballerescos.

El Narrador (Walter Benjamin)

Por consiguiente, la novela no es significativa por presentar un destino ajeno e instructivo, sino porque ese destino ajeno, por la fuerza de la llama que lo consume, nos transfiere el calor que jamás obtenemos del propio. Lo que atrae al lector a la novela es la esperanza de calentar su vida helada al fuego de una muerte, de la que lee.

Tesis de Filosofía de la Historia (Walter Benjamin)

«Entre las peculiaridades más dignas de mención del temple humano», dice Lotz, «cuenta, a más de tanto egoísmo particular, la general falta de envidia del presente respecto a su futuro». Esta reflexión nos lleva a pensar que la imagen de la felicidad que albergamos se halla enteramente teñida por el tiempo en el que de una vez por todas nos ha relegado el decurso de nuestra existencia. La felicidad que podría despertar nuestra envidia existe solo en el aire que hemos respirado, entre los hombres con los que hubiésemos podido hablar, entre las mujeres que hubiesen podido entregársenos. Con otras palabras, en la representación de felicidad vibra inalienablemente la de redención. Y lo mismo ocurre con la representación del pasado, del cual hace la historia asunto suyo. El pasado lleva consigo un índice temporal mediante el cual queda redimido a la redención. Existe una cita secreta entre las generaciones que fueron y la nuestra. Y como a cada generación que vivió antes que nosotros, nos ha sido dada una flaca fuerza mesiánica sobre la que el pasado exige derechos. No se debe despachar esta exigencia a la ligera. Algo sabe de ello el materialismo histórico.

«Buscad primero comida y vestimenta, que el reino de Dios se os dará luego por sí mismo» (Hegel, 1807).

La lucha de clases, que no puede escapársele de vista a un historiador educado en Marx, es una lucha por las cosas ásperas y materiales sin las que no existen las finas y espirituales. A pesar de ello estas últimas están presentes en la lucha de clases de otra manera a como nos representaríamos un botín que le cabe en suerte al vencedor. Están vivas en ella como confianza, como coraje, como humor, como astucia, como denuedo, y actúan retroactivamente en la lejanía de los tiempos. Acaban por poner en cuestión toda nueva victoria que logran los que dominan. Igual que flores que tornan al sol su corola, así se empeña lo que ha sido, por virtud de un secreto heliotropismo, en volverse hacia el sol que se levanta en el cielo de la historia. El materialista histórico tiene que entender de esta modificación, la más imperceptible de todas.

La verdadera imagen del pasado transcurre rápidamente. Al pasado solo puede retenérsele en cuanto imagen que relampaguea, para nunca más ser vista, en el instante de su cognoscibilidad. «La verdad no se nos escapará»; esta frase, que procede de Gottfried Keller, designa el lugar preciso en que el materialismo histórico atraviesa la imagen del pasado que amenaza desaparecer con cada presente que no se reconozca mentado en ella. La buena nueva, que el historiador, anhelante, aporta al pasado viene de una boca que quizás en el mismo instante de abrirse hable al vacío.

Articular históricamente lo pasado no significa conocerlo tal y como verdaderamente ha sido. Significa adueñarse de un recuerdo tal y como relumbra en el instante de un peligro. Al materialista histórico le incumbe fijar una imagen del pasado tal y como se le presenta de improvisto al sujeto histórico en el instante de peligro. El peligro amenaza tanto al patrimonio de la tradición como a los que la reciben. En ambos casos es uno y el mismo: prestarse a ser instrumento de la clase dominante. En toda época ha de intentarse arrancar la tradición al respectivo conformismo que está a punto de subyugarla. El mesías no viene únicamente como redentor, viene como vencedor del Anticristo. El don de encender en lo pasado la chispa de la esperanza solo es inherente al historiador que está penetrado de lo siguiente: tampoco los muertos estarán seguros ante el enemigo cuando este venza. Y este enemigo no ha cesado de vencer.

(...) Quien hasta el día actual se haya llevado la victoria marcha en el cortejo triunfal en el que los dominadores de hoy pasan sobre los que también hoy yacen en tierra. Como suele ser costumbre, en el cortejo triunfal llevan consigo el botín. Se les designa como bienes de cultura. En el materialista histórico tienen que contar con un espectador distanciado. Ya que los bienes de cultura que abarca con la mirada tienen todos y cada uno un origen que no podrá considerar sin horror. Deben su existencia no solo al esfuerzo de los grandes genios que los han creado, sino también a la servidumbre anónima de sus contemporáneos. Jamás se ha dado un documento de cultura sin que lo sea a la vez de la barbarie. E igual que él mismo no está libre de barbarie, tampoco lo está el proceso de transmisión en el que pasa de uno a otro. Por eso el materialista histórico se distancia de él en la medida de lo posible. Considera cometido suyo pasarle a la historia el cepillo a contrapelo.

«La meta es el origen» (Karl Kraus, Palabras en verso).

La historia es objeto de una construcción cuyo lugar no está constituido por el tiempo homogéneo y vacío, sino por un tiempo pleno, tiempo-ahora. Así, la antigua Roma fue para Robespierre un pasado cargado de tiempo-ahora que él hacía saltar del continuum de la historia. La Revolución francesa se entendió a sí misma como una Roma que retorna. Citaba a la Roma antigua igual que la moda cita un ropaje del pasado. La moda husmea lo actual dondequiera que lo actual se mueva en la jungla de otrora. Es un salto de tigre al pasado. Solo tiene lugar en una arena en la que manda la clase dominante. El mismo salto bajo el cielo despejado de la historia es el salto dialéctico, que así es como Marx entendió la revolución.

El materialista histórico no puede renunciar al concepto de un presente que no es transición, sino que ha llegado a detenerse en el tiempo. Puesto que dicho concepto define el presente en el que escribe historia por cuenta propia. El historicismo plantea la imagen eterna del pasado, el materialista histórico en cambio plantea una experiencia con él que es única. Deja a los demás malbaratarse cabe la prostituta «Érase una vez» en el burdel del historicismo. Él sigue siendo dueño de sus fuerzas: es lo suficientemente hombre para hacer saltar el *continuum* de la historia.

El historicismo culmina con pleno derecho en la historia universal. Y quizás con más claridad que de ninguna otra se separa de esta metódicamente la historiografía materialista. La primera no tiene ninguna armadura teórica. Su procedimiento es aditivo; proporciona una masa de hechos para llenar el tiempo homogéneo y vacío. En la base de la historiografía materialista hay por el contrario un principio constructivo. No solo el movimiento de las ideas, sino que también su detención forma parte del pensamiento. Cuando este se para de pronto en una constelación saturada de tensiones, le propina a esta un golpe por el cual cristaliza en mónada. El materialista histórico se acerca a un asunto de historia únicamente, solamente cuando dicho asunto se le presenta como mónada. En esta estructura reconoce el signo de una detención mesiánica del acaecer, o dicho de otra manera: de una coyuntura revolucionaria en la lucha en favor del pasado oprimido. La percibe para hacer que una determinada época salte del curso homogéneo de la historia; y del mismo modo hace saltar a una determinada vida de una época y a una obra determinada de la obra de una vida. El alcance de su procedimiento consiste en que la obra de una vida está conservada y suspendida en la obra, en la obra de una vida la época, y en la época el decurso completo de la historia [El término hegeliano *aufheben* en su sentido triple: conservar, elevar, anular]. El fruto alimenticio de lo comprendido históricamente tiene en su interior al tiempo como la semilla más preciosa, aunque carente de gusto.

«Los cinco raquíticos decenios del Homo sapiens», dice un biólogo moderno, «representan con relación a la historia de la vida orgánica sobre la tierra algo así como dos segundos al final de un día de veinticuatro horas. Registrada según esta escala, la historia entera de la humanidad civilizada llenaría un quinto del último segundo de la última hora». El tiempo-ahora, que como modelo del mesiánico resume en una abreviatura enorme la historia de toda la humanidad, coincide capilarmente con la figura que dicha historia compone en el universo.

El historicismo se contenta con establecer un nexo causal de diversos momentos históricos. Pero ningún hecho es ya histórico por ser causa. Llegará a serlo póstumamente a través de datos que muy bien pueden estar separados de él por milenos. El historiador que parte de ello dejará de desgranar la sucesión de datos como un rosario entre sus dedos. Captará la constelación en la que con otra anterior muy determinada ha entrado su propia época. Fundamenta así un concepto de presente como tiempo-ahora en el que se han metido esparciéndose astillas del tiempo mesiánico.

Seguro que los adivinos, que le preguntaban al tiempo lo que ocultaba en su regazo, no experimentaron que fuese homogéneo y vacío. Quien tenga esto presente, quizás, llegue a comprender cómo se experimenta el tiempo pasado en la conmemoración: a saber, conmemorándolo. Se sabe que a los judíos les estaba prohibido escrutar el futuro. En cambio, la Thora y la plegaria les instruyen en la conmemoración. Esto desencantaba el futuro, al cual sucumben los que buscan información en los adivinos. Pero no por eso se convertía el futuro para los judíos en un tiempo homogéneo y vacío. Ya que cada segundo era en él la pequeña puerta por la que podía entrar el Mesías.

La vida de los estudiantes (Escritos políticos, Walter Benjamin)

Sin duda debería preguntarse si la reproducción y la creación han de estar separadas en su caso, si una corresponde a la familia y en cambio la otra al cargo, y si, desfiguradas como están en razón de su separación, ninguna de las dos puede brotar de lo que es su existencia propia, (...) pues en ellos (los estudiantes) estos dos polos de la existencia humana están unidos de modo temporal. Se trata, pues, aquí de la pregunta que ningún tipo de comunidad puede nunca dejar de resolver (...); es esta una pregunta que ha pesado de siempre sobre los más grandes creadores: cómo estar a la altura de la imagen de la humanidad y hacer posible al tiempo la comunidad con las mujeres y los niños, cuya productividad lleva otra dirección. Tal como sabemos, los griegos antepusieron con violencia el eros creador al eros meramente reproductor, por lo que al fin se derrumbó su Estado, del que excluían a las mujeres y los niños. Los cristianos dieron por su parte la posible solución encaminada a la *civitas dei*: rechazaron la individualidad en ambos casos. Hoy, en sus sectores más avanzados, los estudiantes se vienen conformando con consideraciones infinitamente estetizantes en lo que hace a camaradería y a las compañeras de estudio; incluso alcanzaron a soñar con una «sana» neutralización erótica de alumnos y alumnas. Pero, en cambio, la neutralización del eros en la universidad solo se ha conseguido, de hecho, con ayuda de las prostitutas.

Humano, demasiado humano (Friedrich Nietzsche)

Lo ilógico, necesario. Entre las cosas que pueden llevar a un pensador a la desesperación figura el reconocimiento de que lo ilógico es necesario para el hombre y de que de lo ilógico nace mucho de lo bueno. Está tan firmemente anclado en las pasiones, en el lenguaje, en el arte, en la religión y en general en todo lo que le confiere valor a la vida, que no puede arrancárselo sin con ello dañar fatalmente estas bellas cosas. Solo los hombres demasiado ingenuos pueden creer que la naturaleza del hombre pueda ser transformada en una puramente lógica, pero si hubiese grados de aproximación a esta meta, ¡cuánto se perdería por este camino! Incluso el más racional de los hombres necesita volver de vez en cuando a la naturaleza, es decir, a su fundamental actitud ilógica hacia todas las cosas.

Aurora (Friedrich Nietzsche)

Se nos dice que nos dejemos llevar de nuestro corazón o de nuestros sentimientos. Pero resulta que los sentimientos no son algo definitivo ni originario, tras ellos se encuentran juicios y apreciaciones que nos son transmitidos en forma de sentimientos (preferencias, antipatías). La inspiración que surge de un sentimiento es nieta de un juicio (y muchas veces de un juicio falso), y, en cualquier caso, de un juicio que no es nuestro. Dejarnos llevar por nuestros sentimientos equivale a obedecer a nuestro abuelo, a nuestra abuela y a los abuelos de estos, y no a esos dioses que habitan en nosotros y que son nuestra razón y nuestra experiencia.

Sobre la verdad y la mentira en sentido extramoral (Friedrich Nietzsche)

En algún apartado rincón del universo, desperdigado de innumerables y centelleantes sistemas solares, hubo una vez un astro en el que animales astutos inventaron el conocimiento. Fue el minuto más soberbio y más falaz de la Historia Universal, pero, a fin de cuentas, solo un minuto. Tras un par de respiraciones de la naturaleza, el astro se entumeció y los animales astutos tuvieron que perecer. Alguien podría inventar una fábula como esta y, sin embargo, no habría ilustrado suficientemente cuán lamentable y sombrío, cuán estéril y arbitrario es el aspecto que tiene el intelecto humano dentro de la naturaleza; hubo eternidades en las que no existió; cuando de nuevo se acabe todo para él, no habrá sucedido nada. Porque no hay para ese intelecto ninguna misión ulterior que conduzca más allá de la vida humana.

No es sino humano, y solamente su poseedor y creador lo toma tan patéticamente como si en él girasen los goznes del mundo. Pero si pudiéramos entendernos como un mosquito, llegaríamos a saber que también él navega en el aire con ese mismo pathos y se siente el centro volante de este mundo. Nada hay en la naturaleza tan despreciable e insignificante que, con un mínimo soplo de aquel poder del conocimiento, no se hinche inmediatamente como un odre; y del mismo modo que cualquier mozo de cabra quiere tener sus admiradores, el más orgulloso de los hombres, el filósofo, quiere que desde todas partes los ojos del universo tengan telescópicamente puesta su mirada sobre sus acciones y pensamientos.

Es remarcable que tal estado lo produzca el intelecto, él que, precisamente, solo ha sido añadido como un recurso a los seres más desdichados, delicados y efímeros, para conservarlos un minuto en la existencia. (...) Ese orgullo, ligado al conocimiento y a la sensación, niebla cegadora colocada sobre los ojos y sobre los sentidos de los hombres, los engaña acerca del valor de la existencia, pues lleva en él la más aduladora valoración sobre el conocimiento mismo. Su efecto más general es el engaño —aunque también los efectos más particulares llevan consigo algo del mismo carácter—. (...)

¿Qué es entonces la verdad? Un ejército móvil de metáforas, metonimias, antropomorfismos; en resumidas cuentas, una suma de relaciones humanas que han sido realzadas, extrapoladas, adornadas poética y retóricamente, y que, después de un prolongado uso, a un pueblo le parecen fijas, canónicas, obligatorias: las verdades son ilusiones de las que se ha olvidado que lo son, metáforas que se han vuelto gastadas y sin fuerza sensible, monedas que han perdido su troquelado y no son ahora consideradas como monedas, sino como metal.

Cómo se filosofa a martillazos (Friedrich Nietzsche)

Todo el dominio de la moral y la religión cae bajo este concepto de las causas imaginarias. «Explicación» de las sensaciones generales desagradables: están determinadas como castigo, como expiación de algo que no se debió hacer, de algo que no debió ser (lo cual ha sido generalizado en forma terminante por Schopenhauer, en una proposición donde la moral aparece como lo que es, o sea, como emponzoñadora y detractora propiamente dicha de la vida: «Todo dolor intenso, físico o mental, expresa lo que tenemos merecido: pues no nos podría sobrevenir si no lo tuviésemos merecido». *El mundo como voluntad y representación*).

Están determinadas como consecuencias de actos irreflexivos, fatales (los afectos, los sentimientos concebidos como causa, como «culpa»; apremios diferentes como «merecidos»).

El nacimiento de la tragedia (Friedrich Nietzsche)

Imaginémonos ahora fijo en la tragedia el grande y único ojo ciclópeo de Sócrates, aquel ojo en que jamás brilló la benigna demencia del entusiasmo artístico. Imaginémonos cómo a aquel ojo le estaba vedado mirar con complacencia los abismos dionisiacos. ¿Qué tuvo que descubrir él propiamente en el «sublime y alabadísimo» arte trágico, como lo denomina Platón? Algo completamente irracional, con causas que no parecían tener efecto, y con efectos que parecían no tener causas; además, todo aquello tan abigarrado y heterogéneo que a una mente sensata tiene que repugnarle, y que para las almas excitables y sensibles representa una mecha peligrosa. Nosotros sabemos cuál fue el único arte poético que fue comprendido por él, la fábula esópica.

Interpretaciones fenomenológicas sobre Aristóteles (Martin Heidegger)

Las motivaciones de la dirección específica de la mirada resultan de la aprehensión concreta del punto de mira. La idea de la facticidad implica que solo la facticidad auténtica —en el sentido original del término: la facticidad propia, es decir, la facticidad propia de una época y de una generación— es el genuino objeto de la investigación. A causa de su propensión a la caída, la vida fáctica vive en la mayoría de los casos en lo impropio: es decir, en lo que está consagrado por el uso, en lo que le viene impuesto y en aquello de lo que se apropia de forma habitual y corriente. (...) Todo trato y toda circunspección de la vida fáctica, no menos que su relación propia de interpretación de acuerdo con los presupuestos y preconceptos (de los que ya siempre arranca dicha vida), se ven afectados por esta caída. La filosofía, en su modo de plantear preguntas y de hallar respuestas, también se encuentra sumida en este carácter dinámico de la facticidad, ya que no es más que una interpretación explícita de la vida fáctica. Por consiguiente, la hermenéutica fenomenológica de la facticidad arranca necesariamente del corazón mismo de su situación fáctica, de un determinado estado de interpretación de la vida fáctica, estado que le viene predado, que sostiene inicialmente la misma hermenéutica de la facticidad y que ya no puede ser enteramente erradicado. A tenor de todo lo que se ha dicho sobre la tendencia hacia la caída propia de toda interpretación, se sigue precisamente que lo que se da por supuesto en este estado de interpretación (a saber, lo que en ese estado de interpretación no se discute, lo que se considera que no requiere de una aclaración ulterior, lo que se asume de una manera impropia sin una apropiación expresa de sus orígenes) continúa ejerciendo una influencia decisiva a la hora de plantear los problemas y de guiar la investigación...

De la literatura y el arte modernos considerados como procesos de destrucción y autodestrucción del arte (Henri Lefebvre)

(...) Quizás no se trata simplemente de tesis sino de articulaciones entre el estudio de las obras de arte y la sociología.

1. La vida cotidiana se establece y se fija en el mundo moderno; se sitúa cada vez como un nivel de realidad dentro de lo real. Resulta a la vez funcional y estructural; es dispersa porque se refiere a la vez a la vida de trabajo, privada, en el hogar, en las diversiones. Es dispersa y al mismo tiempo monótona porque en todos estos aspectos existe una pasividad, no participación, espectáculo generalizado, impotencia para participar tanto en la vida del trabajo como en la privada y en la de las diversiones. Esta cotidianidad es, pues, cada vez más inaceptable. La crítica de lo cotidiano es la única en la actualidad que pone en tela de juicio la cultura, el conocimiento, la política, es decir, la única que abarca la totalidad y desempeña el papel que ha desempeñado la negatividad en el pensamiento de Hegel y Marx.

2. Antaño la vida cotidiana estaba integrada en el arte, en lo sagrado, en la religión o bien, si así lo preferimos, el arte se integraba en lo cotidiano, penetraba en su interior. Los objetos más humildes llevaban una marca, la de la totalidad de la sociedad, la del arte. Antaño, con todas las reservas que pueden hacérsele a esta

nostalgia (y les suplico no me acusen de «pasadismo»), los objetos más humildes, una cuchara, una olla, el armario, el cofre, llevaban la marca de algo mucho más general que la mano del artesano.

3. Este estilo que penetraba la vida cotidiana se diferencia de la cultura (de lo que nosotros llamamos «cultura»).

4. La cultura con todos sus aspectos, el arte y el esteticismo, la moral y el moralismo, las ideologías como tales, acompañan a la cristalización de la cotidianidad en el mundo moderno.

5. En estas condiciones la cultura se divide en dos partes: la cultura de las masas y la cultura de la élite. La primera se entiende al nivel de lo cotidiano, penetra en ello a través de la radio, la televisión, los discos, pero no lo transforma, no lo transfigura; le deja sus rasgos de monotonía y pasividad, no lo engloba en una unidad, no le confiere un estilo. En cuanto a la cultura de la elite, es un arte experimental, de vanguardia, una literatura de vanguardia, inaccesible, irreductible a la cultura de las masas, pero ajenos a la cotidianidad.

6. El arte ajeno a lo cotidiano desaparecerá, el arte pasará al servicio de la cotidianidad para transformarla, para cambiarla realmente y no para transformarla idealmente. Permitirá crear vida y vivirla en vez de escribirla o de figurársela y para ello se servirá de todos los medios puestos a su disposición por la estética, incluida la música, la pintura y, sobre todo, la arquitectura.

Esta es la última tesis (...), pero ahora quiero poner un ejemplo. Un fragmento musical de Stockhausen no significa ya nada, no expresa nada, pero construye un tiempo y un espacio a los que se atribuye la posibilidad de convertirse en espacio y tiempo de una vida concreta. Es posible, sirviéndose de la música, de la arquitectura o de la pintura, crear algo que sea más que un simple decorado o un cuadro, lograr una transfiguración, una transformación de la vida cotidiana. Este es el destino, la vocación de un arte que no será ya lo que nosotros llamamos arte y que sufrirá las transformaciones que, de hecho, ya se están produciendo. Viviremos en vez de mirar o escuchar obras ajenas a la vida. La noción misma de obra está a punto de transformarse ante nuestros propios ojos, con nosotros. Nuestra obra será nuestra vida con todos los medios a su servicio, todos los medios de la técnica, todos los medios que siguen todavía asignados a lo que aún se llama arte.

El anti-Edipo (Deleuze y Guattari)

Las máquinas deseantes no funcionan más que estropeadas, estropeándose sin cesar. El presidente Schreber «durante largo tiempo vivió sin estómago, sin intestinos, casi sin pulmones, el esófago desgarrado, sin vejiga, las costillas molidas; a veces se había comido parte de su propia laringe...». El cuerpo sin órganos es lo improductivo; y sin embargo, es producido en el lugar adecuado y a su hora en la síntesis conectiva, como la identidad del producir y del producto (la mesa esquizofrénica es un cuerpo sin órganos). El cuerpo sin órganos no es el testimonio de una nada original, como tampoco es el resto de una totalidad perdida. Sobre todo, no es una proyección; no tiene nada que ver con el cuerpo propio, o con una imagen del cuerpo. Es el cuerpo sin imágenes. Él, lo improductivo, existe allí donde es producido, en el tercer tiempo de la serie binaria-lineal. Perpetuamente es reinyectado en la producción. El cuerpo catatónico es producido en el agua del baño. El cuerpo lleno sin órganos pertenece a la antiproducción; no obstante, una característica de la síntesis conectiva o productiva consiste también en acoplar la producción a la antiproducción, a un elemento de antiproducción.

Si el deseo produce, produce lo real. Si el deseo es productor, solo puede serlo en realidad, y de realidad. El deseo es este conjunto de síntesis pasivas que maquinan los objetos parciales, los flujos y los cuerpos, y que funcionan como unidades de producción. De ahí se desprende lo real, es el resultado de las síntesis pasivas del deseo como autoproducción del inconsciente. El deseo no carece de nada, no carece de objeto. Es más bien el sujeto quien carece de deseo, o el deseo quien carece de sujeto fijo; no hay más sujeto fijo que por la represión. El deseo y su objeto forman una unidad: la máquina, en tanto que máquina de máquina. El deseo es máquina, el objeto del deseo es todavía máquina conectada, de tal modo que el producto es tomado del producir, y que algo se desprende del producir, y que algo se desprende del producir hacia el producto, que va a dar un resto al sujeto nómada y vagabundo. El ser objetivo del deseo es lo Real en sí mismo.[8] No existe una forma de existencia particular que podamos llamar realidad psíquica. Como dice Marx, no existe carencia, existe pasión como «ser objeto natural y sensible». No es el deseo el que se apoya sobre las necesidades, sino al contrario, son las necesidades las que se derivan del deseo: son contra-productos en lo real que el deseo produce. La carencia de un contra-efecto del deseo está depositada, dispuesta, vacuolizada en lo real natural y social. (...)

La carencia es preparada, organizada en la producción social. Es contraproducida por mediación de la antiproducción que se vuelca sobre las fuerzas productivas y se las apropia. Nunca es primera; la producción nunca es organizada en función de una escasez anterior, es la escasez la que se aloja, se vacuoliza, se propaga según la organización de una producción previa. Es el arte de una clase dominante, práctica del vacío como economía de mercado: organizar la escasez, la carencia, en la abundancia de producción, hacer que todo el deseo recaiga es el gran miedo a carecer, hacer que el objeto dependa de una producción real que se supone exterior al deseo (las exigencias de la racionalidad), mientras que la producción del deseo pasa al fantasma (nada más que al fantasma).

El intercambio simbólico y la muerte (Jean Baudrillard)

Esta revolución consiste en que los dos aspectos del valor que se creían coherentes y eternamente ligados como por una ley natural

8 La admirable teoría sobre el deseo de Lacan creemos que tiene dos polos: uno con relación al «pequeño objeto a» como máquina deseante, que define el deseo por una producción real, superando toda idea de necesidad y también de fantasma; otro con relación al «gran Otro» como significante, que reintroduce una cierta idea de carencia. Podemos ver claramente la oscilación entre estos dos polos en el artículo de Leclaire sobre «La Réalité du désir» (en *Sexualité humaine*, Aubier, 1970).

están desarticulados, el valor referencia es aniquilado en provecho del solo juego estructural del valor. La dimensión estructural se autonomiza excluyendo a la dimensión referencial y se instaura a expensas de la muerte de aquella. Se suprimen los referenciales de producción, de significación, de afecto, de substancia, de historia, toda esa equivalencia con contenidos «reales» que lastraban al signo con una especie de carga útil, de gravedad, su forma de equivalente representativo. El otro estadio del valor prevalece, el de la relatividad total, de la conmutación general, combinatoria y simulación. Simulación en el sentido de que todos los signos se intercambian entre sí en lo sucesivo sin cambiarse por algo real (y no se intercambian bien, no se intercambiaban perfectamente entre sí sino a condición de no cambiarse por algo real). Emancipación del signo: desembarazado de esta obligación «arcaica» que tenía que designar alguna cosa, queda al fin libre para un juego estructural, o combinatorio, de acuerdo a una indiferencia y una indeterminación total que sucede a la regla anterior de equivalencia determinada. Idéntica operación a nivel de la fuerza de trabajo y del proceso de producción: la supresión de toda finalidad de los contenidos de producción le permite a esta funcionar como código y al signo monetario evadirse, por ejemplo, en una especulación indefinida, fuera de toda referencia a un real de producción o incluso a un patrón-oro. La flotación de las monedas y los signos, la flotación de las «necesidades» y de las finalidades de la producción, la flotación del trabajo mismo; la conmutabilidad de todos estos términos que va acompañada de una especulación y de una inflación sin límites (estamos realmente en la libertad total; desafecto, desobligación, desencanto general: era una magia, una especie de obligación mágica que tenía el signo encadenado a lo real; el capital ha liberado a los signos de esta «ingenuidad» para entregarlos a la pura circulación).

Todo esto, ni Saussure ni Marx lo presentían, estaban aún en la edad de oro de una dialéctica del signo y de lo real, que es al mismo tiempo el periodo «clásico» del capital y del valor. Su dialéctica ha sido descuartizada y lo real ha muerto bajo el golpe de esta autonomización fantástica del valor. La determinación ha muerto, la indeterminación es la reina. Ha habido una exterminación (en el sentido literal del término) de los reales de producción y de lo real de significación.

Esta revolución estructural de la ley del valor estaba indicada en el término «economía política del signo», pero este término es un mal menor, porque:

¿Se trata aún de economía política? Sí, en el sentido de que se trata siempre de valor y de la ley del valor, pero la mutación que le afecta es tan profunda, tan decisiva, todos sus contenidos están combinados, hasta suprimidos, que el término no es más que alusivo, y más exactamente político, en la medida en que es siempre destrucción de las relaciones sociales regidas por el valor lo que está en juego. Pero se trata hace mucho tiempo de algo muy distinto a la economía.

Lo que es reproducido en el sistema actual es el capital en su definición más rigurosa: como forma de la relación social, y no en la acepción vulgar, como dinero, ganancia y sistema económico. Siempre se ha entendido la reproducción como reproducción «ampliada» del modo de producción, y determinada por este último. Mientras que había que concebir el modo de producción como modalidad (y no la única) del modo de reproducción. Fuerzas productivas y relaciones de producción —dicho de otro modo, la esfera de la productividad material— no son quizás más que una de las coyunturas posibles y, por tanto, históricamente relativa, del proceso de reproducción. La reproducción es una forma que supera con mucho a la explotación económica. El juego de las fuerzas productivas no es, pues, su condición necesaria.

Históricamente, el estatuto del «proletariado» (del asalariado industrial) ¿no es en primer término el del encierro, de la concentración y de la exclusión social?

El confinamiento manufacturero es la ampliación fantástica del encierro descrito por Foucault en el siglo XVIII. El trabajo «industrial» (no artesanal, colectivo, privado de los medios de producción, bajo control), ¿no ha nacido en los grandes hospitales generales? En los primeros tiempos, una sociedad en vía de racionalización encierra a sus ociosos, sus errantes, sus desviantes. Los ocupa, los fija, les impone su principio racional, de trabajo. Pero la contaminación es recíproca, y este corte por el cual la sociedad ha establecido un principio de racionalidad refluye a toda la sociedad de trabajo: el encierro es un micromodelo que va a generalizarse después, como sistema industrial, a toda la sociedad convertida, bajo el signo del trabajo, de la finalidad productivista, en un campo de concentración, de arresto, de reclusión.

En lugar de exportar el concepto de proletariado y de explotación a la opresión racial, sexual, etc., hay que preguntarse si no es lo inverso. Si el obrero no es en primer lugar, si su estatuto fundamental no es, como el loco, el muerto, la naturaleza, los animales, los niños, los negros, las mujeres —no un estatuto de explotación, sino un estatuto de excomunicación— un estatuto de discriminación y de mercado.

Yo sostengo la hipótesis de que no ha habido jamás verdadera lucha de clases más que sobre la base de esta discriminación: la lucha de los infrahombres contra su estatuto de bestias, contra la abyección de ese corte de casta que los destina a la infrahumanidad del trabajo. Esto es lo que hay detrás de cada huelga, de cada rebelión, hoy aun detrás de las acciones más «salariales»: su virulencia viene de allá. Dicho esto, el proletariado es hoy día un ser «normal», el trabajador ha sido promovido a la dignidad de «ser humano» con pleno derecho, y en cuanto tal reanuda todas las discriminaciones dominantes por su cuenta: es racista, machista, represivo.

Cultura y simulacro (Jean Baudrillard)

Hoy en día, la abstracción ya no es la del mapa, la del doble, la del espejo o la del concepto. La simulación no corresponde a un territorio, a una referencia, a una sustancia, sino que es la generación por los modelos de algo real sin origen ni realidad: lo hiperreal.

El territorio ya no precede al mapa ni le sobrevive. En adelante será el mapa el que preceda al territorio —precesión de los simulacros— y el que lo engendre, y si fuera preciso retomar la fábula, hoy serían los jirones del territorio los que se pudrirían lentamente sobre la superficie del mapa. Son los vestigios de lo real, no del mapa, los que todavía subsisten esparcidos por unos desiertos que ya no son los del Imperio, sino nuestro desierto. El propio desierto de lo real.

De hecho, incluso, invertida, la metáfora es inutilizable. Lo único que quizás subsiste es el concepto de Imperio, pues los actuales simulacros, con el mismo imperialismo de aquellas cartografías, intentan hacer coincidir lo real, todo lo real, con sus modelos de simulación. Pero no se trata ya ni de mapa ni de territorio. Ha cambiado algo más: se esfumó la diferencia soberana entre uno y otro que producía el encanto de la abstracción. Es la diferencia la que produce simultáneamente la poesía del mapa y el embrujo del territorio, la magia del concepto y el hechizo de lo real. El aspecto imaginario de la representación —que culmina y a la vez se hunde en el proyecto descabellado de los cartógrafos—, de un mapa y un territorio idealmente superpuestos, es barrido por la simulación —cuya operación es nuclear y genética, en modo alguno especular y discursiva—.

La metafísica entera desaparece. No más espejo del ser y las apariencias, de lo real y su concepto. No más coincidencia imaginaria: la verdadera dimensión de la simulación es la miniaturización genética. Lo real es producido a partir de células miniaturizadas, de matrices y memorias, de modelos de encargo —y a partir de ahí puede ser reproducido un número indefinido de veces—. No posee entidad racional al no ponerse a prueba en proceso alguno, ideal o negativo. Ya no es algo operativo que ni siquiera es real, puesto que nada imaginario lo envuelve. Es un hiperreal, el producto de una síntesis irradiante de modelos combinatorios en un hiperespacio sin atmósfera.

Cuando, como en el caso de los Loud, «usted no mira ya la TV, es la TV la que le mira a usted», o «usted ya no escucha *Pas de Panique*, sino que es *Pas de Panique* quien le escucha a usted», se ha producido un giro del dispositivo panóptico de vigilancia (vigilar y castigar) hacia un sistema de disuasión donde está abolida la distinción entre lo pasivo y lo activo. Se acabó el imperativo de sumisión al modelo o a la mirada, «usted es el modelo», «usted es la mayoría». Tal es la vertiente de una socialización hiperreal lista donde lo real se confunde con el modelo, como en la operación estadística donde lo real se confunde con el médium, igual que en la operación Loud. Este es el estadio ulterior de la relación social, el nuestro, que no es ya el correspondiente a la perspectiva (represiva) ni a la persuasión, sino el correspondiente a la disuasión. «Usted es la información, usted es lo social, usted es la noticia, le concierne a usted, ¡usted tiene la palabra, etc., etcétera». (...) Ya no hay punto focal, no hay centro ni periferia, solo queda el médium, pura flexión o inflexión. Se acabaron la violencia y la vigilancia: la «información», virulencia secreta, reacción en cadena, implosión lenta y simulacro de espacios y de perspectivas donde viene a jugar todavía el proyecto de lo real.

Se acabaron la distorsión de lo real y la manipulación. Esta hipótesis, moral aún, es solidaria de todos los análisis clásicos sobre la esencia objetiva del poder. Aquí cabe además otra cosa: la abolición de lo espectacular y del efecto médium (en sentido literal), en adelante inalcanzable, incorporado y difuso en lo real sin que ni siquiera pueda decirse que este resulte alterado. El médium ya no ejerce, como una fuerza o una mirada, violencia objetiva, es una virulencia, una modalidad microscópica y molecular.

No obstante, hay que tomar precauciones ante el giro negativo que el discurso impone: «virulencia», «infección», pues no se trata de enfermedad ni de afección virulenta. Es preciso pensar los *mass-media* como si fueran, en la órbita externa, una especie de código genético que conduce a la mutación de lo real en hiperreal, igual que el otro código, micromolecular, lleva a pasar de una esfera, representativa, del sentido, a otra, genética, de señal programada.

La sociedad del cansancio (Byung-Chul Han)

Toda época tiene sus enfermedades emblemáticas. Así, existe una época bacterial que, sin embargo, toca a su fin con el descubrimiento de los antibióticos. A pesar del manifiesto miedo a la pandemia gripal. La hemos dejado atrás gracias a la técnica inmunológica. El comienzo del siglo XXI, desde un punto de vista patológico, no sería ni bacterial ni viral, sino neuronal. Las enfermedades neuronales como la depresión, el trastorno por déficit de atención con hiperactividad (TDAH), el trastorno límite de personalidad (TLP) o el síndrome de desgaste ocupacional (SDO) definen el panorama patológico de comienzos de este siglo. Estas enfermedades no son infecciosas, son infartos ocasionados no por la negatividad de lo otro inmunológico, sino por un exceso de positividad. (...) Ciertamente, el paradigma inmunológico del siglo pasado estaba, a su vez, dominado por completo por el vocabulario de la guerra fría, es decir, se regía conforme a un verdadero dispositivo militar. Ataque y defensa determinaban el procedimiento inmunológico. Este dispositivo, que se extendía más allá de lo biológico hasta el campo de lo social, o sea, a la sociedad en su conjunto, encerraba una ceguera: se repele todo lo que es extraño. El objeto de la resistencia inmunológica es la extrañeza como tal. Aun cuando el extraño no tenga ninguna intención hostil, incluso cuando de él no parta ningún peligro, sería eliminado a causa de su otredad.

La vieja y novísima Gestalt: Actitud y práctica de un experiencialismo ateórico (Claudio Naranjo)

Sus esfuerzos son precisamente aquellos de minimizar el alejamiento actual de experiencias involucradas en la abstracción e interpretación. Por lo tanto, él más bien restablecerá los esfuerzos del paciente como co-fenomenólogo con el fin de observar, en lugar de teorizar sobre este acto o rotularlo o recordar un hecho agradable. (...)

De hecho, si el paciente supiera lo que está haciendo en sus acciones de recordar, anticipar, interpretar, no habría nada de «malo» en ellas. El problema habitual es que tales acciones reemplazan, cubren y equivalen a un acting out de la experiencia en curso, en lugar de su reconocimiento y aceptación.

> Esta hora es la crisis misma de tu destino,
> Tu bien y tu mal, tu infamia o tu fama,
> Y el color entero de tu vida depende
> De este importante ahora. (The Spanish Friar Dryden)
> Nada ha de venir y nada ha pasado,
> Pero sí un eterno ahora que siempre perdura. (Abraham Cawley)

Frecuentemente nuestra vida se ve empobrecida por el proceso de sustitución de sustancia por símbolo, experiencia por constructo mental, realidad por el reflejo de la realidad en el espejo del intelecto. Abandonar el pasado y el futuro para venir al perdurable presente.

No hay aparentemente nada más evidente, más tangible y palpable, que el momento presente. Y sin embargo se nos escapa completamente. Toda la tristeza de la vida radica en eso. (Milan Kundera)

Las Upanishad son un conjunto de textos que condensan la filosofía védica, que evocan una transmisión, como la que podría recibir un alumno de su gurú en el bosque, en vía de entregarse a la búsqueda de la liberación o al conocimiento de sí mismo. Las principales Upanishads datan más o menos entre el año 1000 a. C y el año 400 a. C. Un verso —según Gandhi— que concentra toda la sabiduría védica es el siguiente:

«Debes saber que todo esto, todo lo que se mueve en este mundo es cambiante, está envuelto por Dios.

Así entonces, encuentra la dicha en renunciar, y no desees lo que le pertenece a los demás». (S. Radakrishnan)

«Todo lo que en este mundo se mueve ha de quedar arropado por el Señor.
Disfruta con esta renunciación. No codicies la riqueza de nadie». (versión de Oscar Pujol)
Verso de Isha Upanishad, texto que es parte del Yajurveda, o el Veda, que reúne los mantras que eran cantados durante los sacrificios.

El Kybalión (Tres iniciados)

«¡Oh, no dejes que se extinga la llama! Sustentada por generación tras generación en su oscura caverna, en sus templos sagrados sustentada. Alimentada por sacerdotes puros de amor, ¡no dejes que se extinga la llama!».

«Dondequiera que estén las huellas del maestro, allí, los oídos de que está pronto para recibir sus enseñanzas se abren de par en par. (...) cuando el oído es capaz de oír, entonces vienen los labios que han de llenarlos con sabiduría».

«Los principios de la verdad son siete: el que comprenda esto perfectamente posee la clave mágica ante la cual todas las puertas del Templo se abrirán de par en par».

1. El principio del mentalismo

«El Todo es mente, el universo es mental».

Este principio explica que el Todo, que es la realidad sustancial que se oculta detrás de todas las manifestaciones y apariencias que conocemos bajo los nombres de «universo material», «fenómenos de la vida», «materia», «energía», etc., y, en una palabra, todo cuanto es sensible a nuestros sentidos materiales, es espíritu, quien en sí mismo es incognoscible e indefinible, pero que puede ser considerado como una mente infinita, universal y viviente. Explica también que todo el universo es una creación mental del Todo en cuya mente vivimos, nos movemos y tenemos nuestro ser. (...) El estudiante de la filosofía hermética puede emplear conscientemente las grandes leyes mentales, en vez de usarlas por casualidad o ser usado por ellas. Con la llave en su poder, el discípulo puede abrir las puertas del templo del conocimiento mental y psíquico y entrar en él, libre e inteligentemente. Este principio explica la verdadera naturaleza de la energía, de la fuerza y de la materia, y cómo y por qué todas están subordinadas al dominio de la mente. Uno de los antiguos maestros escribió: «El que comprenda la verdad de que el universo es mental está muy avanzado en el sendero de la maestría».

2. El principio de correspondencia

«Como es arriba es abajo; como es abajo es arriba».

(...) Hay muchos planos que no conocemos, pero cuando aplicamos esa ley de correspondencia a ellos, mucho de lo que de otra manera sería imposible se hace claro a nuestra conciencia. Este principio es de aplicación universal en los diversos planos: mental, material o espiritual del cosmos: es una ley universal. Los antiguos hermetistas consideraban este principio como uno de los más importantes auxiliares de la mente, por medio del cual se puede descorrer el velo que oculta lo desconocido a nuestra vida. Su aplicación puede desgarrar un tanto el velo de Isis, de tal manera que nos permita ver, aunque sea un poco, algunos de los rasgos de la diosa.

De igual manera que el comprender los principios de geometría habilita al hombre a medir el diámetro, órbita y movimiento de las más lejanas estrellas, mientras permanece sentado en su observatorio, así también el conocimiento del principio de correspondencia habilita al hombre a razonar inteligentemente de lo conocido a lo desconocido; estudiando la mónada se llega a comprender al arcángel.

3. El principio de vibración

«Nada está inmóvil: todo se mueve, todo vibra».

(...) Desde el Todo, que es puro espíritu, hasta la más grosera forma de materia, todo está en vibración: cuanto más alta es esta, más elevada es su posición en la escala. La vibración del espíritu es de una intensidad infinita; tanto que prácticamente puede considerarse como si estuviera en reposo, de la misma manera que una rueda que gira rapidísimamente parece que está sin movimiento. Y en el otro extremo de la escala hay formas de materia muy densa, cuya vibración es tan débil que parece también estar en reposo. Entre ambos polos hay millones de millones de grados de intensidad vibratoria. Desde el corpúsculo y el electrón, desde el átomo y la molécula hasta el astro y los universos, todo está en vibración. Esto es igualmente cierto en lo que respecta a los estados, y a los planos mentales y espirituales. Una perfecta comprensión de este principio habilita al estudiante hermético a controlar sus propias vibraciones mentales, así como las de los demás. Los maestros también emplean este principio para conquistar los fenómenos naturales. «El que comprenda el principio vibratorio ha alcanzado el centro del poder».

4. El principio de polaridad

«Todo es doble, todo tiene dos polos; todo, su par de opuestos: los semejantes y los antagónicos son lo mismo; los opuestos son idénticos en naturaleza, pero diferentes en grados; los extremos se tocan; todas las verdades son medias verdades; todas las paradojas pueden reconciliarse».

(...) El mismo principio opera de igual forma en el plano mental. Tomemos, por ejemplo, el amor y el odio, dos estados mentales completamente distintos aparentemente, y observaremos que hay muchos grados entre ambos; tantos que las palabras que nosotros usamos para designarlos, «agradable» y «desagradable», se desvanecen una en la otra, hasta tal punto que muchas veces somos incapaces de afirmar si una cosa nos causa placer o disgusto. Todas no son más que gradaciones de una misma cosa, como comprenderemos claramente por poco que meditemos sobre ello. Y aún más que esto, es posible cambiar o transformar las vibraciones de odio por vibraciones de amor, en la propia mente y en la de los demás, lo que es considerado como lo más normal por los hermetistas. (...)

En una palabra, el «arte de polarizar» se convierte en una fase de la alquimia mental, conocida y practicada por los antiguos y modernos maestros herméticos. La perfecta comprensión de este principio nos permitirá cambiar la propia polaridad, así como la de los demás, si uno se toma el tiempo y estudia lo necesario para dominar este arte.

5. El principio del ritmo

«Todo fluye y refluye; todo tiene sus periodos de avance y retroceso, todo asciende y desciende; todo se mueve como un péndulo; la medida de su movimiento hacia la derecha es la misma que la de su movimiento hacia la izquierda; el ritmo es la compensación».

(...) Los herméticos han descubierto este principio, considerándolo de aplicación universal, y al mismo tiempo han descubierto ciertos métodos para escapar a sus efectos, mediante el empleo de las fórmulas y métodos apropiados. Emplean para ello la ley mental de neutralización. No pueden anular el principio o impedir que opere, pero han aprendido a evitar sus efectos hasta un cierto grado, dependiendo del dominio que se tenga de dicho principio. Saben cómo usarlo, en vez de ser usados por él. (...) El maestro se polariza a sí mismo en el punto donde quiere quedarse, y entonces neutraliza la oscilación rítmica pendular que tendería a arrastrarlo hacía el otro polo.

6. El principio de causa y efecto

«Toda causa tiene su efecto, todo efecto tiene su causa; todo sucede de acuerdo con la ley; la suerte no es más que el nombre que se le da a la ley no reconocida; hay muchos planos de causalidad, pero nada escapa a la Ley».

Los hermetistas conocen los medios y métodos por los cuales se puede ascender más allá del plano ordinario de causas y efectos, hasta cierto grado, y alcanzando mentalmente el plano superior se convierten en causas en vez de efectos. Las muchedumbres se dejan llevar, arrastradas por el medio ambiente que las rodea o por los deseos y voluntades de los demás, si estos son superiores a las de ellas. La herencia, las sugestiones y otras múltiples causas externas los empujan como autómatas en el gran escenario de la vida. (...) Los maestros obedecen a la causalidad de los planos superiores en que se encuentran, pero prestan su colaboración para regular y regir en su propio plano. En lo dicho está condensado un valiosísimo conocimiento hermético: que el que sea capaz de leer entre líneas lo descubra es nuestro deseo.

7. El principio de generación

«La generación existe por doquier; todo tiene su principio masculino y femenino; la generación se manifiesta en todos los planos». Este principio expone la verdad de que la generación se manifiesta en todo, estando siempre en constante acción los principios masculino y femenino. Esto es cierto no solo en el plano físico, sino también en el plano mental y espiritual. En el mundo físico este principio se manifiesta como «sexo», y en los planos superiores adquiere formas más elevadas, pero el principio subsiste siempre el mismo. Ninguna creación física, mental y espiritual, puede existir sin este principio. La comprensión de este ilumina muchos de los problemas que tanto han confundido la mente de los hombres.

El don del Águila (Carlos Castaneda)

1. Lo que percibimos como mundo son las emanaciones del Águila

Don Juan sostenía que intuir una realidad que trasciende el mundo que percibimos se queda en el nivel de las conjeturas; no le basta a un guerrero conjeturar que los mandatos del Águila son percibidos instantáneamente por todas las criaturas que viven en la tierra, y que ninguna de ellas los percibe de la misma manera.

Cuando propuse utilizar la palabra «descripción» en vez de emanaciones del Águila, don Juan me aclaró que no estaba haciendo una metáfora. Dijo que la palabra descripción connota un acuerdo humano, y que lo que percibimos emerge de un mandato en el que no cuentan los acuerdos humanos.

2. La atención es lo que hace percibir las emanaciones del Águila como el acto de «desnatar» (escoger lo mejor de una cosa)

Don Juan describió la atención como el acto de enganchar y canalizar la percepción. Dijo que ese acto es nuestra hazaña más singular, que cubre toda la gama de alternativas y posibilidades humanas. Don Juan estableció una distinción precisa entre alternativas y posibilidades. Alternativas humanas son las que estamos capacitados para escoger como personas que funcionan dentro de un medio social. Nuestro panorama de este dominio es muy limitado. Posibilidades humanas resultan ser aquellas que estamos capacitados para lograr como seres luminosos. Don Juan me reveló un esquema clasificatorio de tres tipos de atención, enfatizando que llamarlos «tipos» era erróneo. De hecho, se trata de tres niveles de conocimiento: la primera, la segunda y la tercera atención; cada una de ellas en un dominio independiente, completo en sí.

Para un guerrero que se halla en las fases iniciales de su aprendizaje, la primera atención es la más importante de las tres. (...) Me explicó que a la primera atención se le ha enseñado a moverse instantáneamente a través de todo un espectro de las emanaciones del Águila, sin poner el menor énfasis en ello, al fin de alcanzar «unidades perceptuales» que todos nosotros hemos aprendido que son perceptibles. Los videntes llaman «desnatar» a esta hazaña de la primera atención, porque implica la capacidad de suprimir las emanaciones superfluas y seleccionar cuáles de ellas se deben enfatizar. Don Juan explicó este proceso tomando como ejemplo la montaña que veíamos en ese momento. Sostuvo que mi primera atención, al momento de ver la montaña, había desnatado una infinita cantidad de emanaciones para obtener un milagro de percepción; un desnate que todos los seres humanos conocen porque cada uno de ellos lo ha logrado alcanzar por sí mismo. Los videntes dicen que todo aquello que la primera atención suprime para obtener un desnate ya no puede ser recuperado por la primera atención bajo ninguna condición. (...)

Don Juan nunca dejó de maravillarse con la capacidad de los seres humanos de impartir orden al caos de la percepción. Sostenía que cada uno de nosotros, por sus propios méritos, es un mago magistral y que nuestra magia consiste en imbuir de realidad los desnates que nuestra primera atención ha aprendido a construir. El hecho de que percibimos en términos de desnates es el mandato del Águila, pero percibir los mandatos como objetos es nuestro poder, nuestro don mágico.

Nuestra falacia, por otra parte, es que siempre acabamos siendo unilaterales al olvidar que los desnates solo son reales en el sentido de que los percibimos como reales, debido al poder que tenemos para hacerlo. Don Juan llamaba a esto un error de juicio que destruye la riqueza de nuestros misteriosos orígenes.

3. A los desnates les da sentido el primer anillo de poder

Don Juan decía que el primer anillo de poder es la fuerza que sale de las emanaciones del Águila para afectar exclusivamente nuestra primera atención. Explicó que se lo ha representado como un «anillo» a causa de su dinamismo, de su movimiento ininterrumpido. Se lo ha llamado anillo «de poder» debido, primero, a su carácter compulsivo y, segundo, a causa de su capacidad única de detener sus obras, de cambiarlas o de revertir su dirección. El carácter compulsivo se muestra mejor en el hecho de que no solo apremia a la primera atención a construir y perpetuar desnates, sino que exige un consenso de todos los participantes. A todos nosotros se nos exige un completo acuerdo sobre la fiel reproducción de desnates, pues la conformidad al primer anillo de poder tiene que ser total. (...) el carácter apremiante del primer anillo de poder es tan intenso que nos fuerza a creer que, si la «montaña» pudiera tener una conciencia propia, esta se consideraría como el desnate que hemos aprendido a construir.

La característica más valiosa que el primer anillo de poder tiene para los guerreros es la singular capacidad de interrumpir su flujo de energía, o de suspenderlo del todo. Don Juan decía que esta es una capacidad latente que existe en todos nosotros como unidad de apoyo. En nuestro estrecho mundo de desnates, no hay necesidad de usarla. Puesto que estamos tan eficientemente acostumbrados y escudados por la red de la primera atención, no nos damos cuenta, ni siquiera vagamente, de que tenemos recursos escondidos. Sin embargo, si se nos presentara otra alternativa para elegir, como es la opción del guerrero de utilizar la segunda atención, la capacidad latente del primer anillo de poder podría empezar a funcionar y podría usarse con resultados espectaculares.

Don Juan subraya que la mayor hazaña de los brujos es el proceso de activar esa capacidad latente; él lo llamaba bloquear el intento del primer anillo de poder. Me explicó que las emanaciones del Águila, que ya han sido asistidas por la primera atención para construir el mundo de todos los días, ejercen una presión inquebrantable en la primera atención. Para que esta presión detenga su actividad, el intento tiene que ser desalojado.

4. El intento es la fuerza que mueve al primer anillo de poder

Don Juan me explicó que el intento no se refiere a tener una intención, o desear una cosa u otra, sino más bien se trata de una fuerza imponderable que nos hace comportarnos de maneras que pueden describirse como intención, deseo, volición, etc. Don Juan no lo presentaba como una condición de ser, proveniente de uno mismo, tal como es un hábito producido por la socialización, o una reacción biológica, sino más bien lo representaba como una fuerza privada, íntima, que poseemos y usamos individualmente como una llave que hace que el primer anillo de poder se mueva de maneras aceptables. El intento es lo que dirige a la primera atención para que esta se concentre en las emanaciones del Águila dentro de un cierto marco. Y el intento también es lo que ordena al primer anillo de poder a obstruir o interrumpir su flujo de energía.

Don Juan me sugirió que conociera el intento como una fuerza invisible que existe en el universo, sin recibirse a sí misma, pero que aun así afecta a todo: fuerza que crea y que mantiene los desnates.

Fuego interno (Carlos Castaneda)

—¿Triunfan alguna vez los pinches tiranos, y destruyen al guerrero que se les enfrenta? —pregunté.

—Desde luego. Durante la conquista y la colonia los guerreros murieron como moscas. Sus filas se vieron diezmadas. Los pinches tiranos podían condenar a muerte a cualquiera, por un simple capricho. Bajo este tipo de presión, los videntes alcanzaron estados sublimes.

Aseguró don Juan que, en esa época, los videntes que sobrevivieron tuvieron que forzarse hasta el límite para encontrar nuevos caminos.

—Los nuevos videntes —dijo don Juan mirándome con fijeza— usaban a los pinches tiranos no solo para deshacerse de su importancia personal sino también para lograr la muy sofisticada maniobra de desplazarse de este mundo.

» (...) Pero el problema de la derrota moderna es de otro género. El ser derrotado por un repinche tiranito no es mortal sino devastador. En sentido figurado, el grado de mortalidad de los guerreros es elevado. Con esto quiero decir que los guerreros que sucumben ante un repinche tirano son arrasados por su propio sentido del fracaso. Para mí eso equivale a una muerte figurada.

—¿Cómo mide usted la derrota?

—Cualquiera que se une al pinche tirano queda derrotado. El enojarse y actuar sin control o disciplina, el no tener refrenamiento es estar derrotado.

(...) Explicó que, en el estado de conciencia acrecentada, el cual es una fase intermedia antes de que uno entre de lleno en la conciencia del lado izquierdo, uno es capaz de tremenda concentración, pero también es uno susceptible a cualquier influencia.

(...) Los nuevos videntes dicen que la percepción es una condición del alineamiento; las emanaciones que están al interior del capullo se alinean con las que están afuera y encajan con ellas. El alineamiento es lo que permite que el estar consciente de ser sea cultivado por cada ser viviente. Los videntes pueden afirmar esto porque ven a los seres vivientes como son en realidad: seres luminosos que parece burbujas de luz blanquecinas.

Miré a don Juan y le dirigí una pregunta muda. Comentó que mi miedo siempre saltaba fuera de toda proporción, y que tenía que luchar para llegar a controlarlo. Me ayudó a incorporarme y dijo que me había portado muy bien. Había visto el cuerpo de ensueño de Genaro como es en realidad, una burbuja de luz.

Le pregunté cómo podía estar seguro de que yo había visto una burbuja de luz. Contestó que él vio moverse mi punto de encaje, primero hacia su sitio normal para compensar mi susto, y luego lo vio moverse a las profundidades del lado izquierdo, más allá del punto en que no hay más dudas.

—En esa posición solo hay una cosa que uno puede ver: burbujas de energía —prosiguió—. Pero de la conciencia acrecentada a ese otro punto en la profundidad del lado izquierdo solo hay un corto trecho. La verdadera hazaña es hacer que el punto de encaje se mueva, de su sitio normal, al punto donde no hay más dudas.

Agregó que yo tenía que entrar en ese momento en un estado de conciencia normal porque aún teníamos una cita con el cuerpo de ensueño de Genaro en unas arboledas cercanas a la casa.

Cuando regresamos a la casa de Silvio Manuel, don Juan dijo que la pericia de Genaro con el cuerpo de ensueño no era nada en comparación con lo que habían hecho, o aún hacían los antiguos videntes. (...)

—Los antiguos videntes buscaban una réplica perfecta del cuerpo —continuó—, y casi lograron conseguirla. Lo único que no pudieron copiar fueron los ojos. En vez de ojos, el cuerpo de ensueño tiene el resplandor de la conciencia. Nunca te diste cuenta de eso antes, cuando Genaro solía mostrarte su cuerpo de ensueño. A los nuevos videntes les importa un comino una perfecta réplica del cuerpo: nunca tuvieron ningún interés en copiarlo. Han conservado, sin embargo, el nombre «cuerpo de ensueño» para indicar una sensación, un impulso de energía que es transportado por el movimiento del punto de encaje, a cualquier lugar en este mundo, o a cualquier lugar de los siete mundos accesibles para el hombre.

Don Juan delineó el procedimiento usado por los nuevos videntes para lograr el cuerpo de ensueño. Dijo que comienza con un acto inicial, cualquier acto que por el hecho de ser continuo engendra intento inflexible. El intento inflexible lleva al silencio interno, y el silencio interno a la fuerza interna necesaria para mover al punto de encaje en sueños a posiciones convenientes.

Llamó a este orden de sucesión el cimiento. Una vez completado este cimiento viene el desarrollo del control, que consiste en mantener sistemáticamente la posición de ensueño aferrándose tenazmente a la visión del sueño. La práctica constante resulta en una gran facilidad para sostener posiciones de ensueño en nuevos sueños, no tanto porque gane control con la práctica, sino porque cada vez que se ejercita este control se fortifica la fuerza interna. A su vez, la fuerza interna fortificada mueve el punto de encaje a posiciones de ensueño, que pueden fomentar la sobriedad; en otras palabras, los sueños se vuelven, de por sí, más y más maniobrables, incluso más ordenados.

—El desarrollo de los ensoñadores es indirecto —prosiguió—. Es por eso que los nuevos videntes creyeron que podemos ensoñar por nuestra cuenta, solos. Puesto que el ensueño utiliza un movimiento natural del punto de encaje, no deberíamos necesitar ayuda de nadie.

» Lo que verdaderamente necesitamos es sobriedad, y nada que pueda dárnosla, ni ayudarlos a obtenerla, salvo nosotros mismos. Sin ella, el movimiento del punto de encaje es caótico, como son caóticos nuestros sueños ordinarios.

» Así que, al fin y al cabo, el procedimiento para llegar al cuerpo de ensueño es la impecabilidad en nuestra vida diaria.

Don Juan explicó que una vez que se adquiere sobriedad, y una vez que las posiciones de ensueño se vuelven progresivamente más fuertes, el siguiente paso es despertarse en una posición de ensueño. Comentó que, aunque da la impresión de ser algo sencillo, la maniobra era en verdad un asunto de tan inmensa complejidad que requiere no solo de sobriedad sino de todos los atributos del guerrero, especialmente de intento. (...) era la técnica más sofisticada que existía, y era la única manera de dirigir la fuerza del alineamiento. Despertar en una posición de ensueño era sostener el alineamiento de emanaciones que han sido encendidas por el movimiento del punto de encaje.

Don Juan dijo que, cuando el nagual Julián lo hizo enfrentarse al aliado, su punto de encaje se movió con el impacto del miedo. Aunado a su débil condición física, un susto tan intenso era ideal para desplazar su punto de encaje. A fin de neutralizar los efectos dañinos del susto, su impacto tenía que ser contrarrestado, pero no disminuido. El explicar lo que ocurría hubiera disminuido el miedo. Lo que quería el nagual Julián era asegurarse de que podía utilizar ese miedo catalizador inicial cuantas veces lo necesitara, pero también quería asegurarse de que podía contrarrestar su devastador impacto; ese era el motivo del engaño. Mientras más elaboradas y dramáticas eras sus historias, mayor era su efecto contrastante. Si él mismo parecía compartir el engaño o el aprieto, el susto de don Juan no podía ser tan intenso como el que había sentido si hubiera estado solo.

—Con su afición por el drama —prosiguió don Juan—, mi benefactor pudo mover mi punto de encaje lo suficiente para imbuirme, de inmediato, con las dos cualidades básicas de los guerreros: el esfuerzo sostenido y el intento inflexible. Yo sabía que, para ser libre algún día, tendría que trabajar de manera constante y ordenada y en cooperación con el frágil viejito, quien a mi parecer necesitaba de mi ayuda tanto como yo necesitaba de la suya. Y también sabía sin duda alguna que eso era todo lo que yo quería hacer en esta vida.

El conocimiento silencioso (Carlos Castaneda)

En varias ocasiones, a fin de ayudarme, don Juan trató de poner nombre a su conocimiento. Él creía que el nombre más apropiado era «nagualismo», pero el término era demasiado oscuro. Llamarlo simplemente «conocimiento» lo encontraba muy vago, y llamarlo «hechicería», sumamente erróneo. «La maestría del intento» y «la búsqueda de la libertad total» tampoco le gustaron por ser términos abstractos en exceso, demasiado largos y metafóricos. Incapaz de encontrar un término adecuado optó por llamarlo «brujería», aunque admitiendo lo inexacto que era. (...)

—La brujería es el uso especializado de la energía —dijo, y como yo no respondía, siguió explicando—. Ver la brujería desde el punto de vista del hombre común y corriente es ver o bien una idiotez o un insondable misterio, que está fuera de nuestro alcance. Y, desde el punto de vista del hombre común y corriente, esto es lo cierto, no porque sea un hecho absoluto, sino porque el hombre común y corriente carece de la energía necesaria para tratar con la brujería. (...)

» Piénsalo bien —continuó—. No es que estés aprendiendo brujería a medida que pasa el tiempo; lo que estás haciendo es aprender a ahorrar energía. Y esta energía ahorrada te dará la habilidad de manejar los campos de energía que por ahora te son inaccesibles. Eso es la brujería: la habilidad de usar otros campos de energía que no son necesarios para percibir el mundo que conocemos. La brujería es un estado de consciencia. La brujería es la habilidad de percibir lo que la percepción común no puede captar.

» Todo por lo que te he hecho pasar —prosiguió don Juan—, cada una de las cosas que te he mostrado fueron simples ardides para convencerte de que en los seres humanos hay algo más de lo que parece a simple vista.

Nosotros no necesitamos que nadie nos enseñe brujería, porque en realidad no hay nada que enseñar. Todo lo que necesitamos es de un maestro que nos convenza de que existe un poder incalculable al alcance de la mano. ¡Una verdadera paradoja! Cada guerrero que emprende el camino del conocimiento cree, tarde o temprano, que está aprendiendo brujería, y lo que está haciendo es dejarse convencer de que existe un poder escondido dentro de su ser y que puede alcanzarlo (...)

—Y una vez que lo alcanzamos, ¿qué hacemos exactamente con ese poder, don Juan?

—Nada. Una vez que lo alcanzamos, el poder mismo hará uso de esos inaccesibles campos de energía. Y eso, como ya te dije, es la brujería. Empezamos entonces a ver, es decir, a percibir algo más, no como una cosa de la imaginación sino como algo real y concreto. Y después comenzamos a saber de manera directa, sin tener que usar palabras. Y lo que cada uno haga con esa percepción acrecentada, con ese conocimiento silencioso, dependerá de nuestro propio temperamento. (...)

A continuación me explicó el papel que desempeña el guía en la vida de los brujos. Dijo que a un guía se le llama «nagual» y que el nagual es un hombre o una mujer dotado de extraordinaria energía; un maestro dotado de sensatez, paciencia e increíble estabilidad emocional; un brujo, al cual los videntes ven como una esfera luminosa con cuatro compartimentos, como si cuatro esferas luminosas estuvieran comprimidas unas contra las otras. Su extraordinaria energía les permite a los naguales intermediar; les permite ser un viaducto que canaliza y transmite, a quien fuera, la paz, la armonía, la risa, el conocimiento, directamente de la fuente, del intento.

(...) Me aseguró que ya me había enseñado cuanto cabía sobre el acecho, pero que yo aún no había rescatado ese conocimiento del fondo de mi conciencia acrecentada, donde lo tenía almacenado. Yo admití tener la fastidiosa sensación de estar embotado. Sentía que había algo encerrado dentro de mí, algo que me hacía dar portazos y patear las mesas, algo que me frustraba y me ponía irascible.

—Esa sensación de estar enfrascado es algo que todos los seres humanos experimentamos —dijo—. Eso es lo que nos hace acordar de que tenemos un vínculo con el intento. Para los brujos esa sensación es tan aguda que crea una presión inaguantable, justamente porque su meta es sensibilizar ese vínculo de conexión hasta hacerlo funcionar a voluntad. Cuando la presión es demasiado grande, los brujos se alivian acechándose a sí mismos.

—Creo que todavía no comprendo qué significa acechar —dije—. Pero en cierto nivel creo saber exactamente lo que es.

—Pues entonces, vamos a aclarar lo que sabes —manifestó—. El acecho es un procedimiento simplísimo. Es un modo de conducta especial que se ajusta a ciertos principios; una conducta secreta, furtiva y engañosa, que está diseñada para darle a uno algo así como una sacudida mental. Por ejemplo, acecharse a uno mismo significa darse un sacudón usando nuestra propia conducta en una forma astuta y sin compasión.

Explicó que, cuando la conciencia de ser de los brujos se atasca debido a la enormidad de lo que perciben, lo cual era mi caso en ese momento, lo mejor o tal vez lo único que se podía hacer era usar la idea de la muerte para provocar ese sacudón mental que era el acecho.

—La noción de la muerte es de monumental importancia en la vida de los brujos —continuó don Juan—. Te he hablado innumerables veces de la muerte a fin de convencerte de que lo que nos da gordura y fortaleza es saber que nuestro fin es inevitable. Nuestro error más costoso es permitirnos no pensar en la muerte. Es como si creyéramos que, al no pensar en ella, nos vamos a proteger de sus efectos. (...)

» Cada uno de nosotros tiene un diferente grado de apego a su imagen de sí —continuó—. Y ese apego se hace sentir como una necesidad. Por ejemplo, antes de que yo iniciara el camino del conocimiento, mi vida era una necesidad incesante. Años después de que el nagual Julián me tomara bajo su tutela, yo seguía igualmente lleno de necesidad, quizás hasta más que antes.

» Pero hay ejemplos de personas, brujos o personas corrientes, que no necesitan de nadie. Obtienen paz, armonía, risa, conocimiento, directamente del espíritu. No necesitan intermediarios. Tu caso y el mío son diferentes. Yo soy tu intermediario, como el nagual Julián fue el mío. Los intermediarios, además de proporcionar una mínima oportunidad, que es darse cuenta del intento, ayudan a romper el espejo de la imagen de sí. La única ayuda concreta que has obtenido de mí es que yo ataco tu imagen de sí. Si no fuera por eso, estarías perdiendo el tiempo conmigo. (...)

» Hay muy poco valor en la instrucción. Los brujos sostienen que el descenso del espíritu es lo único que importa, porque el espíritu mueve el punto de encaje. Y ese movimiento, como bien lo sabes, depende del aumento de energía y no de la instrucción.

Hizo luego una afirmación incongruente. Dijo que, si cualquier ser humano llevara a cabo una serie de acciones específicas y sencillas, podría aprender a llamar al espíritu a que mueva su punto de encaje.

Señalé que se estaba contradiciendo a sí mismo. A mi modo de ver, una serie de acciones implicaba instrucciones y significaba procedimientos.

—En el mundo de los brujos solo hay contradicciones de términos —replicó—. En la práctica no hay contradicciones. La serie de acciones que tengo en mente surge del estar consciente de ser. Para estar consciente de esa serie, por cierto, se necesita un nagual, porque el nagual es quien proporciona una oportunidad, mínima, pero esa oportunidad mínima no es instrucción, como las instrucciones que se necesitan para aprender a manejar una máquina. La oportunidad mínima consiste en que lo hagan a uno consciente del espíritu.

Explicó que la serie de acciones a las que se refería requerían primeramente estar consciente de que la importancia personal es la fuerza que mantiene fijo el punto de encaje. Luego, que, si se restringe la importancia personal, la energía que naturalmente requiere y emplea queda libre. Y finalmente, que esa energía libre y no malgastada es la que llama al espíritu y sirve entonces como un trampolín automático que lanza al punto de encaje, instantáneamente y sin premeditación, a un viaje inconcebible.

Dijo también que, una vez que se ha movido el punto de encaje, puesto que el movimiento en sí representa un alejamiento de la imagen de sí, se desarrolla un claro y fuerte vínculo de conexión con el espíritu. Comentó que, después de todo, era la imagen de sí lo que había desconectado al hombre del espíritu.

—Como ya te lo he dicho —prosiguió don Juan—, la brujería es un viaje de retorno. Retornamos al espíritu, victoriosos, después de haber descendido al infierno. Y desde el infierno traemos trofeos. (...)

—¿Cuáles son esas ideas claves, don Juan? —pregunté.

—En tu caso, ese día en Guaymas, y en el caso de los espectadores de la curandera de la que hablamos, la idea clave es la continuidad.

—¿Qué es la continuidad? —pregunté.

—La idea de que somos un bloque sólido —dijo—. En nuestra mente, lo que sostiene nuestro mundo es la certeza de que somos inmutables. Podemos aceptar que nuestra conducta se puede modificar; pero la idea de que somos maleables al punto de cambiar de aspecto, al punto de ser otra persona, no forma parte del orden básico de nuestra imagen de sí. Cada vez que el brujo interrumpe ese orden básico, el mundo de la razón se viene abajo. (...)

Luego comparó las acciones que él había llevado a cabo aquella tarde, en Guaymas, con las acciones de la curandera. Dijo que la curandera había destruido las imágenes de sí de sus espectadores con una serie de actos que no tenían equivalentes en la existencia cotidiana de esos espectadores: la dramática posesión del espíritu, los cambios de voces, el abrir con un cuchillo el cuerpo del paciente. En cuanto se rompió la idea de la continuidad de sí mismos, sus puntos de encaje quedaron listos para moverse.

Me recordó que en el pasado me había hablado muchísimo del concepto de detener el mundo. Había dicho que detener el mundo consiste en introducir un elemento disonante en la trama de la conducta cotidiana, con el propósito de detener lo que habitualmente es un fluir ininterrumpido de acontecimientos comunes; acontecimientos que están catalogados en nuestra mente, por la razón. Había dicho que detener el mundo es tan necesario para los brujos como leer y escribir lo es para mí.

Me había dicho que el elemento disonante se llama «no-hacer», o lo opuesto de hacer. Hacer es cualquier cosa que forma parte de un todo del cual podemos dar cuenta cognoscitivamente. No-hacer es el elemento que no forma parte de ese todo conocido.

—Los brujos, debido a que son acechadores, comprenden a la perfección la conducta humana —dijo—. Comprenden, por ejemplo, que los seres humanos son criaturas de inventario. Conocer los pormenores de cualquier inventario es lo que convierte a un hombre en erudito o experto en su terreno. (...)

» El único modo de hablar de eso es decir que el intento se intenta con los ojos —dijo—. Sé que es así. Sin embargo, al igual que tú, no puedo precisar qué es lo que sé. Los brujos resuelven esta dificultad aceptando algo sumamente obvio: los seres humanos son infinitamente más complejos y misteriosos que nuestras más locas fantasías. (...) Los brujos dicen que el intento se experimenta con los ojos, no con la razón.

(...) Dijo que, pese a mis apuradas y mal pensadas tácticas de recuperación, mi punto de encaje llegó al sitio donde no hay compasión cuando me enfurecí con su conducta senil. (...) Lo que contaba era que mi punto de encaje había llegado a ese sitio, y yo había aceptado los requisitos del intento: un abandono y una frialdad totales. (...)

—Fue también ese día cuando aprendiste a enmascarar el no tener compasión —prosiguió—. Tu máscara no estaba tan bien desarrollada como está ahora, por supuesto, pero lo que adquiriste entonces fueron los rudimentos de lo que se convertiría en tu máscara de generosidad. (...)

» Vino al instante en que sentiste que esa furia fría se apoderaba de ti —me dijo—, y tuviste que enmascararla. No bromeaste al respecto, como lo hubiera hecho mi benefactor. No trataste de parecer razonable, como lo hubiera hecho yo. No fingiste que te intrigaba, como hubiera hecho el nagual Elías. Esas son las tres máscaras de nagual que conozco. ¿Qué hiciste, entonces? Caminaste tranquilamente hasta tu auto y regalaste la mitad de los paquetes al muchacho que te ayudaba a llevarlos.

Don Juan me miró fijamente y me recomendó que me tendiera boca abajo en un peñasco redondo, con los brazos y las piernas abiertos como una rana.

Así permanecí por unos diez minutos, completamente tranquilo, casi dormido, hasta que me sacó de mi sopor el suave gruñido de un animal. Levanté la cabeza y, al mirar hacia arriba, se me erizaron los cabellos. Un gigantesco jaguar oscuro estaba sentado en otro peñasco, a escasos tres metros de mí, justo por encima de donde estaba don Juan sentado en el suelo. El jaguar, con la vista fija en mí, mostraba los colmillos, como si estuviera listo para saltar sobre mí.

—¡No te muevas! —ordenó don Juan, en voz muy baja—. Y no lo mires a los ojos. Míralo fijamente al hocico y no parpadees. Tu vida depende de tu mirada.

Hice lo que me decía. El jaguar y yo nos miramos fijamente por un instante, hasta que don Juan quebró la tensión arrojándole su sombrero a la cabeza. Cuando el animal saltó hacia atrás para evitar el golpe, don Juan emitió un largo y penetrante silbido. Después gritó a todo pulmón y dio tres o cuatro palmadas con las dos manos juntas, que sonaron como disparos apagados. (...)

Al cabo de un momento me hizo señal de que echáramos a andar y abrió la marcha. Nos alejamos de las rocas, serpenteando a paso rápido por entre la maleza. (...)

—¿Por qué caminamos serpenteando? —pregunté—. ¿No sería mejor salir volando de aquí, en línea recta, como una flecha?

—¡No! —dijo con firmeza—. No nos valdría de nada. Ese es un jaguar macho. Está hambriento y va a seguirnos. (...) No es tan fácil. Ese jaguar no se halla estorbado por la razón. Sabrá exactamente lo que tiene que hacer para cazarnos. De verdad que verá nuestros pensamientos. (...)

» Lo que estás presenciando es el resultado de una lucha que toma toda la vida —dijo—. Lo que ves es un brujo que finalmente ha aprendido a seguir los designios del espíritu. Y eso es todo.

» Te he hablado, de muchas maneras, de las diferentes etapas por las que pasa un guerrero a lo largo del sendero del conocimiento —prosiguió—. En términos de su vínculo con el intento, el guerrero pasa por cuatro etapas. La primera, cuando tiene un vínculo herrumbrado en el que no puede confiar. La segunda, cuando logra limpiarlo. La tercera, cuando aprende a manejarlo. Y la cuarta, cuando aprende a aceptar los designios de lo abstracto. Don Juan sostuvo que su logro no lo hacía intrínsecamente diferente a sus aprendices. Solo lo hacía disponer de más recursos; por lo tanto, no mentía al decirnos que él se nos parecía. (...)

—Por lo que hemos visto de ti, no se te puede enseñar a ser violento ni obtuso. Ya lo eres, pero puedes aprender a ser despiadado, astuto, paciente y simpático.

Don Juan me explicó que ser despiadado, astuto, paciente y simpático es la quintaesencia del acecho. Son los cuatro fundamentos básicos que, con todas sus ramificaciones, son inculcados a los brujos de un modo muy meticuloso y cauto. Don Juan dijo que la enormidad de esa experiencia le hizo olvidar por completo al hombre monstruoso. Caminó sin escolta casi hasta la casa del nagual Julián, pero una vez allí cambió de idea y fue a la casa del nagual Elías en busca de consuelo. Y el nagual Elías le explicó la profunda consistencia de los actos del nagual Julián:

El nagual Elías apenas podía contener su entusiasmo al escuchar el relato de don Juan. En tono ferviente le explicó a don Juan que el nagual Julián era un acechador supremo, siempre en busca de lo práctico. Su incesante búsqueda era para obtener puntos de vista y soluciones pragmáticas. Su comportamiento, aquel día en que arrojó a don Juan al río, había sido una obra maestra del acecho. Había maniobrado para afectar a todos. Hasta el río parecía estar a sus órdenes.

El nagual Elías sostuvo que mientras don Juan era arrastrado por la corriente, luchando por su vida, el río le había ayudado a entender lo que era el espíritu. Y gracias a esa comprensión don Juan tuvo la oportunidad de entrar directamente en el conocimiento silencioso. (...)

En primer lugar, el nagual Elías explicó a don Juan que el sonido y el significado de las palabras son de suprema importancia para los acechadores. Ellos usan las palabras como llaves que abren cualquier cosa que está cerrada. Los acechadores, por lo tanto, deben declarar su objetivo antes de tratar de lograrlo. Pero no pueden revelarlo así nomás, desde un principio; deben decirlo cuidadosamente y esconderlo entre las palabras.

El nagual Elías llamó a ese acto «despertar el intento». Le explicó que el nagual Julián había despertado al intento al afirmar enfáticamente, frente a todos los miembros de la casa, que iba a mostrar a don Juan, de una sola vez, qué era el espíritu y cómo definirlo. Eso era una perfecta tontería, pues el nagual Julián sabía que no había modo de mostrar o de definir al espíritu. Su verdadero objetivo era, por supuesto, situar a don Juan en la posición de manejar el intento. Tras de hacer esa afirmación, que escondía su verdadero objetivo, el nagual Julián reunió a tanta gente como le fue posible, convirtiéndolos en sus cómplices, a sabiendas de ello o no. Todos conocían el objetivo expresado, pero ni uno solo sabía lo que el nagual tenía en mente.

El nagual Elías se equivocó por completo al creer que su explicación iluminaría a don Juan. Sin embargo, continuó pacientemente explicándole que la posición del conocimiento silencioso se llamaba el tercer punto, porque, a fin de alcanzarlo, había que pasar por el segundo punto: el lugar donde no hay compasión. Dijo que el punto de encaje de don Juan adquirió la suficiente fluidez como para hacerlo doble. Ser doble significaba, para los brujos, que uno podía manejar el intento; estar en el lugar de la razón y el del conocimiento silencioso, alternativamente o al mismo tiempo.

El nagual le dijo a don Juan que ese logro había sido magnífico. Hasta lo abrazó como si fuera un niño. Y no podía dejar de ponderar el hecho de que, pese a no saber nada o quizás justamente por ello, había podido transferir la totalidad de su energía de un lugar a otro; lo cual significaba, para el nagual, que el punto de encaje de don Juan poseía una fluidez natural muy propicia. (...)

El viejo nagual le dijo a don Juan que la conexión entre el conocimiento silencioso y la razón era, para los brujos, como un puente de una sola mano, llamado «interés». Es decir, el interés que los auténticos hombres de conocimiento silencioso tenían por la fuente de lo que sabían. Y el otro puente de una sola mano, que conecta la razón con el conocimiento silencioso, es llamado el «puro entendimiento». Es decir, lo que le dice al hombre de razón que la razón es solamente como una estrella en un infinito de estrellas.

El nagual Elías agregó que cualquier ser humano que tuviera ambos puentes en funcionamiento es un brujo en contacto directo con el espíritu, la fuerza vital que posibilita ambas posiciones. Señaló a don Juan que todo cuanto el nagual Julián había hecho aquel día en el río había sido un espectáculo, no para un público humano, sino para la fuerza que lo estaba observando. Se pavoneó e hizo alardes con total abandono y frialdad y con la audacia más grande divirtió a todos, especialmente al poder al que se estaba dirigiendo.

Don Juan dijo que, según le asegurara el nagual Elías, el espíritu solo escucha cuando el que le habla le habla con gestos. Y los gestos no significa hacer señales o mover el cuerpo, sino actos de verdadero abandono, de generosidad, de humor. Como gesto para el espíritu, los brujos sacan de sí lo mejor que tienen; su abandono, su frialdad, su audacia y silenciosamente lo ofrecen al espíritu. (...)

—Dentro del arte del acecho —prosiguió don Juan—, existe una técnica muy usada por los brujos: «el desatino controlado». Los brujos aseguran que esa es la única técnica con que cuentan para tratar consigo mismos en la conciencia acrecentada y con la gente en el mundo de la vida cotidiana.

Don Juan me había definido el desatino controlado como el arte del engaño controlado o el arte de fingirse completamente inmerso en el acto del momento; fingiendo tan bien que nadie podría diferenciar esa imitación de lo genuino.

—El desatino controlado es un arte —continuó don Juan—. Un arte sumamente molesto y difícil de aprender. Muchos brujos no tienen aguante para eso, no porque tenga nada de malo, sino porque hace falta mucha energía para ejercitarlo. (...)

» Cuando se lleva al máximo el movimiento del punto de encaje —prosiguió—, tanto el hombre común y corriente como el aprendiz de brujería se convierten en brujos, porque, llevando al máximo ese movimiento, la continuidad de la vida diaria se rompe sin remedio.

—¿Cómo se lleva al máximo ese movimiento? —pregunté.

—Con la impecabilidad —respondió—. La verdadera dificultad está en tener energía. Si se tiene energía, una vez que el punto de encaje se mueve, cosas inconcebibles están al alcance de la mano.

Don Juan explicó que el aprieto del hombre moderno es que intuye sus recursos ocultos, pero no se atreve a usarlos. Por eso dicen los brujos que el mal del hombre es el contrapunto entre su estupidez y su ignorancia. Dijo que el hombre necesita ahora, más que nunca, aprender nuevas ideas que se relacionen exclusivamente con su mundo interior; ideas de brujo, no ideas sociales; ideas relativas al hombre frente a lo desconocido, frente a su muerte personal. Ahora, más que nunca, necesita el hombre aprender acerca de la impecabilidad y los secretos del punto de encaje.

—Los brujos videntes de los tiempos modernos —prosiguió don Juan— llaman a ese proceso de invalidar la vida cotidiana «el boleto para ir a la impecabilidad» o la muerte simbólica, pero muy definitiva, del brujo. Yo, personalmente, conseguí mi boleto para ir a la impecabilidad en aquel campo de Sinaloa. Lo tenue de mi nueva continuidad me costó la vida. (...)

» Mi benefactor (nagual Julián) me dijo que el boleto de un brujo para ir a la impecabilidad es su muerte. (...) Y también dijo que el gran truco de los brujos es estar totalmente conscientes de que están muertos. Su boleto para ir a la impecabilidad debe estar envuelto en puro entendimiento. En esa envoltura, dicen los brujos que el boleto se mantiene flamante. (...)

» Anda a tu casa y piensa en los centros abstractos de las historias de brujería —dijo don Juan—. Mejor dicho: no pienses en ellos, sino que deja que el espíritu descienda y mueva tu punto de encaje al lugar del conocimiento silencioso. El descenso del espíritu lo es todo, pero no significa nada si no se llenan los requisitos del intento. Por lo tanto, cultiva el abandono, la frialdad y la audacia. En otras palabras, sé impecable.

El arte de ensoñar (Carlos Castaneda)

Seguros de que nuestro condicionamiento energético es nuestro impedimento para entrar en esos otros reinos, los brujos de la antigüedad desarrollaron una serie de prácticas designadas a reacondicionar nuestras capacidades energéticas de percepción. Llamaron a esta serie de prácticas el arte de ensoñar. Con la perspectiva que el tiempo me da, ahora me doy cuenta de que la descripción más apropiada que don Juan le dio al ensueño fue llamarlo «la entrada al infinito». Cuando lo dijo, comenté que su metáfora no tenía ningún significado para mí.

—Descartemos las metáforas —concedió—. Digamos que ensoñar es la manera práctica en que los brujos ponen en uso los sueños comunes y corrientes.

—¿Pero cómo pueden los sueños ser puestos en uso? —pregunté.

—Siempre caemos en la trampa del lenguaje —dijo —. En mi propio caso, mi maestro trató de describirme el ensueño como la manera en que los brujos le dicen hasta mañana al mundo.

He escrito extensamente sobre esos eventos, pero nunca mencioné al segundo grupo de aprendices; don Juan no lo permitió. Argüía que aquellas personas pertenecían exclusivamente a mi campo de acción, y que el acuerdo que tenía con él era escribir sobre acciones y la gente de su campo, no del mío.

El segundo grupo de aprendices era extremadamente compacto. Consistía únicamente en tres miembros: una ensoñadora, Florinda Donner; una acechadora, Taisha Abelar; y la mujer nagual Carol Tiggs. Estas tres personas interactuaban entre ellas y conmigo exclusivamente en la segunda atención. (...) Hacia el final, cuando don Juan estaba a punto de dejar el mundo, la presión psicológica de su partida empezó a menoscabar, en nosotros cuatro, los rígidos parámetros de la segunda atención. El resultado fue que (...) todos nos conocimos, por primera vez. Ninguno de nosotros estaba consciente de nuestra profunda y ardua interacción en la segunda atención. (...)

Una vez le preguntamos a don Juan al unísono que nos sacara de dudas. Dijo que tenía dos posibilidades explicativas. Una era aplacar a nuestra malherida racionalidad diciendo que la segunda atención es un estado de conciencia tan ilusorio como elefantes volando en el cielo, y que todo lo que creíamos haber experimentado en ese estado era simplemente un producto de sugestiones hipnóticas. La otra posibilidad era no explicar, pero sí describir la segunda atención de la manera como se les presenta a los brujos ensoñadores: como una incomprensible configuración energética de la conciencia.

Durante una de nuestras conversaciones, don Juan expuso que, a fin de poder apreciar la posición de los ensoñadores y el ensueño, uno tiene que comprender el empeño de los brujos de ahora por cambiar el curso establecido de la brujería y llevarla de lo concreto a lo abstracto.

—¿A qué llama usted lo concreto, don Juan? —le pregunté.

—A la parte práctica de la brujería —me dijo—. A la insistencia obsesiva en prácticas y técnicas; a la injustificada influencia sobre la gente. Todo lo cual era el quehacer de los brujos del pasado.

—¿Y a que llama usted lo abstracto?

—A la búsqueda de la libertad; libertad para percibir, sin obsesiones, todo aquello que es humanamente posible. Yo digo que los brujos de ahora están en busca de lo abstracto, porque buscan la libertad y no tienen ningún interés en ganancias concretas; ni tampoco en funciones sociales, como los brujos del pasado. De modo que nunca los encontrarás actuando como videntes oficiales, o como brujos con título.

A manera de preámbulo a su primera lección en el arte de ensoñar, don Juan describió la segunda atención como un proceso que empieza con una idea; una idea que es más rareza que posibilidad real; la idea se convierte luego en algo como una sensación, y finalmente evoluciona y se transforma en un estado de ser, o en un campo de acciones prácticas, o en una preeminente fuerza que nos abre mundos más allá de toda fantasía. Los brujos tienen dos opciones para explicar su mundo de dimensiones mágicas. Una es con la ayuda de metáforas, y la otra por medio de términos abstractos, propios de la brujería. Yo siempre he preferido la segunda, aunque la mente racional de un hombre occidental jamás encontraría satisfacción en ninguna de las dos.

Don Juan me hizo entender que describir la segunda atención como un proceso era una metáfora de brujos, y que la segunda atención se podría definir como el producto de un desplazamiento del punto de encaje. Un desplazamiento que debe ser intentado, empezando por intentarlo como una idea, y acabando por intentarlo como un estado de conciencia fijo y controlado, donde uno se da cabal cuenta del desplazamiento del punto de encaje.

—Preparar el ensueño quiere decir tener un comando práctico y preciso de los sueños; no dejar que se esfumen o cambien. Por ejemplo, puede que sueñes que estés en un salón de clases. Preparar el ensueño significa no dejar que ese sueño se transforme en otro. Es decir que controlas la visión del salón de clases y no la dejas ir hasta que tú quieras.

—¿Pero es posible hacer eso?

—Por supuesto que es posible. Ese control no es tan diferente al control que uno tiene en la vida diaria. Los brujos están acostumbrados a él y lo ejercen cada vez que lo necesitan. Para llegar a tenerlo debes comenzar por hacer algo muy simple. Esta noche debes mirarte las manos en tus sueños.

»Ponte tan serio como se te dé la gana cuando hablemos del ensueño —dijo—. Las explicaciones siempre requieren de profunda reflexión. Pero cuando ensueñes, sé tan liviano como una pluma.

El ensueño tiene que llevarse a cabo con integridad y cordura, pero con risa y con la confianza de quien no tiene preocupación alguna. Solamente bajo estas condiciones pueden nuestros pinches sueños convertirse en ensueño.

Don Juan puso en claro que él había seleccionado arbitrariamente mis manos como algo que yo podía buscar en mis sueños, y que buscar cualquier otra cosa era igualmente válido. El propósito de este ejercicio no era encontrar una cosa específica sino emplear la atención del ensueño.

Don Juan describió la atención de ensueño como el control de los sueños; control que uno adquiere al fijar el punto de encaje en cualquier nueva posición a la cual se haya desplazado durante los sueños normales. En términos más generales, llamó a la atención de ensueño una faceta incomprensible de la conciencia, que parece estar esperando el momento en que la convoquemos y le demos propósito; la llamó también una facultad velada que todos tenemos en reserva, pero que nunca nos atrevemos a usar.

Mis primeros intentos de verme las manos en los sueños fueron un desastre. Después de meses de vanos esfuerzos, me di por vencido y le eché en cara a don Juan lo absurdo de tal tarea.

—Hay siete compuertas —dijo a manera de respuesta—. Y los ensoñadores tienen que abrirlas todas, de una en una. Te has dado un soberano chingadazo contra la primera compuerta, la cual debes abrir si es que vas a ensoñar. (...)

» Llegamos a la primera compuerta al darnos cuenta de una sensación muy particular que se nos viene encima antes de quedarnos profundamente dormidos —dijo—. Una placentera oscuridad y pesadez que nos mantiene suspendidos y no nos permite abrir los ojos. (...) Lo que te dije está en el campo del intento y el acto de intentar. Para los brujos comprender eso pertenece al campo de energía. Ellos creen que, si esa explicación fuera oída por el cuerpo energético, este la entendería en términos completamente diferentes a los de la mente. El truco está en llegar al cuerpo energético. Para eso uno necesita muchísima energía. (...) Por cierto que puedes llegar a esa misma posición por medio del ensueño, pero a estas alturas, yo no te lo recomendaría. (...)

» Ensoñar es un proceso de despertar, de adquirir control. Nuestra atención de ensueño debe ser sistemáticamente ejercitada, puesto que es la puerta a la segunda atención.

—¿Cuál es la diferencia entre la atención de ensueño y la segunda atención?

—La segunda atención es como un océano, y la atención de ensueño es como un río que desemboca en él. La segunda atención es el estado de estar consciente de dos mundos completos, completos como el nuestro es completo; mientras que la atención de ensueño es el estado de estar conscientes de los objetos de nuestros sueños.

Durante sus enseñanzas don Juan puso un gran énfasis en el hecho de que la atención de ensueño es la llave que abre todas las puertas en el mundo de los brujos. Dijo que, entre la multitud de objetos en nuestros sueños, existen verdaderas interferencias energéticas; cosas que son colocadas ahí por fuerzas ajenas a la nuestra. Ser capaz de encontrarlas y seguirlas es el logro de la atención de ensueño.

Don Juan me hizo luego acceder a que hablaríamos del ensueño únicamente en la segunda atención y cuando él lo considerara apropiado. Me alentó a que siguiera practicando mientras tanto, y me prometió no interferir en mis prácticas, en lo absoluto.

A medida que fui adquiriendo destreza en la preparación del ensueño, experimenté repetidamente sensaciones que personalmente consideré ser de gran importancia; tal como la sensación de rodar en una zanja, justo en el momento de quedarme dormido. (...) Don Juan no desaprobó nada, solamente se burlaba de mí, llamándome un guerrero fraudulento que profesaba luchar contra la importancia personal, pero que sin embargo escribía un diario muy meticuloso y tremendamente personal, llamado: «Mis sueños».

Don Juan insistía en que el camino del guerrero es el mejor recurso que existía para engrasar las ruedas de esa reorganización de energía y que, de todas las premisas del camino del guerrero, la más efectiva es «perder la importancia personal». (...)

Don Juan argüía que empleamos la mayor parte de nuestra fuerza en mantener nuestra importancia, y que nuestro desgaste más pernicioso es la compulsiva presentación y defensa del yo; la preocupación acerca de ser o no admirados, queridos o aceptados. Él sostenía que, si fuera posible perder algo de esa importancia, dos cosas extraordinarias nos ocurrirían. Una, liberaríamos nuestra energía de tener que fomentar y sustentar la ilusoria idea de nuestra grandeza; y dos, nos proveeríamos de suficiente energía para entrar en la segunda atención y vislumbrar la verídica grandeza del universo. (...)

—Sigamos hablando de nuestros asuntos —dijo—. Se llega a la segunda compuerta del ensueño cuando uno se despierta de un sueño en otro sueño. Puede uno tener tantos sueños como se quiera, o tantos como uno sea capaz de tenerlos, pero se debe ejercitar un control adecuado y no despertar en el mundo que conocemos.

Tuve un momento de pánico.

—¿Quiere usted decir que no se debe despertar nunca en este mundo? —pregunté.

—No, no quise decir eso. Pero ahora que lo mencionas, debo hacerte una confesión. Los brujos de la antigüedad solían hacer eso: no se despertaban en el mundo que conocemos. Algunos de los brujos de mi línea también lo hicieron, pero yo no lo recomiendo. Lo que quiero es que te despiertes con toda naturalidad cuando hayas terminado de ensoñar; pero mientras estés ensoñando, quiero que sueñes que te despiertas en otro sueño. (...)

» Hay un problema con la segunda compuerta —dijo—. Es un problema que puede ser serio, de acuerdo al carácter de uno. Si tenemos la tendencia de aferrarnos de las cosas o de las situaciones, estamos fritos. (...)

» Considera esto por un instante. Has experimentado ya el exótico placer de examinar el contenido de tus sueños. Imagínate la dicha que sería ir de sueño en sueño, observando todo, examinando cada detalle. Es muy fácil transformar eso en un vicio y hundirse en profundidades mortales. Especialmente si uno tiene la tendencia de darse a los vicios.

» Si fuera una situación de sueño normal, sí. Pero esta no es una situación normal. Esto es ensoñar. Un ensoñador llega a su cuerpo energético al cruzar la primera compuerta. De ahí en adelante, ya no es algo conocido lo que atraviesa la segunda compuerta. Es el cuerpo energético quien va saltando de sueño en sueño.

—¿Qué es lo que implica todo esto, don Juan?

—Implica que al cruzar la segunda compuerta se debe intentar un mayor y más serio control de la atención de ensueño: la única válvula de seguridad para los ensoñadores.

» Ya averiguarás por cuenta propia que el verdadero propósito del ensueño es perfeccionar el cuerpo energético. Entre otras cosas, un perfecto cuerpo energético controla tan buenamente la atención de ensueño que la hace parar cuando es necesario. Esta es la válvula de escape de los ensoñadores. No importa cuán tarados sean, en un momento dado, su atención de ensueño los hace salir.

» Estoy muy satisfecho, pero muy preocupado —dijo don Juan, comentando mi esfuerzo—. Estás aprendiendo maravillas y ni siquiera lo sabes. Y no quiero decir que soy yo el que te las enseña.

—Se refiere usted a los seres inorgánicos, ¿no es así?

—Sí, me refiero a ellos. Y ahora te recomiendo que no fijes tu mirada en nada; mirar fijamente es una técnica de los brujos antiguos. Eran capaces de alcanzar sus cuerpos energéticos en fracciones de segundo, solo mirando fijamente objetos de su predilección. Una técnica muy impresionante, pero inservible para los brujos de ahora. No hace nada para aumentar nuestra sobriedad o nuestra capacidad de buscar la libertad. Lo único que hace es mantenernos fijos en lo concreto; un estado de lo más indeseable.

Don Juan añadió que a menos que me mantuviera en total control, cuando fusionara la segunda atención con la atención de mi vida cotidiana, me iba a convertir en un hombre aún más intolerable. Dijo que había una gran separación entre mi movilidad en la segunda atención y mi insistencia en permanecer inmóvil en mi conciencia del mundo cotidiano. Señaló que la separación era tan grande que en mi estado de conciencia diario yo era casi un idiota; y en la segunda atención era un lunático. (...)

—Estás realmente viendo y oyendo —dijo la voz del emisario irrumpiendo en mis pensamientos—. Esa es la belleza de este mundo. Puedes experimentar todo viendo y oyendo sin tener que respirar. ¡Piensa en ello! ¡No tienes que respirar! Puedes ir a los confines del universo son tener que respirar. (...)

—Se alcanza la tercera compuerta del ensueño cuando uno se encuentra en un sueño, mirando a alguien que está durmiendo, y ese alguien resulta ser uno mismo —dijo don Juan. (...)

Después de unos días, me encontré en un ensueño mirándome a mí mismo dormido. Se lo reporté a don Juan instantáneamente. El ensueño había ocurrido durante mi estancia en su casa.

—Hay dos fases en cada una de las compuertas del ensueño —dijo—. Como ya sabes, la primera es llegar a la compuerta, y la segunda es cruzarla. Al ensoñar lo que ensoñaste: que te veías a ti mismo dormido, llegaste a la tercera compuerta. La segunda fase consiste en moverte una vez que te has visto dormido.

El lado activo del infinito (Carlos Castaneda)

Este libro es una colección de los sucesos memorables de mi vida. Los coleccioné siguiendo la recomendación de don Juan Matus, un chamán yaqui de México, el cual como maestro se esforzó durante trece años en hacerme accesible el mundo cognitivo de los brujos que vivieron en México en los tiempos antiguos. La sugerencia de don Juan de que yo reuniera esta colección de sucesos memorables, la hizo casualmente, como si se le hubiera ocurrido en ese momento. Ese era el estilo de enseñanza de don Juan. Encubría la importancia de ciertas maniobras detrás de lo mundano. Escondía, de esta manera, la punzada de la finalidad, presentándola como algo que no difería de ninguna de las preocupaciones de la vida cotidiana [Carlos se refiere aquí al arte del acecho sin explicitarlo].

Don Juan me reveló con el paso del tiempo que los chamanes del México antiguo habían concebido esta colección de sucesos memorables como una auténtica estratagema para remover reservas de energía que existen dentro del ser. Explicaban que estas reservas estaban compuestas de energía que tiene origen en el cuerpo mismo y que es desplazada por las circunstancias de nuestra vida cotidiana hasta quedar fuera del alcance. En ese sentido, esta colección de sucesos memorables era para don Juan, y para los chamanes de su linaje, el medio para redistribuir su energía inutilizada.
El requisito previo para esta colección era el acto genuino, llevado a cabo con todo el ser, de reunir la suma total de emociones y las comprensiones de uno, sin dejar nada omiso. Según don Juan, los chamanes de su linaje estaban convencidos de que la colección de sucesos memorables era el vehículo para el ajuste emocional y energético necesario para aventurarse, en términos de percepción, a lo desconocido.

Don Juan describió la meta total del conocimiento chamánico que él manejaba como la preparación para enfrentarse al viaje definitivo; el viaje que todo ser humano tiene que emprender al final de su vida. Dijo que, a través de su disciplina y resolución, los chamanes eran capaces de retener su conciencia y propósitos individuales después de la muerte. Para ellos, el estado idealista y vago que el hombre moderno llama «la vida después de la muerte» es una región concreta repleta de asuntos prácticos de un orden diferente al de los asuntos prácticos de la vida cotidiana, y que sin embargo tiene una practicabilidad funcional semejante. Don Juan consideraba que coleccionar los sucesos memorables en sus vidas era para los chamanes la preparación para entrar en esa región concreta que llamaban «el lado activo del infinito».

—Estás saboreando algo del infinito —dijo don Juan en un tono de grave finalidad—. Lo sé porque he estado en ese lugar. Quieres irte, meterte en algo humano, cálido, contradictorio, estúpido, no importa. Quieres olvidar la muerte de tu amigo. Pero el infinito no te dejará —su voz se suavizó—. Te tiene metidas las garras despiadadamente.

—¿Qué puedo hacer ahora, don Juan? —le pregunté.

—Lo único que puedes hacer es guardar fresca la memoria de tu amigo, mantenerla viva por el resto de tu vida y, quizás, más allá. Los chamanes expresan de esa manera el agradecimiento al que ya no pueden dar voz. Puedes creer que es una tontería, pero es lo mejor que los chamanes pueden hacer.

Era indudablemente mi propia tristeza, la que me hizo creer que el exuberante don Juan estaba tan triste como yo. En seguida abandoné la idea. No podría haber sido posible.

—La tristeza para los chamanes no es personal —dijo don Juan, de nuevo entrando en mis pensamientos—. No es en realidad tristeza. Es una ola de energía que llega desde lo profundo del cosmos y golpea a los chamanes cuando están receptivos, cuando son como radios, capaces de atraer las ondas.

» Los chamanes de tiempos antiguos, los que nos dieron el formato entero del chamanismo, creían que hay tristeza en el universo, como una fuerza, una condición como la luz, como el intento, y que esa fuerza perenne actúa, sobre todo en los chamanes porque ya no tienen escudos de defensa. Ya no pueden esconderse detrás del amor o del odio, o la felicidad, o la desgracia. No pueden esconderse detrás de nada.

» La condición de los chamanes —siguió don Juan— es que la tristeza para ellos es abstracta. No viene de codiciar o de necesitar algo o de la importancia personal. No viene del yo. Viene del infinito. La tristeza que sientes por no haberle dado las gracias a tu amigo ya tiende hacia esa dirección. (...)

Después de otro largo silencio, don Juan explicó que los chamanes del México antiguo creían, como ya me había dicho, que tenemos dos mentes, y que solo una de ellas es la nuestra. Yo siempre había comprendido que nuestras mentes tenían dos partes y que una de ellas se mantenía en silencio porque la fuerza de la otra parte le negaba poder expresarse. (...)

—La recapitulación contiene una opción secreta —dijo don Juan—. Tal como te dije que la muerte contiene una opción secreta, una opción que solo los chamanes utilizan. En el caso de la muerte, la opción secreta es que los seres humanos pueden retener su fuerza vital y renunciar solamente a su consciencia, el resultado de sus vidas. En el caso de la recapitulación, la opción secreta que solo los chamanes eligen es la de acrecentar sus verdaderas mentes.

» La inquietante memoria de tus recuerdos —prosiguió— solo puede venir de tu mente verdadera. La otra mente que todos tenemos y compartimos es, diría yo, un modelo barato, económico, de igual tamaño para todos. Pero este es un tema para más tarde. Lo que ahora tenemos delante es el principio de una fuerza desintegrante. Pero no es una fuerza que te está desintegrando, no quiero decir eso. Está desintegrando lo que los chamanes llaman la instalación foránea que existe en ti y en cada ser humano. El efecto de la fuerza que se te viene encima, que está desintegrando la instalación foránea, es que saca a los chamanes de su sintaxis.

(...) La idea que proponía don Juan no era la de deliberadamente llegar a un sueño deseado, sino la de fijar la atención sobre los elementos componentes de cualquier sueño que viniera al caso.

Luego, don Juan me había mostrado energéticamente lo que los chamanes del México antiguo consideraban ser el origen del ensoñar: el desplazamiento del punto de encaje. Dijo que el punto de encaje se desplazaba de modo natural al dormir, pero que el ver el desplazamiento era algo difícil porque requería una modalidad agresiva y que tal modalidad agresiva había sido la predilección de los chamanes del México antiguo. Estos chamanes, según don Juan, habían encontrado todas las premisas de su brujería por medio de esa modalidad.

—Es una modalidad muy depredadora —siguió don Juan—. No es nada difícil entrar en ella, porque el hombre es depredador por naturaleza. Podrías ver, agresivamente, a cualquier persona en este pueblito o quizás alguien a la distancia, mientras duermen; cualquiera serviría para el propósito. Lo importante es llegar a un nivel total de indiferencia. Vas en busca de algo y lo consigues como puedas. Vas a salir a buscar a una persona, como felino, como rapiña, para descender sobre alguien.

Don juan me había dicho, riéndose de mi aparente incomodidad, que la dificultad con esta técnica era el temperamento, y que no podría ser pasivo durante el acto de ver, porque la vista no era algo que se usara para mirar, sino para actuar sobre lo visto. (...)

Había dicho que el arte de los acechadores empieza después de que se haya desplazado el punto de encaje. El mantener el punto de encaje fijo en su nueva posición asegura que el chamán perciba totalmente el nuevo mundo en que entre, no importa cuál sea, tal como lo hacemos en el mundo cotidiano. Para los chamanes del linaje de don Juan, el mundo cotidiano no era más que un pliegue de un mundo total que consiste de por lo menos seiscientos pliegues. (...)

—El infinito escoge —dijo—. El arte del guerrero-viajero es tener la habilidad de moverse con la más tenue insinuación, el arte de asentir a todo mando del infinito. Para hacer esto, el guerrero-viajero necesita destreza, fuerza, y, sobre todo, sobriedad. Estos tres puntos juntos dan como resultado... ¡la elegancia!

Después de un momento de pausa, regresé al tema que más me intrigaba.

—Pero es increíble que en verdad fui a aquel pueblo en carne y hueso, don Juan —le dije.

—Es increíble pero no es invivible —dijo—. El universo no tiene límites, y las posibilidades que se dan en el universo son en verdad inconmensurables. Así es que no caigas preso del axioma de «solo creo lo que veo», porque es la postura más tonta que se pueda tomar. (...)

»Estás perdiendo el tiempo —me dijo riendo don Juan—. Te puedo garantizar que nunca vas a saber cómo llegamos de la casa al pueblo yaqui y desde el pueblo yaqui a la estación de ferrocarril y de la estación de ferrocarril a la casa. Hay una ruptura en la continuidad del tiempo. Es lo que hace el silencio interno.

Me explicó con gran paciencia que la brujería es la interrupción de ese fluir de continuidad que hace el mundo comprensible para nosotros. Comentó que había viajado ese día por el oscuro mar de la conciencia, y que había visto la gente como es, involucrada en sus asuntos. Y que entonces había visto la cuerda de energía que ata a ciertos seres humanos entre sí, y que había seleccionado esos aspectos por el acto de haberlo intentado. (...)

Me había descrito el cuerpo energético incontables veces, diciéndome que era un conglomerado de campos de energía que conforman el cuerpo físico cuando es visto como energía que fluye en el universo. Había dicho que era más pequeño, más compacto, y de apariencia más pesada que la esfera luminosa del cuerpo físico.

Don Juan me había explicado que el cuerpo y el cuerpo energético eran dos conglomerados de campos energéticos comprimidos y unidos por una extraña fuerza aglutinante. Había enfatizado una y otra vez que la fuerza que une esos dos grupos de campos energéticos era, según los chamanes del México antiguo, la fuerza más misteriosa en el universo. Él estimaba que era la esencia pura de todo el cosmos, la suma total de todo lo que es. Había asegurado que el cuerpo físico y el cuerpo energético eran las únicas configuraciones de energía en contrapeso en el reino humano. Por lo tanto, él no aceptaba ningún otro dualismo. (...)

Don Juan había dicho que por medio de la disciplina es posible para cualquiera acercar el cuerpo energético hacia el cuerpo físico. Normalmente, la distancia entre los dos es enorme. Una vez que el cuerpo energético está dentro de cierto radio (que varía para cada uno de nosotros individualmente), cualquiera, por medio de la disciplina, puede tomar de él una réplica exacta del cuerpo físico; es decir, un ser sólido, tridimensional. De allí la idea de los chamanes del otro o del doble. Del mismo modo, a través de los mismos procesos de disciplina, cualquiera puede forjar de su cuerpo físico sólido, tridimensional, una réplica exacta de su propio cuerpo energético, es decir, una carga de energía etérea invisible al ojo humano, tal como lo es toda energía.

Cuando don Juan me dio esta explicación, mi reacción había sido preguntarle si lo que él estaba describiendo era una proposición mítica. Él me había respondido que no hay nada de mítico acerca de los chamanes. Los chamanes eran seres prácticos, y lo que ellos describían era siempre algo muy sobrio y muy realista. (...)

Aquel día, sentados en la parte trasera de su casa en el centro de México, don Juan dijo que el cuerpo energético era de una importancia clave en todo lo que estaba ocurriendo en mi vida. Él veía como un hecho energético el que mi cuerpo energético, en lugar de alejarse de mí (como sucede normalmente), se me acercaba a gran velocidad.

—¿Qué significa el que se me esté acercando, don Juan? —pregunté.

—Significa que algo te va a sacar la mugre —dijo don Juan sonriendo—. Un grado tremendo de control va a aparecer en tu vida, pero no tu control; el control del cuerpo energético. (...)

Una cordillera de pequeñas montañas al sur y al norte de la meseta daban la clara impresión de que habían sido parte de un cañón gigantesco hace millones de años, excavado por un río que ya no existía. Las orillas de ese cañón habían sido borradas por la erosión. En algunas partes estaba al nivel de la tierra. La única parte que quedaba era donde estaba parado yo.

—Es roca pura —dijo don Juan como si leyera mis pensamientos. Señaló con el mentón hacia el fondo del abismo—. Si algo se cayera desde esta orilla hasta el fondo, se haría mil pedazos en las rocas de allá abajo.

Ese fue el diálogo inicial entre don Juan y yo ese día sobre la montaña. Antes de llegar allí me había dicho que su tiempo sobre la tierra había llegado a su fin. Partía en su viaje definitivo. Sus pronunciamientos fueron devastadores para mí. Perdí el dominio de mí mismo, y entré en un estado de éxtasis fragmentado, quizás semejante a lo que experimenta la gente que sufre una crisis mental. Pero quedaba de mí un fragmento central cohesivo: el yo de mi niñez. Lo demás era vaguedad, incertidumbre. Había estado fragmentado por tanto tiempo que el regresar a ese estado fragmentado era la única salida de mi devastación (...)

—Una vez que entres en el infinito —dijo don Juan—, no puedes depender de nosotros para regresar. Se necesita de tu decisión. Solo tú puedes decidir si regresar o no. Debo también advertirte que pocos guerreros-viajeros sobreviven este tipo de encuentro con el infinito. El infinito es seductor hasta no más. Un guerrero-viajero descubre que el regresar a un mundo de desorden, compulsión, ruido y dolor es algo muy desagradable. Tienes que saber que tu decisión de quedarte o regresar no es cuestión de selección racional, sino cuestión de intentarlo.

» Si eliges no regresar —continuó—, desaparecerás como si la tierra te hubiera tragado. Pero si eliges regresar, tienes que amarrarte el cinturón y esperar como un verdadero guerrero-viajero hasta que termines tu tarea, fuese la que fuese, en éxito o en fracaso. (...)

Dijo que el sostén del guerrero-viajero es la humildad y la eficacia, el actuar sin expectativa y el resistir cualquier cosa que le surja en el camino.

En aquel momento me sobrevino otro cambio en mi nivel de conciencia. La mente se me enfocó en un pensamiento o un sentimiento de angustia. Supe entonces que había hecho un pacto con unas personas para morir con ellos, y no podía recordar quiénes eran. Sentí, sin duda alguna, que estaba mal que muriera solo. Mi angustia se volvió insoportable.

—Estamos solos —me dijo—. Esa es nuestra única condición, pero el morir solo no es morir en estado de soledad. (...)

» Te he explicado que la faena de todo chamán es de reclamar para él todo lo que ha hecho y lo que ha visto en el camino del guerrero-viajero cuando entraba en otros niveles de conciencia. El problema con cada chamán es que se olvida fácilmente, porque su conciencia pierde el otro nivel y se cae al suelo en un abrir y cerrar de ojos. (...)

De forma simbólica, le otorgué todos los laureles a Sho Velez. Su triunfo era total. Yo me retiré. Ese era su pueblo, esa era su gente, y él era el mejor de todos ellos. Cuando nos despedimos ese día, di voz a una banalidad que resultó ser la profunda verdad cuando dije:

—Sé el rey de todos ellos, Sho Velez. Eres el mejor.

Nunca volví a hablar con él. A propósito, terminé con nuestra amistad. Sentía que era el único gesto con que podía demostrar cuán profundamente él me había afectado.

Don Juan creía que mi deuda con Sho Velez era imperecedera porque él era el único que me había enseñado que tenemos que tener algo por qué morir antes de pensar que tenemos algo por qué vivir.

—Si no tienes nada por qué morir —me dijo don Juan una vez—, ¿cómo puedes sostener que tienes algo por qué vivir? Los dos van mano a mano y la muerte lleva el timón. (...)

Encima de esa plana meseta, recordé todos esos sucesos como si hubieran pasado hacía un instante. Cuando les expresé mi agradecimiento, logré que regresaran a esa cima. Al terminar mis gritos, mi soledad era algo inexpresable. Estaba llorando desconsoladamente. Don Juan me explicó con gran paciencia que la soledad es inadmisible para un guerrero. Dijo que los guerreros-viajeros pueden contar con un ser sobre el cual pueden enfocar todo su afecto, todo su cariño: esta tierra maravillosa, la madre, la matriz, el epicentro de todo lo que somos y de todo lo que hacemos; el mismo ser al cual regresamos; el mismo ser que permite a los guerreros-viajeros emprender el viaje definitivo.

Entonces don Genaro ejecutó un acto de intento mágico para mi beneficio. Acostado sobre el estómago, hizo una serie de movimientos deslumbrantes. Se convirtió en un globo de luminosidad que parecía estar nadando como si la tierra fuera una alberca. Don Juan dijo que era la manera en que Genaro abrazaba la inmensa tierra y, a pesar de la diferencia de tamaño, la tierra reconocía ese gesto de Genaro. La visión de los movimientos de Genaro y la explicación de don Juan transformaron mi soledad en una felicidad sublime.

Película El abrazo de la serpiente (Ciro Guerra)

Nunca he soñado, ni dormido ni despierto. Ni siquiera el caapi tiene efecto sobre mí. Los chamanes de los pueblos de Baras, Tucanos y de Sirio me dijeron que solo la Yakruna puede ayudarme.

—Una vez soñé con un espíritu blanco. Él estaba enfermo y solo aprendí a soñar que podría salvarse, pero sé que no podía. ¿Sus sueños valen una gran cantidad de dinero para usted? (...)

—¿Qué sabe usted acerca de Yakruna? ¿Dónde tienes? —en tono serio e imperativo.

—Usted no es uno. Estás con dos hombres. Quiero ver a Yakruna. Voy a ir con usted.

—¿Ya sabes el camino?

—No me acuerdo. Usted me va a llevar.

—¿Hiciste todo esto? —le pregunta a Karamakate por los dibujos sobre las rocas—. ¿Qué significa?

—No sé. No me acuerdo. Estas piedras estaban hablando conmigo. Ellas respondían a mis preguntas. La línea se rompió, los recuerdos se han ido. Piedras, árboles, animales: todos estaban en silencio. Ahora solo hay dibujos en las rocas. Ahora estoy vacío. Soy Chullachaqui.

(...)

—Todos tenemos un Chullachaqui, nos parece, pero está vacío, hueco. (...) Un Chullachaqui. Usted no tiene ningún recuerdo. Él solo se pasea por el mundo, vacío, como un fantasma, perdido en un tiempo sin tiempo. ¿Mostrará mi Chullachaqui a su pueblo?

—Solo si me lo permites.

—¿Dame un poco?

—No voy a decir nada para que decida escuchar.

—¿Dame un poco de Caapi?

—Caapi no le ayudará si no quiere creer. (...)

—¿Por dónde? —le pregunta Karamakate. Le indica hacia su izquierda el viajero.

—¿Cómo lo sabe?

—Lo sé, creo. —Karamakate se acerca y le traza una línea negra en su cara debajo de los ojos. (...)

—Es la última etapa de Yakruna en el mundo. Debe unirse a él.

—¿Cómo lo sabe?

—He destruido todos los demás. Es nuestra última esperanza. Es mi regalo para ti.

—No he venido aquí para eso.

—Él vino, sí.

—Yo digo que no. Es una guerra que hay. Mi gente necesita caucho para ganarlo. Tengo que llevar conmigo.

—¿Me mentiste otra vez? ¿Quieres hacer armas y convertirlas en la muerte?

—Dame. —Saca un cuchillo.

—¡Mátame! No me importa. Es mi deber morir, pero Yakruna muere conmigo.

—Usted también es Chullachaqui, y estará siempre (...). Quítate la camisa, déjame ver su espalda. —Karamakate en el fuego de la noche dibuja círculos negros en la espalda del viajero, y le dice—: Esta es Medora caapi, el más poderoso de todos. Que existía antes de la creación, antes del descenso de la serpiente. Se le llevará a verla. Es enorme, espantoso, pero no hay que tener miedo. Usted tiene que salir a que la abrace. Su abrazo le llevará a lugares históricos, donde no existe la vida. Ni siquiera el embrión. Beba.

—Trata de matarme. No merezco esto.

—También me mataré. Antes, en ningún momento, ayer, hace cuarenta años, tal vez cien, o hace un millón de años. Pero volviste, no era intención para mí enseñar mi pueblo. Se suponía que le enseñaría. Darles más de lo que pidieron. Tomar una canción para ellos. Diles todo lo que ves, todo lo que se siente. Volver como un hombre de integridad. Usted es un cohiuano.

Filosofía mapuche (Ziley Mora)

En verdad, por fin nos está quedando claro que la manera que cotidianamente elegimos ver el mundo, esa manera —consciente o no— crea el mundo que vemos; es decir, el lenguaje y la visión contenida en esa manera no solo describe el mundo sino que también es la forma como lo inventa. (...) Dicho foco singular de «conciencia tribal», junto con ser puerta es a la vez cerrojo. Puerta y ventana a un infinito, pero unidireccional mundo de realidades ciertas y válidas, pero cerrojo y ceguera a otros más vastos océanos de posibilidades igual o más genuinamente válidos, latentes allí mismo, en la misma médula del objeto que se cree conocido y, por lo tanto, «agotado» en su misterio. (...) Quizás no haya manera de ilustrar mejor este fenómeno que describir aquí el mito de la creación del mundo (*llügun mapu*) de los mapuche, relatado de labios de una anciana de Alepué, en la costa de Valdivia, a principios de la década del noventa:

« En el tiempo (primordial) algo se desequilibró en el *Füta Chao* (el gran Padre) que lanzó al vacío una parte de sí, la que fue a estrellarse (a la tierra árida); algo cayó. Entonces la parte femenina de Dios, por una auto-orden, fue a despertar al hijo, que había nacido. La (primera) mujer empieza a despertar a este ser, que es el Universo: las manos, los pies; cada parte del ser que despierta va formando todo lo que hoy día vemos. Todo lo palpable. Pero se le olvida despertar el corazón (porque) el hombre tiene que despertárselo solo. Dicen que ahí nació el hombre. Por eso el hombre tiene que buscar, porque está más atrasado (que la mujer) y que las otras criaturas del Universo. Tiene una conciencia inferior, a pesar de que piensa más, que tiene más inteligencia por necesidad: ha tenido que despertarse solo. ¡Pero si apenas es una guagua (bebé) en el mundo! Por eso el ser humano comete tantos errores: porque recién se está despertando». (...)

Los niveles de lucidez, calidad, grandeza de los individuos de los mundos están en función de grados de conciencia que los cohabitan. Es decir, si no hay más competencias cognitivas, si las cegueras humanas persisten, si por ello se degrada la condición humana en actos indignos, es a causa de que el hombre, en cuanto género, tiene una conciencia inferior: maneja la pura inteligencia racional. (...)

Arauco comprendió y tuvo conciencia de determinadas cosas de la naturaleza, de percibir, por ejemplo, la importancia de la impecabilidad y de la intensidad ritual, de la «cuántica» de los seres vivos y los enlaces invisibles de las partículas del mundo en el seno de un determinado nicho ecológico, porque observó y actuó, pensó y habló el mundo desde una posición física y ética, empujada por un tipo de lenguaje que le hacía, entre otras cosas, desarrollar estrategias guerreras de vigilia, tanto para la medicina como para la eficacia de la magia. (...) Para ello es que acertadamente Jesús pronunció acaso su más críptico mensaje al decir: «Bienaventurados los puros de corazón porque ellos verán a Dios».

Requisito fundamental para entrar al reino absoluto de la conciencia es reformar el propio corazón. En esta línea, el comentario de San Agustín a la susodicha bienaventuranza resulta profundo y notable: «Todo el trabajo de nuestra vida consiste en sanar y limpiar el ojo del corazón, que es el que nos permite ver a Dios». En síntesis, todo depende del trabajo con el *piwke* (corazón) mapuche: de cómo mi verbo superior ordena con poder a lo inferior, sosegando las pasiones, amarrando los pequeños «yoes» que usurpan al gran y verdadero yo. ¡Y esto es la exacta traducción literal de *piwke*! (...)

He descubierto en estas casi dos décadas de investigación etnográfica que dentro de la tradición mapuche-araucana la estrategia guerrera, el estilo de vida guerrero fue «inventado» como praxis para lograr un semejante estado de «despertar». El guerrear, y el consecuente acechar que está implícito en todo desplazamiento táctico en un boscoso territorio (porque sin la alerta se nos puede ir nada menos que la vida), en el centro-sur de Chile, se erigió como el ancestral «aerobic de la conciencia». Vestigio de esta preocupación central fue la gran consigna para el llamado a la alerta que los koná (guerreros) se hacían entre sí, y que hasta el día de hoy más de algún abuelo se lo espeta sobre la almohada a un pequeño nieto consentido: ¡*Tepelaitunge küme koná*! («¡Despiértate, buen guerrero!»). Al punto que, para hombres y mujeres, adultos y jóvenes, la norma de vida principal al interior de un Ayllarewe (organización federal mapuche), el «primer mandamiento», era: «¡debes tener tu mente despierta!».

Se explica entonces que mi informante principal en la Araucanía, Ceferina Huaquifil, me llegara a comunicar en 1984 que «el que se vigila a sí mismo todas las horas del día, no necesita ninguna religión».

(...) El primer gran impacto que descubrí como etnógrafo fue ese demoledor antecedente de que en el mapudungún existieran tantos verbos cuyo significado fuera la misma pasión, la misma ansia, pero expresada en grados o niveles diversos: la pasión por el estado de vigilia. (...) pude contabilizar al menos ¡catorce verbos! ligados con el despertar. (...) Y lo extraordinario del caso es que el análisis lingüístico del verbo central —*trepen*— además nos brinda toda una gramática del «darse cuenta» arrojando luz respecto a qué ocurre al interior de ese misterioso fenómeno de la a veces abrupta «comprensión consciente». Veamos. El prefijo *tre* procede del verbo *trekman*, que es el «estallido de las chispas en dirección de una persona». Por su parte, pen, como sufijo, corresponde a la idea de «encontrar», «hallar», «ver». Pero antes de unir ambas raíces, hay que agregar que la misma voz, empleada para designar la idea de despertar, también designa la idea de «estar alegre», de «buen humor» y la idea de «alentado», «con ánimo muy positivo» (*trepe*, *chrepe*, *chepe*). (...)

Nos hemos detenido aquí, porque —ya lo dijimos— esta praxis de la conciencia representa el Santo Grial de las venerables filosofías orientales y de las grandes religiones de la humanidad. No olvidemos que aparte de constituir —la iluminación como producto del despertar— lo central del *samadhi* tibetano y del *satori* zen, palabra japonesa que significa literalmente «despertarse a la verdad cósmica», la misma palabra nombre de «Buda» significa, a su vez, «el despierto».

Todo lo anterior estaría al menos insinuando que estamos en presencia de fósiles lingüísticos, de un raro ámbar semántico muy especial, que habría permanecido intacto en el tiempo, desprendido como esos erráticos maderos de un naufragio, restos flotantes de una alta cultura que habría florecido en el Pacífico Sur, una cultura protomapuche (¿anterior a Monte Verde, en el Puerto Montt de hace 13 mil años?), destinada a cultivar su esmeralda, su joya máxima que cercenó la conquista española: una escuela iniciática para crear hombres despiertos, una escuela —ya se lo demostraremos más adelante— para formar iniciados en el poder revelador de la palabra = («ngenpines» y «(g)ǖllmenes»). Y la escuela era, básicamente, ser consciente de la naturaleza sagrada de la misma lengua: el dungun mismo, ¡la «palabra», era la escuela!

Historia general de las cosas de Nueva España (Bernardino de Sahagún, Códice florentino, traducido por INAH TV)

Primer capítulo en el que se dice lo que apareció, lo que fue visto, las señales y los *tetzáhuitl*, cuando aún no venían los españoles a la tierra de aquí, cuando aún no eran conocidos por los habitantes de aquí.

Cuando aún no venían los españoles, diez años antes, un *tetzáhuitl* apareció en el cielo, estuvo chispeando, así como una espiga de fuego, así como una llama de fuego, así como la aurora. Parecía que se erguía como si estuviera punzando el cielo. Ancha del asiento, delgada de la cabeza. Bien en medio del cielo, bien se erguía su centro llegando al cielo, bien estaba alcanzando el centro del cielo. Así se veía, en el Oriente, hacia acá se levantaba, así salía, a la media noche, parecía como que comenzaba a amanecer. En amaneciendo, el Sol la hacía desaparecer, cuando emergía. Durante un año hacia acá se alzaba (en el 12 Casa comenzó). Y cuando aparecía, la gente hacía ruido, se golpeaba los labios, se escandalizaba, expresaba su angustia.

Segundo *tetzáhuitl* que ocurrió acá en México: por sí solo ardió, se encendió, nadie le puso fuego, solo por sí mismo se prendió la casa del diablo Huitzilopochtli. Se decía «su montaña», el lugar de nombre Tlacateccan. (Así) se manifestó: ya arden las columnas, de sus adentros emergen espigas de fuego, lenguas de fuego, llamaradas de fuego —con mucha rapidez se consumió toda la madera de la casa—. De inmediato la gente hace ruido, dice: «Mexicanos, vengan de prisa, hay que apagarlo, vuestros cántaros...». Pero cuando se le echaba agua, (cuando) se le quería apagar, solo mucho más se encendía. No pudo apagarse, todo se quemó.

Tercer *tetzáhuitl*: un templo fue golpeado por un rayo, solo era un jacal, su nombre de lugar era Tzonmolco, su templo de Xiuhtecuhtli. No llovía recio, solo llovía rocío, así que se tuvo por *tetzáhuitl*. Así se decía: «solo fue golpe de sol», «tampoco se oyó el trueno».

Séptimo *tetzáhuitl*: una vez, cuando la gente del agua estaba pescando con redes, agarraron un ave cenicienta, semejante a una grulla. Enseguida fueron a hacérsela ver a Motecuzoma [Moctezuma], en el Tlillan (lugar negro), en el Calmecac. Declinaba el sol, pero aún era de día. Encima de (la grulla) se extendía algo así como un espejo, redondo, como si estuviera perforado en el centro. Allá se aparecía el cielo, las estrellas, el mamalhuaztli. Y Moctezuma mucho lo tuvo por tetzáhuitl cuando vio las estrellas y el mamalhuaztli. Y (luego), una segunda vez miró encima del ave, un poco más allá vio como si algunas personas vinieran derechas, vinieran conquistando, vinieran vestidos para la guerra, los cargaban venados. Y luego llamó a los adivinos, a los sabios, les dijo: «No saben ustedes lo que acabo de ver, a algunos que venían como (marchando) derechos». Ya iban a contestarle, cuando miraron, y (todo) desapareció, no (pudieron) decir nada más.

Bibliografía

Adorno, T. W. (2003). Filosofía de la nueva música. Akal.
Adorno, T. W. (2006). Kierkegaard: Construcción de lo estético. Akal.
Aliguieri, D. (1997). La Divina Comedia. Club Internacional del Libro.
Agamben, G. (2018) La amistad: Traducción de Flavia Costa. Revista de Psicoanálisis En el margen.
Aristóteles. (2018). Ética a Nicómaco. Gredos.
Barros Arana, D. (1999). Historia general de Chile. Tomo I. Editorial Universitaria.
Baudrillard, J. (1978). Cultura y Simulacro. Editorial Kairós.
Baudrillard, J. (2020). El complot del arte: Ilusión y desilusión estéticas. Amorrortu.
Baudrillard, J. (1980). El intercambio simbólico y la muerte. Monte Avila.
Benjamin, W. (2015). Calle de sentido único. Titiviillus.
Benjamin, W. (2011). Conceptos de filosofía de la historia. Agebe.
Benjamin, W. (2012). Escritos políticos. Abada Editores.
Benjamin, W. (2011). Iluminaciones IV. Aguilar
Benjamin, W. (2011). La obra de arte en la era de su reproducción técnica. El Cuenco de Plata.
Benjamin, W. (2014). Sobre el hachís. El Barquero.
Bernardino de Sahagún. (1907). Copia de Códice Florentino. Instituto Nacional de Antropología e Historia, México.
La Biblia (2011). Editorial verbo divino.
Castaneda, C. (2000). Las Ensenanzas de Don Juan: Una forma yaqui de conocimiento. Fondo de Cultura Economica.
Cardona, F. (2014). Popol Vuh y Chilam Balam. Los libros sagrados de los mayas. Brontes.
Castaneda, C. (1993). El arte de ensoñar. Biblioteca Nueva Era. www.promineo.gq.nu.
Castaneda, C. (2005). El conocimiento silencioso. Gaia.
Castaneda, C. (2017). El Don del Águila.Booket.
Castaneda, C. (1984). El fuego interno. Biblioteca Nueva Era. www.promineo.gq.nu.

Castaneda, C. (1998). El lado activo del infinito. Biblioteca Nueva Era. www.promineo.gq.nu.

Castaneda, C (1976). Relatos de Poder. Fondo de Cultura Económica.

Diccionario de Psicología: https://www.psicopsi.com/diccionario-psicologia-letra-a-agalma/

Deleuze, G. y Guattari, F. (1972). El Anti-Edipo: capitalismo y esquizofrenia. Ermitaño.

Freud, S. (2017). La hipnosis: textos,1886-1893. Ariel.

Freud, S. (1976). Obras Completas. Amorrortu.

Freud, S. (2013). Obras Completas. Siglo veintiuno.

Guerra, C. (Director). (2015). El abrazo de la serpiente [Película]. Coproducción Colombia-Venezuela-Argentina.

Han, B.-C. (2015). Filosofía del budismo Zen (1.a edición). Herder.

Han, B.-C (2012). La sociedad del cansancio. Herder.

Han, B.-C (2019). Topología de la violencia. Herder.

Hegel, G. W. F. (2005). Filosofía de la Historia (2. Aufl). Claridad.

Hegel, G. W. F. (2009). Filosofía del derecho. Claridad.

Hegel, G. W. F. (2006). Filosofía del arte o Estética. Adaba.

Hegel, G. W. F. (2009). Fenomenología del espíritu (2., verb. Aufl). Pre-Textos.

Heidegger, M. (2012). Interpretaciones fenomenológicas sobre Aristóteles. Trotta.

Hipnosis. (2005). En Diccionario panhispánico de dudas. Real Academia Española. https://www.rae.es/dpd/hipnosis

Hipnosis. (2023). En Etimologías de Chile. https://etimologias.dechile.net/?hipnosis

Hume, D. (2001). Tratado sobre la naturaleza humana. Libros en la red. www.dipualba.es./publicaciones.

Kierkegaard, S (1946). El Concepto de la Angustia. Colección Austral

Kierkegaard, S. (2007). Temor y temblor. Editorial Losada.

Lacan, J. (2008). EL Seminario 20: Aun. Paidós

Lacan, J. (2006). El Seminario 10: La angustia. Paidós.

Lacan, J. (2008). El Seminaro 8: La transferencia. Paidós.

Lacan, J. (2005). El triunfo de la religión: precedido de Discurso a los Católicos. Paidós.

Lacan, J. (2005). Escritos 2 (23. ed. en español). Siglo XXI Editores.

Lacan, J. (2012). Otros escritos. Paidós.

Lefebvre, H. (1969). De la literatura y el arte modernos considerados como procesos de destrucción y autodestrucción del arte. En Literatura y sociedad. Ediciones Martínez Roca.

Lihn, E. (1995). Porque escribí. En Porque escribí: Antología poética. Fondo de cultura económica.

Marcuse, H. (2003). Razón y revolución: Hegel y el surgimiento de la teoría social. Alianza.

Martel, J. (2021). El gran diccionario de las dolencias y enfermedades. Editions Quintessence.

Marx, K., & Engels, F. (2016). Manifiesto comunista. Alianza.

Marx, K. (1980). Manuscritos: economía y filosofía. Alianza.

Matanza del Seguro Obrero. (s. f.). Memoria Chilena, Biblioteca Nacional de Chile. Recuperado 6 de junio de 2023, de https://www.memoriachilena.gob.cl/602/w3-article-94573.html

Merleau-Ponty, M. (1997). Fenomenología de la percepción (4.a ed.). Ediciones Península.

Melville, H. (2015). Bartleby, el escribiente. Ambar.

Ministerio de Educación de Chile. (2010). Guía Metodológica para la Elaboración del Plan Anual de Desarrollo Educativo Municipal, PADEM. http://www.cormupa.cl/padem/FormulacionPADEMDoctoTrabajo.pdf

Naranjo, C. (1990). La vieja y novísima Gestalt: Actitud y práctica. Cuatro Vientos.

Nietzsche, F. (1976). Así habló Zaratustra. Bedout.

Nietzsche, F. (2018). Aurora. Ediciones Brontes

Nietzsche, F. (1969). Como se filosofa a martillazos. Edaf

Nietzsche, F. (2004). El nacimiento de la tragedia. Alianza.

Nietzsche, F. (1986). Humano, demasiado humano. Editores Mexicanos Unidos.

Nietzsche, F. (1873). Sobre la verdad y mentira en sentido extramoral. Edición de Simón Royo Hernández.

Nolan, C. (Director). (2014). Interstellar [Película]. Paramount Pictures.

Platón. (2019). La República. Edimat Libros.

Propuesta (2022) Constitución Política de la República de Chile. LOM.

Rabinovich, D. S. (2003). Una clínica de la pulsión: Las impulsiones. Manantial.

Sartre, J.-P. (2017). El existencialismo es un humanismo. Edhasa.

Schmitt, C. (2013). Teoría del partisano: Acotación al concepto de lo político. Trotta.

Scorsese, M. (Director). (2016). Silencio [Película]. Coproducción Estados Unidos-Italia-México-Japón.

Tres Iniciados. (2021). El kybalión. Plutón Ediciones.

Vitale, L. (2011). Interpretación marxista de la historia de Chile. LOM.

Ziley, M. (2001). Filosofía Mapuche. Editorial Kushe.

Zizek, S. (2012). Guía perversa de la ideología. Película/Documental.

Zizek, S (2005). El títere y el enano: el núcleo perverso del cristianismo. Paidós.

Zizek, S. (2016). Visión de paralaje. Fondo de Cultura Económica.

Lecturas recomendadas

Los poderes del Apocalipsis (Gilberto Gallardo Espindola)

www.ingramcontent.com/pod-product-compliance
Lightning Source LLC
LaVergne TN
LVHW041154150826
845673LV00001B/156

* 9 7 8 6 1 2 5 1 4 2 6 3 4 *